MUNDO
LECTURA Y ESCRITURA

MUNDO UNIDO

LECTURA Y ESCRITURA

NIVEL INTERMEDIO

Robert L. Nicholas

University of Wisconsin, Madison

JOHN WILEY & SONS, INC.

New York • Chichester • Brisbane • Toronto • Singapore

ACQUISITIONS EDITOR Mary Jane Peluso
MARKETING MANAGER Debra Riegert
PRODUCTION EDITOR John Rousselle
DESIGN SUPERVISOR Ann Marie Renzi
ASSISTANT MANUFACTURING MANAGER Mark Cirillo
PHOTO EDITOR Lisa Passmore
ILLUSTRATION COORDINATOR FREELANCE, SR. Anna Melhorn
TEXT DESIGN Lee Goldstein
COVER DESIGN Meryl Levavi
COVER PHOTO Poulides/Thatcher: Tony Stone Images

This book was set in Times Roman by Alexander Graphics and
printed and bound by Donnelley (Crawfordsville). The cover was printed by Lehigh Press.

Library of Congress Cataloging in Publication Data:
Nicholas, Robert L.
    Mundo unido. lectura y escritura / Robert Nicholas,
        p.   cm.
    Includes index.
    ISBN 0-471-58484-3 (pbk. : alk. paper)
    1. Spanish language—Readers. 2. Spanish language—Composition
and exercises.   I. Title.
    PC4117.N49   1995
    468.6'421--dc20
                                                              94-47211
                                                              CIP

Printed in the United States of America

10 9 8 7 6 5 4 3 2 1

PREFACE

Mundo unido offers the intermediate student of Spanish a complete and up-to-date program of review and enrichment. *Mundo unido: conversación y repaso* is the grammar component; it provides the continuing student a review of the fundamentals of Spanish grammar as it explores additional subtleties and refinements. *Mundo unido: lectura y escritura* is the reading component; it introduces the student to Hispanic culture through numerous readings selected from journals and literary sources.

The twelve chapters in this text are grouped according to thematic focus in three units: I. La escuela y el hogar (1–4), II. Vida de ciudad y campo (5–8), and III. Trabajo y diversiones (9–12). (These topics correspond to those in *Mundo unido: conversación y repaso*.) Each unit is followed by Otro punto de vista (I, II and III) which give a Spanish writer's view of life in North America. Appendix A contains active vocabulary lists, for students' reference and review; Appendix B presents a schematic look at the major historical and cultural events that have shaped the Hispanic world over the centuries; and Appendix C offers the complete version of Cabrera Infante's short story "El día que terminó mi niñez." The Spanish–English glossary at the end is complete.

Each of the twelve chapters has the following organization:

Presentación
Estrategias para leer
Lectura(s)
Aplicación
Repaso de vocabulario
Contrastes culturales
Gramática selecta
Estrategias para escribir
Escritura(s)
En conclusión

Presentación introduces the chapter theme; *Estrategias para leer* list a variety of reading strategies; the *Lectura* section contains one or two readings with varying aids (translations, questions, key words and phrases) given in the margin or at the bottom of the page; *Aplicación* includes numerous activities to promote communication among students about the ideas presented in the readings; *Repaso de vocabulario* provides exercises for specific vocabulary items; *Contrastes culturales* contrasts different aspects of Hispanic and North American cultures; *Gramática selecta* focuses on those grammar exercises, based on the readings, which correspond to the accompanying grammar text; *Estrategias para escribir* detail precise suggestions on how to write; the *Escrituras* contain literary or journalistic snippets that expand the chapter's thematic emphasis and offer multiple writing opportunities; *En conclusión* poses final questions intended to stimulate students and make them question their own cultural assumptions. In addition to the above, each chapter features numerous advertisements, announcements, photographs, cartoons and other realia, to suggest the flavor of everyday life in the Hispanic world.

The readings and realia are all authentic and come from many Hispanic countries, including the United States. Most literary and all journalistic selections are very recent and reflect Hispanic life in the '90s. The numerous readings are intended to provide the instructor an abundance of resources from which to choose those that most interest his or her students. This bears repeating: Instructors are not expected to cover all readings and exercises but should consider the text a smorgasbord from which to select the readings, strategies, and activities most pertinent to his or her students' needs.

A word about the text's level of difficulty. Some of its readings are very challenging. In these instances students should increase their study time and pay close attention to all suggestions and exercises. It is pedagogically valuable to have readings of varying levels of difficulty. The learning process is heightened by a pace which allows for "ups and downs" (i.e., intense experiences followed by others that are less so). Such a cycle can actually enhance learning.

Students are expected to read many of the shorter selections and ads on their own; some will get more out of this than others, but that is to be expected. Additionally, certain vocabulary items will remain passive for some students but become active for others. In this way the text allows for individual differences.

The primary purpose of *Mundo unido: lectura y escritura* is to engage students in an ongoing cultural "dialogue" that transcends the limits of these pages. In other words, these readings and exercises will achieve their final goal only by stimulating communication among students about the topics and interests presented here *outside* the classroom and long *after* this academic experience has ended. Only in this way will students really learn to appreciate the many Hispanic cultural achievements. And, as our world grows ever smaller and the essential values of one society become more similar to those of others, it is important for all to appreciate the fact that the world of the 21st century will be, in many respects, a *mundo unido*.

The author of this text wishes to acknowledge the invaluable developmental assistance of the staff at John Wiley and Sons, Inc., namely, Mary Jane Peluso, Anne Dempsey, and John Rousselle. Also, the extensive suggestions offered by the academic readers of the manuscript were similarly provocative and helpful. Listing their names here does not imply endorsement of the text but demonstrates, rather, the author's debt to them: Ann N. Hughes, Mercer University; Beth Wellington, Simmons College; Mary Beth Floyd, Northern Illinois University; Alicia Ramos, Barnard College; Patrick Duffey, Austin College; Luis L. Pinto, Bronx Community College of City University of New York; Francie Cate-Arries, The College of William and Mary; Teresa Arrington, University of Mississippi; Helia M. Corral, California State University, Bakersfield; and Carmen C. Candal, Northampton Community College.

CONTENTS

Capítulo 3
LA CASA 37

 Capítulo 4
VIDA DOMÉSTICA 55

Otro punto de vista I 77

Unidad dos VIDA DE CIUDAD Y CAMPO   88

Capítulo 5
LA CIUDAD   89

Capítulo 6
DE COMPRAS   113

Unidad tres TRABAJO Y DIVERSIONES 182

Capítulo 11
LOS ESPECTÁCULOS 225

Capítulo 12
VIAJANDO POR EL MUNDO HISPÁNICO 245

Otro punto de vista III 263

Unidad uno

LA ESCUELA Y EL HOGAR

Capítulo 1

ENTRE ESTUDIANTES

Presentación:

El sistema universitario hispánico

El sistema universitario hispánico varía° mucho de un país a otro. Sin embargo*,   varies
en general podemos decir que se diferencia del sistema norteamericano en las
siguientes formas. Cada carrera° tiene un determinado número de años (que   major (specialty)
pueden llamarse "cursos"); por ejemplo, ingeniería o medicina pueden tener
seis, siete o más cursos (años). El año académico suele dividirse° en dos semes-   **suele...:** is generally divided
tres* o tres trimestres*, pero éstos no son independientes y hay sólo una nota
final. Aunque el estudiante hispánico puede tener exámenes parciales°, lo normal   **exámenes...:** midterms
es tener sólo exámenes finales después de terminar las clases.

Si el estudiante no aprueba° el examen, no recibe calificación° para esa   **no...:** doesn't pass / grade
clase en su expediente° estudiantil. Tiene que repetir el examen, sin embargo,   transcript
porque no puede terminar su programa de estudios hasta que no apruebe cada
clase.

Como° muchos estudiantes universitarios hispánicos tienen los exámenes   Since
finales en junio, se refieren al mes como "maldito° junio" (aunque en gran parte   cursed
de Latinoamérica puede ser "maldito diciembre"). Las lecturas de este capítulo
tienen que ver con° este fenómeno y las mejores maneras de prepararse para él.   **tienen...:** relate to
Éste es, naturalmente, un problema para estudiantes en todo el mundo.

 Estrategias para leer

Building Vocabulary

In every chapter of *Mundo unido: lectura y escritura* a section of reading hints
and strategies appears just prior to the readings. While these suggestions are
specific to each chapter, they also apply to all chapters. In that sense, consider all
reading strategies throughout the text as cumulative; return to previous chapters,
on occasion, for review and reinforcement. Here are some suggestions for Chapter 1.

Your primary challenge with unfamiliar words in a reading selection is
twofold: (a) you must figure out the meanings of as many new words as possible
without looking them up in a dictionary, and (b) you must guess which of the
remaining words are essential (look them up!) and which are not (don't bother
with them or you may get bogged down).

Cognates are words that are exactly the same, or more or less similar in both
Spanish and English. There are numerous exact cognates in Spanish (**final,
invisible**). Others are very close (**examen, desierto, transforma, humores, psicológico**). Still others are somewhat less obvious, but with a little imagination
and knowledge of prefixes and suffixes, you should be able to recognize many of
them (**nerviosa, depresión, postura**). Study carefully the following correspon-

dences (numbers in parentheses refer to *Lectura* I or II and the line where the word appears):

	Spanish	English
-dad (-tad) = *-ty*	**ansiedad** (I, 5)	*anxiety*
-ión = *-ion*	**depresión** (I, 6)	*depression*
-ivo/a = *-ive*	**distributiva** (II, 4)	*distributive*
-mente = *-ly*	**radicalmente** (I, 26)	*radically*
-oso/a = *-ous*	**nervioso** (I, 6)	*nervous*
-ura = *-ure*	**postura** (II, 8)	*posture*

Look up new vocabulary items according to the following ranked hierarchy (from most to least important):

a) title

b) first sentence of first paragraph

c) first paragraph

d) first sentence of last paragraph

e) last sentence of last paragraph

f) last paragraph

g) first sentence of any paragraph

h) last sentence of any paragraph

Read through the passage first, covering the translations in the right-hand margin. Check lightly in pencil the words you don't know as you try to grasp the gist of each paragraph. The second time through, pause to see if you can figure out the meanings of those words from their form or context. After this attempt, refer to the translations on the right. Make every effort to learn these new words at this stage so that in future readings your eyes don't automatically skip to the margin. Read the selection until you understand the ideas quickly and easily. The exercises following each reading are intended to make key new words an integral part of your active vocabulary. You will probably need to go over those exercises several times.

An *active* word is one you can reproduce from memory, in contrast to a *passive* word which you merely recognize on the printed page. Try to make as many new words as possible part of your active vocabulary. Since the ability to learn new words varies radically from one student to another, we have avoided giving even minimal lists of active vocabulary. Such lists inevitably become a maximum standard for most students. We encourage a more open-ended approach, one that emphasizes the meaningful context of the words. Therefore, we will ask you to create your own active vocabulary lists based on cognates, items you may already know but may need to review (designated by * in the reading selections), more difficult words translated in the right margin (marked by a raised degree mark °), and those items requiring lengthier treatment (they are explained in a footnote at the bottom of the page). It is often a good idea to learn infrequently used but picturesque phrases because they can help "anchor" several related words in your memory. For your reference and review, Appendix A contains three lists of vocabulary for the *Presentación* and *Lecturas* of each chapter: (a) *Vocabulario básico,* (b) *Vocabulario útil,* and (c) *Vocabulario adicional.* Vocabulary from the *Escritura* section is not included in these lists. In the end glossary, numbers and letters in parentheses indicate the chapters where active words first appear and whether they belong to *Vocabulario basico, Vocabulario útil,* or *Vocabulario adicional.*

Lectura I

«Exámenes: maldito junio»

No es fácil ser joven en junio. El mes maldito* de los exámenes finales convierte las casas en celdas° y las mesas de estudios en potros de tortura° a los que los universitarios son atornillados° por kilos de apuntes* y libros. Durante las semanas de estudio y de espera por las calificaciones se convive* con la
5 ansiedad*, el cansancio*, las ojeras° por falta de sueño y, en algunos casos, la depresión nerviosa. Todos harían cualquier cosa porque° el año sólo tuviera 11 meses, pero la alternativa más real es sobrevivir° a la travesía° del desierto con neuronas, ingenio° y química.[1]

Si a la entrada* de los exámenes se realizaran° controles *antidoping* muchos
10 de los universitarios españoles quedarían eliminados* de la carrera.[2] En el *sprint* final todo vale° y cada año... las ventas* de estimulantes y complejos vitamínicos se disparan°....

Para los que se dejaron las horas en los bares o en los cines, sus mejores aliados° son las chuletas°, los cambiazos°, el vistazo° al compañero o las notas,
15 escuchar el temario° en una diminuta grabadora* o, con resignación, confiar° en la suerte*.

En las facultades° hay poca actividad, salvo en las bibliotecas abarrotadas° y silenciosas donde se consumen* con ansiedad los últimos días. Es el esfuerzo* final, para algunos el único, el que transforma* las costumbres* y los humores.
20 "Mi carrera me ha costado muchas cosas. En marzo, con los parciales, me meto° en casa y no veo la luz hasta julio. Mi chica no lo soportó°. Me dijo que estaba harta de° tener un novio invisible, y yo me quedé con los libros", reconoce Pedro, en sexto año de Ingeniería Naval. Como Pedro, muchos otros se vuelven ermitaños°, se distancian las relaciones, se enfrían* los sentimientos*....

(right margin glosses)

cells / **potros...**: torture racks
shackled

bags under the eyes
so that
survive / crossing /
wits
carried out

goes
shoot out of sight

allies / crib notes (Spain) /
  exchanging papers / glance /
  answers / to trust

university schools or colleges /
  crammed

me...: I shut myself
no...: didn't put up with it
harta...: fed up with

se...: become hermits

1. Química se refiere a estimulantes (*pills*).
2. Carrera es un juego de palabras aquí porque quiere decir *"race"* y también *"career"* o *"university major"*.

25   Como explica* el psicólogo Rafael Caldera: "Cualquier persona sometida° subjected to
a una presión psicológica varía radicalmente su comportamiento°. La ansiedad behavior
provoca* agresividad y falta de estímulo para el ocio°, así que no es extraño que leisure
en época de exámenes sea difícil convivir con los estudiantes''.

   Cambio16, 7 junio 1993, Núm. 1.124, pág. 80.

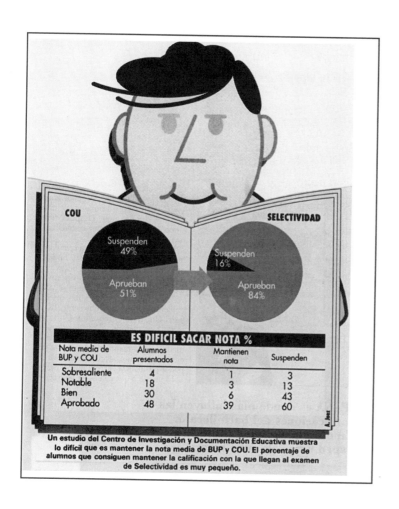

COU   **SELECTIVIDAD**

Suspenden 49%

Suspenden 16%

Aprueban 51%

Aprueban 84%

ES DIFICIL SACAR NOTA %

Nota media de BUP y COU	Alumnos presentados	Mantienen nota	Suspenden
Sobresaliente	4	1	3
Notable	18	3	13
Bien	30	6	43
Aprobado	48	39	60

Un estudio del Centro de Investigación y Documentación Educativa muestra lo difícil que es mantener la nota media de BUP y COU. El porcentaje de alumnos que consiguen mantener la calificación con la que llegan al examen de Selectividad es muy pequeño.

Un edificio del siglo XVI contiene la Biblioteca Universitaria de Catalunya, en Barcelona (España).

1. ¿Cuáles son las cinco calificaciones que se dan?

2. ¿Cuál es la nota más común?

3. ¿Le parece difícil sacar un sobresaliente? ¿Por qué?

4. ¿A cuántos estudiantes suspenden?

5. ¿Cuántos mantienen la calificación con que llegan al examen?

6. ¿Qué indica esto?

Aplicación

A *El mes maldito.* ¿Qué palabras de B se asocian con las de A?

A	B

   A

                               B

___ **1.** El mes maldito es...   **a)** tortura

___ **2.** Los exámenes convierten las casas en...   **b)** calificaciones

___ **3.** y las mesas de estudio en potros de...   **c)** sueño

___ **4.** Los universitarios son atornillados por kilos de...   **d)** junio

___ **5.** Durante las semanas de estudio y de espera por las...   **e)** cansancio

___ **6.** Se convive con la ansiedad, el...   **f)** meses

___ **7.** y las ojeras por falta de...   **g)** celdas

___ **8.** Todos harían cualquier cosa porque el año sólo tuviera 11...   **h)** química

___ **9.** La alternativa más real es sobrevivir, con neuronas, ingenio y...   **i)** apuntes

Otras posibilidades de práctica:

10. Cubra B y termine las frases en A, de memoria.

11. Invente preguntas para un/a amigo/a (¿Cuál es el mes maldito? ¿Por qué?)

12. Prepare un resumen oral de la lectura, siguiendo el orden de las frases 1–9.

B *Preguntar y contestar.* Hágale múltiples preguntas a un/a amigo/a. El/Ella debe contestar rápida y completamente. Practiquen Uds. varias veces si es necesario.

MODELO: meterse en casa / celda...

¿Cuándo te metes en casa? / ¿Cuándo se convierte tu casa en una celda? / ¿Por qué se parece a una celda tu casa?

1. mesas de estudio / potros de tortura

2. los universitarios / atornillados

3. depresión nerviosa / 11 meses

4. controles *antidoping* / en el *sprint* final

5. las chuletas / confiar en la suerte

6. el esfuerzo final / transforma las costumbres

C *¿Cuál es el significado?* Explique el significado de las siguientes frases.

1. ...la alternativa más real es sobrevivir a la travesía del desierto con neuronas, ingenio y química. (7–8)

2. En el sprint final...las ventas de estimulantes y complejos vitamínicos se disparan. (10–12)

3. ...sus mejores aliados son las chuletas, los cambiazos, el vistazo... (13–14)

4. Es el esfuerzo final, para algunos el único, el que transforma las costumbres y los humores. (18–19)

5. La ansiedad provoca agresividad y falta de estímulo para el ocio... (26–27)

D *Dilemas personales.* ¿Qué hace Ud. si...?

1. no ha estudiado para un examen

2. tiene tanto sueño que le resulta difícil estudiar

3. lleva apuntes al examen y el profesor los ve

4. Ud. necesita sacar cierto libro de la biblioteca pero otro estudiante lo tiene

5. su novio/a está harto/a de tener un/a novio/a invisible

6. se enfrían los sentimientos de su novio/a durante la época de exámenes

7. Ud. no puede soportar la presión psicológica

8. es difícil para Ud. convivir con alguien

Lectura II

«Cómo estudiar»

Pasar horas y horas frente a* los libros no es lo mismo que estudiar. Hay que* saber estudiar y para ello, según los expertos en la materia, lo primero es organizarse. A veces se pierde más tiempo decidiendo cuándo y qué estudiar que haciéndolo. Siguiendo el principio° de la práctica distributiva es preferible es-
5 tudiar poco y frecuentemente que mucho y de golpe°. El estudiante ha de disponer de° un lugar que favorezca su motivación, sin ruido* y sin música, y estudiar solo para evitar* las tentaciones. Para concentrarse* lo mejor es una postura activa: sentado, pero no excesivamente cómodo*.

    Una vez frente a los libros el primer paso es comprender la materia y el
10 segundo, memorizarla. Para facilitar la comprensión, realizar una lectura detenida* utilizando* el diccionario o a alguien que aclare° posibles dudas. El temario° ha de sintetizarse* mediante* esquemas, subrayados o resúmenes° que posteriormente serán utilizados para repasar. Es fundamental realizar el primer repaso 24 horas después, el segundo a° los tres días y después semanalmente*.
15 El día anterior al examen hay que tratar de hacer el estudio lo más variado posible para aligerar° la tensión e intentar reproducir de viva voz° lo estudiado. También es recomendable autoevaluarse°. Hacer simulacros de examen para los que se recurrirá° a la madre de todas las ciencias: la experiencia. Es conveniente° preguntar a alumnos de cursos superiores las preguntas favoritas de cada
20 profesor.

principle

de...: all at once

ha...: must have at his/her disposal

can clear up

list of themes / **esquemas...:** charts, underlinings or summaries

after

para...: to lighten / **de...:** aloud

to test oneself

se...: one will resort to

Es...: It's advisable

Hay estudiantes que realizan jornadas° maratonianas frente a los libros pero, según dicta* el sentido común y los especialistas, no es lo más aconsejable*. El máximo de horas rentables° depende de los individuos, de la motivación que tengan y de lo interesante que resulte el tema. Pero ante todo,° para poder prolongar* la jornada, el estudiante debe saber relajarse*. Es importante establecer períodos de descanso*: cada hora y media hacer una parada° de 15 minutos con ejercicios respiratorios y físicos suaves* y dedicarse* a otra cosa. Pasear al aire libre, a ser° posible en un parque, además de disminuir* la angustia hace retomar la tarea° con mayor concentración...

A veces, a pesar de* haber sido un alumno aplicado y haber cumplido° todas estas normas, se puede sufrir un ataque de amnesia o la denominada° "mente en blanco" a la hora del examen. Para hacerle frente°, lo mejor es ignorar la respuesta* olvidada y pasar a la siguiente. Se ha producido un bloqueo y hay que liberar la mente de ese problema para que el inconsciente siga buscando. El bloqueo es fruto del nerviosismo y de la tensión. Hay que concentrarse en otra cosa y en cualquier momento volverá el dato. El problema surge° cuando los bloqueos no son tales sino falta de conocimientos°. En ese caso, lo mejor es dejar tranquilo° al inconsciente y cumplir estas normas para septiembre.[3]

	days (sessions)
	profitable
	ante...: especially (first off)
	stop
	a...: if at all ...
	task
	fulfilled
	so-called
	hacerle...: to face it
	arises
	knowledge
	dejar...: leave alone

Cambio16, 7 junio 1993, Núm. 1.124, pág. 81.

3. En otras palabras, volver a examinarse en septiembre.

Aplicación

A   *Hay que saber estudiar.* Mire los contextos y haga comentarios personales sobre cuatro de estos principios. ¿Los observa Ud.? Explique.

1. lo primero es... (2–3)
2. la práctica distributiva (4–5)
3. lugar (5–6)

4. motivación (6)
5. para evitar tentaciones (7)
6. para concentrarse mejor (7)

B   *Una vez frente a los libros.* Conteste las siguientes preguntas.

1. ¿Cuáles son los dos pasos esenciales cuando un estudiante por fin abre un libro?

2. ¿Qué tipo de lectura ha de realizar para facilitar la comprensión?

3. ¿Cómo ha de sintetizarse el temario?

4. ¿Cuándo debe el estudiante empezar a repasar la materia? ¿Cuántas veces debe repasarla?

5. ¿Cómo debe estudiar el día anterior al examen?

6. ¿Qué otras cosas debe hacer el estudiante para prepararse bien?

7. ¿Cómo debe relajarse el estudiante? ¿Qué ejercicios debe emplear?

8. ¿Qué se debe hacer, en un examen, para hacerle frente a un ataque de amnesia ("mente en blanco")?

C *Tres temas y tres explicaciones.* Examine estos temas en la lectura, escoja tres temas y explíquele a un/a compañero/a de clase, cómo Ud. reacciona a ellos.

1. el bloqueo o la "mente en blanco"
2. jornadas maratonianas
3. autoevaluarse o hacer simulacros de examen
4. la concentración
5. la postura del estudio
6. los métodos de sintetizar el temario
7. los ejercicios de relajación

D *El mejor momento para estudiar.* Lea el siguiente pasaje y, después, explique a la clase cuáles son los mejores momentos de estudio para Ud. Dé Ud. razones.

En general, las primeras horas del día, cuando se está más descansado, son las mejores para enfrentarse a una materia complicada y las últimas de la jornada, lo más próximo posible al sueño, para repasar. La memoria tiene un funcionamiento básicamente inconsciente (*unconscious*) y durante el sueño hay una actividad inconsciente que facilita el recuerdo. Para evitar que la preocupación del examen invada el sueño, hay que estar una hora sin estudiar realizando alguna tarea que no tenga nada que ver con el estudio.

Una greguería (expresión rara y cómica de Gómez de la Serna):

"Las vacas aprenden geografía mirándose unas a otras sus manchas blancas y negras".

Repaso de vocabulario

A *Vocabulario activo.* Haga su propia lista de palabras activas según familias de palabras. Aquí tiene algunos ejemplos.

1. Condiciones mentales: ansiedad, depresión...
2. Condiciones físicas: cansancio, ojeras
3. Relaciones sociales: ...muchos se vuelven ermitaños, ...se distancian las relaciones, ...se enfrían los sentimientos...

Ahora complete Ud.

4. el mundo estudiantil:
5. Modos de "copiar" en un examen:

¿Puede Ud. inventar otras familias de palabras basadas en las dos lecturas?

B *Dibujos metafóricos.* Con uno o dos amigos, explique qué tienen que ver los siguientes dibujos con los exámenes finales.

C *Grupos de palabras.* Con un/a compañero/a de clase comente, por turno, los siguientes grupos de palabras. (La idea aquí es dar un resumen de las dos lecturas.)

Lectura I:

1. exámenes finales / no aprobar / expediente estudiantil
2. maldito / celdas y potros de tortura / apuntes
3. esperar / calificaciones / ansiedad
4. chuletas / cambiazos y vistazos / grabadora
5. novio/a invisible / ermitaños / sentimientos
6. presión psicológica / comportamiento / convivir

Lectura II:

7. lo primero / perder tiempo
8. la práctica distributiva / de golpe
9. disponer de un lugar... / estudiar solo
10. sintetizarse / esquemas, subrayado o resúmenes
11. primer repaso / el segundo
12. autoevaluarse / hacer simulacros
13. jornadas maratonianas / sentido común
14. saber relajarse / períodos de descanso

Contrastes culturales

La independencia del estudiante

El sistema universitario descrito en este capítulo le permite al estudiante mucha independencia. No tiene que asistir a clases porque los profesores no suelen pasar lista, rarísimas veces piden trabajos especiales y generalmente no hay exámenes parciales. Así, pues, el estudiante que quiere pasar sus horas en el cine o en algún café con sus amigos, fácilmente lo puede hacer. Es decir, hasta los exámenes finales: éstos lo son todo porque determinan si un estudiante ha de aprobar o repetir una clase. Por esto, el mes de los malditos exámenes es el tiempo de mucha presión psicológica en muchos estudiantes.

A *Preferencias.* ¿Qué prefiere Ud.? ¿Sólo tener un examen final o tener que (1) asistir a clase, (2) hacer tareas especiales, (3) sufrir exámenes parciales? Es decir, ¿es Ud. una persona "independiente" o "dependiente"? ¿Puede trabajar solo/a o necesita que alguien le empuje (*push*)? ¿Cuáles son las ventajas y desventajas de uno y otro sistema?

B *Pro y contra.* Invente razones a favor y en contra de los siguientes temas. Luego, debátanlos entre otros tres o cuatro estudiantes.

1. la necesidad de asistir siempre a clases
2. la utilidad de los exámenes, parciales o finales
3. la "independencia" o "dependencia" del estudiante
4. la importancia de las calificaciones
5. el expediente estudiantil: ¿incluir los suspensos?
6. la necesidad de la presión en la vida

Gramática selecta

Género, verbos, preposiciones, *lo* + adjetivo

A *El género de los nombres.* Dé el artículo definido en 1–7 y el indefinido en 8–14.

1. ___ sistema universitario
2. ___ dos semestres
3. ___ expediente estudiantil
4. ___ apuntes y los libros
5. ___ aire libre
6. ___ ansiedad
7. ___ suerte

8. ___ lugar favorito
9. ___ parque
10. ___ ataque de amnesia
11. ___ bloqueo
12. ___ calificación
13. ___ jornada
14. ___ descanso

B *Los verbos.* Repasen los siguientes verbos, complete el pensamiento de cada contexto (la línea se da entre paréntesis), e invente tres preguntas de cada lectura para hacerle a un/a compañero/a de clase.

Lectura I:

1. me meto (20)
2. no veo (21)
3. se vuelven (23)
4. se distancian (24)
5. se enfrían (24)

Lectura II:

6. realizar (21)
7. resultar (24)
8. prolongar (25)
9. establecer (25–26)
10. disminuir (28)

C *Verbos y preposiciones.* Repase estos verbos y sus preposiciones en su contexto, conjúguelos en dos diferentes personas, e invente tres frases ciertas o falsas (*true or false*) sobre cada lectura, para leer a un/a compañero/a de clase. ¿Qué dirá él/ella?

MODELO: convertir > *convierten / convertimos*
           Los exámenes finales convierten mi casa en una celda de tortura. (cierto)
           Quisieran convertir a mi hermano en ángel. (falso)
           Los exámenes finales convierten a los estudiantes en profesores. (falso)

Lectura I:

1. convertir en (2)
2. convivir con (4)
3. sobrevivir a (7)
4. confiar en (15)
5. consumirse con (18)
6. meterse en (20–21)

Lectura II:

7. pasar horas frente a (1)
8. disponer de (5–6)
9. tratar de (15)
10. depende de (23)
11. dedicarse a (27)
12. concentrarse en (35–36)

D   **Lo** + *adjetivo.* Examine los muchos usos de **lo** + adjetivo en estas lecturas. Estudie cada contexto, traduzca las frases al inglés.

1. ...no es lo mismo que estudiar. (II, 1)
2. Lo primero es organizarse... (II, 2–3)
3. ...lo mejor es una postura activa... (II, 7–8)
4. ...lo más variado posible... (II, 15–16)
5. ...lo estudiado. (II, 16)
6. ...no es lo más aconsejable. (II, 22)
7. ...lo interesante que resulte el tema. (II, 24)

E   *Estudio de palabras: expresiones hechas.* Invente dos frases y dos preguntas originales basadas en estas expresiones de las lecturas (para hacerle a un/a) compañero/a.

1. por falta de (I, 5)
2. frente a (II, 1)
3. hay que (II, 1)
4. de golpe (II, 5)
5. ante todo (II, 24)
6. al aire libre (II, 28)
7. a ser posible (II, 28)
8. además de (II, 28)
9. a pesar de (II, 30)
10. hay que liberar (II, 34)

Estrategias para escribir

Making Lists

Writing is a talent that many people take for granted; after all, most of us write many different things everyday: bills, receipts, shopping lists, letters, summaries, reports, descriptions—the list is endless. However, learning to write well in a foreign language reminds us of just how difficult good writing really is. This section of each chapter in *Mundo unido: lectura y escritura* provides activities designed to promote writing skills.

One of the simplest things to write is a list, a series of nouns or verbs, personal attributes or desires, or whatever. For example, most of the realia featured in this chapter are, basically, lists. Also, the two readings are structured around different lists: students' physical and mental conditions; ways to cheat on an exam; norms for studying, relaxing, and so on.

A list is primarily a repetition, a consecutive mirroring and remirroring of verbal images. Such repetition, if given a minimal structure, can serve as a vehicle for summarizing material and even giving it a certain poetic intensity (e.g., "a rose is a rose is a rose"). Some lists, like *Escritura I,* involve merely breaking up a narrative into several component ideas. Reconstituting the narrative would be a simple matter of running together the various segments.

Implicit in the above approach is, of course, the most important characteristic of good writing: precise planning. Whatever you write should be thought through carefully and thoroughly. Never write without a plan, ideally a complete outline but at least a list of ideas.

Escritura I

«Un niño superdotado»

delatar   to reveal
superdotado   talented and gifted
cumplir (años)   to turn (years old)
comportarse   to behave
actuar   to act
optar por   to opt for
ya que   since
el aprendizaje   learning
soler (ue) tener   to usually have
retraído   withdrawn
tildarle   to call him
pitagorín   smarty (young Pythagoras)

SÍNTOMAS QUE DELATAN A UN NIÑO SUPERDOTADO

● Habitualmente empieza a hablar y andar antes de cumplir el primer año.

● Utiliza un lenguaje que no se corresponde con su edad y llama la atención por la riqueza de su vocabulario.

● Sorprende con inesperadas reacciones. A veces se comporta como los niños de su edad y otras actúa en función de su superioridad mental.

● Su curiosidad es inmensa. Siempre está preguntando.

● Opta por juegos de difícil construcción, y prefiere jugar sólo.

● Se aburre en el colegio, ya que el ritmo normal de aprendizaje le resulta tedioso.

● Ama la lectura (aprende a leer casi antes de que se enteren sus padres) y suele tener una especial capacidad para la música, la pintura o las matemáticas.

● Puede ser un poco retraído, ya que sus compañeros le tildan de *pitagorín*.

EL PAÍS 119

A   *Las características de un/a niño/a superdotado/a.* Describa a un conocido o pariente suyo (hermano/a, primo/a, sobrino/a) que parece ser un/a niño/a superdotado/a. ¿Qué características exhibe él/ella? Haga una lista.

Una segunda greguería:

"En la Academia debía haber para los niños prodigio una silla alta como la que hay en las peluquerías para cortarles el pelo".

¿Qué ocurre en una peluquería?

¿Cómo es la silla que hay allí?

B *¿Qué hacer con los niños superdotados?* Conteste a base de sus propias opiniones. Haga otras listas.

1. ¿Qué se debe hacer, individual y colectivamente, para animar y ayudar a los niños superdotados?
2. A veces, en nuestra sociedad, los compañeros de escuela se comportan muy mal con un/a niño/a superdotado/a mental pero no físicamente (por ejemplo, para participar en los deportes tradicionales): se burlan de él y le tildan de pitagorín. Quizá Ud. haya sido víctima de tal tratamiento. ¿Qué deben hacer los padres y los educadores para evitar tales situaciones? ¿Y para que los niños superdotados no sean retraídos?

Tercera greguería:

"*A, e, i, o, u:* las cinco notas del piano humano".

¿Qué letras son las cinco dadas aquí?

¿Qué quiere decir "el piano humano"?

Escritura II

«El horario»

planifican   plan
horario   schedule
elegir   to choose, elect
el cien por cien   one hundred percent
comodidad   comfort
diseñado   designed
medida   measure
acercar   to draw near
metas   goals, objectives

A *Un horario semanal.* Prepare un horario, para la semana entera, que indique sus clases, sus diversas tareas, pero también sus períodos de relajación así como sus reuniones con amigos. Calcule el porcentaje de tiempo que Ud. dedica a los estudios y al descanso. Luego, compare sus resultados con los de dos o tres amigos.

B *Un horario mensual.* ¿Puede Ud. crear un horario que indique sus actividades principales de todo un mes?

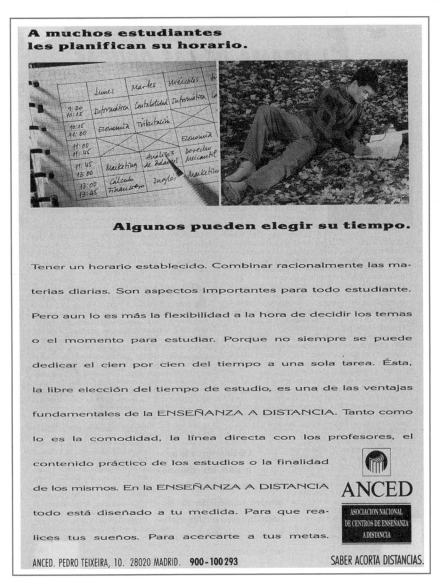
En conclusión

A *Consejos.* Escriba una lista de consejos personales, para ayudar a los estudiantes más jóvenes, para que estén bien preparados para los exámenes. Luego, comente estas ideas con otros compañeros. En su conversación, consideren estas preguntas: ¿Qué importancia debe tener el estudio (el aprendizaje) en su vida? ¿Es un proceso que termina en cierto momento? Si no, ¿por qué no?

B *Cómo estudiar.* Escriba un resumen de las técnicas que Ud. emplea para prepararse para un examen. Luego, compárelas con las de varios amigos y comenten las ventajas de las mejores. ¿Qué nuevas ideas ha aprendido Ud.? Explique.

Cuarta greguería

"En la tormenta se ve al Profesor Supremo escribiendo y borrando cálculos eléctricos en la pizarra del cielo".

¿Quién es el Profesor Supremo?

¿Qué escribe? ¿Dónde escribe?

¿Qué es el cielo?

Quinta greguería:

"Trigonometría es andar por el más difícil de los alambres y el más peligroso de los trapecios".

¿Qué son alambres y trapecios?

¿Por qué los llama "trigonometría"?

Capítulo 2

LA FAMILIA

Presentación

La mujer moderna

Si el cambio° es lo más esencial en la vida, entonces lo que más está cambiando ⟶ change
esencialmente en los últimos° años es la relación entre mujeres y hombres. Poco ⟶ recent
a poco* las profesiones se abren a la mujer y la cocina al hombre. Aquélla
aprende a curar* pacientes, dirigir corporaciones y gobernar ciudades, estados y
naciones. Este aprende a hacer sopa, cambiar al bebé y planear* comidas, tareas
y viajes*.

    Bueno, no exageremos*—*algunas* mujeres y *algunos* hombres están modi-
ficando* sus respectivos papeles*. Y esto ocurre sólo en *algunos* países. La
verdad es que lograr° tales cambios es a veces tan difícil como hacer que el Río ⟶ achieving
Amazonas regrese° del mar a las montañas. ⟶ go back

    Sin embargo, muchas mujeres siempre han tenido que trabajar dentro y
fuera* de casa, para sacar a la familia hacia adelante°. La lectura de este capítulo ⟶ **sacar...:** move...ahead
presenta a tal mujer, una que tiene que lavar la ropa de otros y, en el poco tiempo
que le quede°, mantener* el espíritu de su propia familia. Aquí se ve obligada° ⟶ **le...:** she has left / **se...:** she sees
a romper* las ilusiones infantiles de su hijo mayor.   (thinks) herself obliged

Una investigadora ajusta el microscópio en el Consejo Superior de Investigación Científica en Madrid (España).

Estrategias para leer

The Meaning of a Title

In contrast to the magazine articles in Chapter 1, the reading in this chapter is a
literary selection, a short story by the noted Cuban writer Guillermo Cabrera
Infante. Taken from his collection *Así en la paz como en la guerra,* this story

reveals his talent for evoking those small moments of great crisis in a child's life.

The title of this story is a partial sentence, one that offers at least a partial summary of the story's plot. Be sensitive to the subtleties suggested by the title: (a) the story is about a child, (b) it is narrated by the person whose childhood it was (**"mi" niñez**), (c) it occurs on just one day, and (d) the action takes place in the past (note the preterite verbs). In view of such hints, we can assume that these are nostalgic remembrances of a childhood gone forever and that the story's tone, therefore, will be bittersweet.

Dialogue in Spanish is introduced by a dash (—); notice the extensive use of dialogue in this story. Since this is a first-person remembrance, the narrative (i.e., non-dialogue) portions are reflections, reactions, and interpretations by the narrator himself.

Throughout this selection questions in boxes appear at intervals. These questions relate to the major focuses of the narrative and will lead you through Silvestre's experiences in the street, with his friends, and eventually, his step-by-step realization of what his mother is trying to tell him. Go over these experiences several times as you read and reread the story. Your goal here is to be able to summarize this progression in your own words.

The primary grammar point illustrated by this reading is the use of the preterite and the imperfect tenses. Pay particular attention to those passages that feature predominantly one tense or the other. For example, examine a few of the following lines. What is the main purpose of each passage, to narrate a series of actions, to describe, to reveal emotions or mental processes, to suggest repetition in the past? Examine, also, the sentences that contrast both tenses. As you seek to understand their usage, ask yourself the same questions as before.

Preterite: 1–3, 6–8, 17–19, 31, 41–45, 94–96, 104–108

Imperfect: 12–13, 25–30, 100–101

Both tenses: 44–45, 47–48, 56–63, 70, 83–84, 90–92, 98–101, 107–108, 112–114

Lectura

«El día que terminó mi niñez°*»   childhood
GUILLERMO CABRERA INFANTE

Mi madre me llamó y me pidió que fuera° a comprar el pan. Salí de la casa y sentí esa inquietante sensación de libertad que experimentan° todos los niños en la calle. Es un sentimiento confuso de miedo y alegría* ante° la amplitud del espacio: las calles anchas°, abiertas y el techo* inalcanzable° del cielo, la luz inmensa y el aire, ese aire indescriptible de los pueblos que el que vive en la ciudad no se puede imaginar. Caminé* despacio° las dos cuadras° hasta la pa-

me...: she asked me to go
experience
in the face of
wide / unreachable

slowly / blocks

5

* Refer to Appendix C for the full text of this reading.

nadería* y no hallé a nadie° por la calle. Al regreso°, me encontré con Fernandito frente a casa. Vino a mi lado.

> —¿Jugamos hoy a los bandidos? —me preguntó.

10 —No puedo.

> —¿Por qué?

No quería tener que explicarle que iba a salir con mi madre. No era muy
bien visto° en el pueblo el muchacho que salía con la madre a hacer visitas.

> —No puedo.

15 —Pero, ¿por qué?

> —Tengo que salir con mi madre.

No quise ver la expresión de desaliento° en la cara de Fernandito y comencé
a patear° con un cuidado exquisito una piedra. Fernandito caminó a mi lado en
silencio y se detuvo en la puerta de casa.

20 —¿Ya hiciste la carta? —le pregunté para variar el tema.

> —Yo no, todavía. ¿Y tú?

> —Anoche.

> —Yo no me apuro°. Total°, todos los años lo mismo: yo pido una cosa y me
traen otra.

25 Fernandito siempre se quejaba° los Días de Reyes[1] de no recibir el regalo
que pedía. Si pedía un revólver, le traían un guante° y una pelota*; si pedía un
traje de vaquero°, le traían un camión de cuerda°; si pedía un juego de car-
pintería*, le traían una carriola°. Yo no podía quejarme*. Mis regalos casi
siempre estaban de acuerdo con° mis deseos, es decir, ellos se ponían de
30 acuerdo entre sí.

> —Ya yo hice mi carta y la cerré. También le hice la de mi hermano.

> —¿Qué pediste?

> —Ah, no, señor. Eso sí no te lo digo.

> —¿Y tu hermano?

35 —Tampoco. Es un secreto. Ni mi mamá lo sabe.

> —¿Eh y por qué, tú?

> —Es un secreto, simplemente.

> —Está bien, guarda° —dijo y se fue bravo°.

> —Eh, oye° —le grité°—, ¿jugamos mañana?

40 Pero desapareció° tras° la esquina* sin responder.

Cuando entré en casa abrí las ventanas y dejé la puerta entreabierta° asegu-
rada° con una aldaba° chica. Me dirigí* hasta° el almanaque° y arranqué° la
hoja* del día anterior. Frente a mí surgió el número y la fecha: 3 de enero.
Levanté las dos hojas siguientes* y leí: Visita de los Reyes Magos al Niño Jesús.
45 Dejé el almanaque donde estaba.

Al día siguiente —día 4— encontré a mi madre muy preocupada* por la
mañana. Le pedí permiso para ir a jugar a los pistoleros y me lo dio, pero no
pareció oír lo que yo decía. Sólo cuando mi hermano quiso ir también dijo:

---

1. El 6 de enero (Epifanía), día en que los tres Reyes Magos (*Three Wise Men*) llevaron regalos al
Niño Jesús.

Glosses (right margin):

no...: I didn't find anyone / **Al...:** On (my) return

No...: (the boy who)...wasn't looked on favorably

discouragement
to trample on

Yo...: I'm in no hurry / Anyway

complained

mitt

traje...: cowboy suit / wind-up (truck)
scooter
estaban...: were in agreement with

keep (it) / angry (hurt)
listen / I shouted
he disappeared / behind
ajar
fastened / latch / **Me...:** I went to / calendar / tore off

Varias hermas y amigas peparan té para sus muñecas, en Cartagena (Colombia).

—Lo cuidas* bien.

50 —Pero, mami, si es muy chiquito*.

—Es tu hermano y quiere ir.

—Pero es que cada vez que lo llevo no puedo jugar. Siempre pierdo, porque él saca° la cabeza cuando nos escondemos y me denuncia°. | sticks out / tells on me

—Llévalo o no vas.

55 —Está bien. Vamos, avestruz°. | ostrich

Estuvimos jugando toda la tarde y no gané* ni una sola vez. Mi hermano sacaba la cabeza del refugio° cada vez y disparaba° su "pistola" —dos pedazos° | hiding place / fired / pieces
de madera° clavados° en ángulo— a diestro y siniestro°. Yo no sabía bien lo que | wood / nailed / a...: right and left / postcards
era un avestruz, pero había visto su figura en unas postalitas° de animales que
60 coleccioné* una vez y no podía dejar de pensar en° la similitud° del cuello* de | dejar...: stop thinking about / similarity / stretched / ledge / hid
mi hermano, estirado° por sobre cualquier parapeto° que nos ocultara°, muy
semejante al pescuezo° del avestruz en la litografía. Regresamos tarde y cansa- | neck
dos.

—No te duermas, que quiero hablar contigo —me dijo mi madre sacudién-
65 dome° por un hombro*. Me senté, alarmado. | shaking me

—¿Qué es?

—No te asustes°. No es nada malo. Ven para acá —y me llevó para la sala. | No...: Don't be afraid
Me hizo sentar a su lado en el viejo sofá de mimbre°. | wicker

—Ahora que tu hermano está dormido* quiero hablar contigo.

70 Se detuvo. Parecía no saber cómo seguir*.

—Tú eres ya un hombrecito°, por eso es que te digo esto. ¿A qué° tú crees | man (grown up) / A...: Why
que fuimos a ver a tu tío Mariano, a quien nunca vemos y que no tiene muchas
ganas de° vernos tampoco? | no...: doesn't feel much (like)

Un niño sabe más de lo que piensan los mayores,* pero él también conoce
75 el doble juego y sabe qué parte le toca°. | que...: which role is his

---

1. ¿Qué le hizo la madre a Silvestre para alarmarle?
2. ¿Qué le dijo para no asustarle?
3. ¿Dónde le hizo sentar?
4. ¿Por qué es éste el momento apropiado para hablar con Silvestre?

—No sé —dije—. Me lo figuro°, pero no sé bien. ¿A pedirle dinero? **Me...:** I can imagine

—Eso es: a pedirle dinero. Pero hay algo más. Tu padre se ha ido lejos a buscar trabajo y es probable que no lo encuentre en seguida.* Yo quiero que tú me ayudes* en la casa. Que no ensucies° mucho tu ropita, que me hagas los **Que...:** Don't dirty / **me...:** do (some) errands / **cuides...:** take care of / I'll iron (clothes)

80 mandados°, que cuides a° tu hermanito. Otra cosa: mientras tu padre encuentra trabajo no podrá mandarnos* dinero, así que yo lavaré* y plancharé°. Necesito que tú me lleves y me traigas la ropa.

Vi el cielo abierto°. Yo creía que ella me iba a decir otra cosa y todo lo que hacía era pedirme ayuda. **el...:** the heavens open

85 —Todavía hay más: vas a tener que ir a menudo° a casa de tu tío, aunque no **a...:** frequently te guste. Él nos va a mandar alguna de su ropa para lavar.

—Está bien, yo voy.

—Recuerda que tienes que ir a buscarla por el zaguán°, no por la puerta de side porch alante° y se la pides a la criada°. front / **se...:** you ask the maid (for it)

90 Mi madre siguió dándome instrucciones y cuando observé que las repetía más de una vez, sentí que se me hacía un hoyo° en la boca del estómago: ella **se...:** I got a hole (knot) trataba de* decirme algo más, pero no podía. Por fin se detuvo.

—Atiéndeme°, hijo. Lo que voy a decirte es una cosa grave. No te va a Pay attention to me gustar y no lo vas a olvidar* nunca —y sí tenía razón ella—. ¿Recuerdas, mi

95 hijito, la conversación que tuve con Blancarrosa ayer? ¿Sí...? ¿Te diste cuenta de° algo? **Te...:** Did you realize

---

1. Silvestre se siente mejor al escuchar a su madre. ¿Por qué?
2. Según Silvestre, ¿por qué repite su madre las instrucciones?
3. ¿Qué trataba de hacer ella?
4. ¿Qué anuncia ella por fin?

—¿Lo de los Reyes°? **Lo...:** That stuff about the Wise Men?

—Sí, hijito, lo de los Reyes. ¿No te diste cuenta que ella trataba de decirles a ustedes que los Reyes no existían?

100 No me había dado cuenta de ello, pero comenzaba a darme cuenta de lo que **se...:** on her mind (up her sleeve) / **Ella...:** She gathered her courage mi madre se traía entre manos°. Ella tomó aliento°.

—Pues bien: ella lo hizo sin malicia*, pero de despreocupada que es°, yo lo hago por necesidad. Silvestre, los Reyes Magos no existen.

Eso fue todo lo que dijo. No: dijo más, pero yo no oí nada más. Sentí pena,
105 rabia°, ganas de llorar y ansias° de hacer algo malo. Sentí el ridículo en todas sus fuerzas* al recordarme* mirando al cielo en busca* del camino por donde vendrían los Reyes Magos tras la estrella. Mi madre no había dejado de hablar y la miré y vi que lloraba*.

—Mi hijito, ahora quiero pedirte un favor: quiero que mañana vayas con
110 este peso° y compres para ti y para tu hermano algún regalito barato y lo guardamos° hasta pasado°. Tu hermano es muy chiquito para comprender.

Eso o algo parecido° fue lo último que dijo, luego agregó°: "Mi niño", pero yo sentí que no era sincera, porque esas palabras no me correspondían; yo no era ya un niño, mi niñez acababa de terminar°.

de...: unconcerned that she is

anger / longing

money (bill)

we'll keep it / **hasta...:** (mañana) day after tomorrow / similar / she added

acababa...: had just ended

1. ¿De qué comenzaba a darse cuenta Silvestre?

2. ¿Qué fue lo último que oyó Silvestre?

3. ¿Por qué dijo Silvestre que la palabra "niño" ya no le correspondía?

ALAS DE HONOR

Mi hijo David (4 años) me preguntó: "Mamá, el día de tu boda dónde estaba yo?". Antes de poder contestarle exclamó: "Ah, ya sé, me dejaron en casa de mi abuela como siempre que van a una fiesta".
Gladys Cano

ANGELITOS

Cada día me resulta más duro ir a clase

Un juego: Un, dos, tres, pesca'o

Un muchacho da la espalda a varios otros jugadores y dice "un, dos, tres, pesca'o"(*caught like a fish*); los otros caminan hacia él sin que los vea moverse. Se mueven mientras habla y se quedan quietos sólo cuando vuelve para mirarlos. Si el muchacho "pesca" (ve moverse) a un jugador, éste pierde. El que llega hasta el muchacho gana el juego.

Aplicación

A   *Los personajes.* Este cuento hace referencia a siete personajes, cuatro que aparecen (1, 2, 3, 4) y tres que no aparecen (5, 6, 7). Escoja a un personaje de cada grupo y explique cómo son.

1. Silvestre   **5.** el padre

2. Fernandito   **6.** el tío

3. la mamá   **7.** Blancarrosa

4. el hermanito

B   *Silvestre, hombrecito.* Silvestre iba a tener más responsabilidades en el futuro por la difícil situación económica de la familia. ¿Cuáles eran las varias ayudas que su mamá le pedía?

C   *Sus responsabilidades.* Con dos otros compañeros comente las responsabilidades que Ud. tenía en casa cuando era más joven. ¿Qué tenía que hacer en su propia habitación? ¿En el resto de la casa? ¿Tenía Ud. que trabajar fuera de casa? Explique.

D   *Las varias actividades de Silvestre.* ¿Qué importancia tienen estas actividades para Silvestre, antes y después de perder su inocencia?

1. escribir a los Reyes Magos

2. jugar a los bandidos

3. hacer mandados para su mamá

4. llevar la ropa al zaguán de la casa de su tío

5. comprar un regalito para él y su hermanito

¿Cuántos años cree Ud. que tiene Silvestre? ¿Por qué cree Ud. eso?

E   *Perdiendo la inocencia.* Al enterarse de que no existen los Reyes Magos, Silvestre sintió cierto ridículo. ¿Por qué? Irónicamente, ¿qué le pidió su mamá que hiciera para mantener el mito de los Reyes Magos para su hermanito? ¿Por qué?

F   *Su inocencia.* En grupos de tres o cuatro estudiantes, explique a qué edad perdió su inocencia infantil. ¿Cómo ocurrió el desengaño? ¿Cree Ud. que es importante engañar a los niños con leyendas como Santiclós y los Reyes Magos? ¿Por qué (no)? Cuando Ud. era niño/a, ¿tenía su familia mitos o costumbres especiales? ¿Para qué fechas? ¿Cómo eran? ¿Todavía los observa? Explique.

G   *La madre de Silvestre.* Haga Ud. varios comentarios sobre la mamá de Silvestre. ¿Por qué le revela la verdad a Silvestre? ¿Por qué llora? ¿Por qué le da el peso al final cuando obviamente no tiene mucho dinero? ¿Por qué se humilla lavando la ropa de alguien que no le gusta? ¿Es directa o no con Silvestre? ¿Qué muestra esto? ¿Le respeta? ¿Le quiere mucho? ¿Por qué le hace cómplice suyo al final? ¿Le hace daño a ella el hecho de que Silvestre pierda su inocencia así?

H *En la calle.* Las líneas 1–6 describen la experiencia de Silvestre en la calle. Examine ese pasaje bien y observe la lista que compone la segunda frase (3–6). Luego, escriba su propia versión de lo que vio en la calle. Puede ser varias tiendas, otros tipos de edificios, diferentes amigos.

Repaso de vocabulario

A *Vocabulario activo.* Hágale preguntas a un/a compañero/a de clase basadas en las siguientes familias de palabras.

1. varios juegos de niños
2. regalos que Ud. recibía cuando era niño/a
3. las características esenciales de diversos animales
4. los trabajos que hay que hacer en casa
5. las emociones que un/a niño/a puede sentir

B *Asociaciones.* ¿Qué palabras de la lectura asocia Ud. con las siguientes?

1. fuerte	**4.** enojo	**7.** calendario
2. calle	**5.** niño	**8.** cielo
3. cuerpo	**6.** dolor	**9.** mantener a otro

C *Sinónimos.* Busque palabras de la lectura que significan lo mismo que éstas.

1. delante de	**3.** ahora mismo	**5.** roca
2. según	**4.** muchas veces	**6.** página (de un periódico)

D *Definiciones.* ¿Qué verbos corresponden a las definiciones dadas?

1. ser invisible	**a)** asustar
2. acercarse a otro	**b)** dormirse
3. decir algo adicional	**c)** quejarse
4. poner fin a algo	**d)** dirigirse
5. darle miedo a uno	**e)** lavar
6. descansar en la cama	**f)** mandar
7. parar	**g)** agregar

8. protestar por algo	**h)** terminar
9. hacer algo de distintos modos	**i)** desaparecer
10. limpiar la ropa con agua y jabón	**j)** sacudir
11. mover algo bruscamente	**k)** detenerse
12. enviar algo a otra persona	**l)** variar

E *Frases originales.* Invente frases completas para las siguientes palabras.

1. guante	**3.** regreso	**5.** en seguida	**7.** tener ganas
2. regalo	**4.** acabar de	**6.** dejar de	**8.** a menudo

F *Preguntas personales.*

1. ¿Hay el mismo número de personas en su familia que en la familia de Silvestre? (¿Más, menos?)

2. Si tiene un/a hermano/a, ¿insistía él/ella en jugar con Ud. cuando eran niños?

3. ¿Qué cosas hacía su hermano/a que no le gustaban a Ud.?

4. En su opinión, ¿son más felices los niños que son hijos únicos o los que tienen varios hermanos? ¿Por qué?

5. ¿Qué ventajas y qué desventajas hay en ser el hijo mayor/menor de la familia?

6. ¿Qué penas recuerda Ud. de su niñez? ¿Cuándo surgieron? ¿Por qué? ¿Cómo terminaron?

7. ¿Cuándo se dio Ud. cuenta por primera vez de que Santa Claus o Santiclós no existía? ¿Recuerda Ud. las emociones que sintió entonces? ¿Cómo eran?

8. ¿Cree Ud. que es importante seguir creyendo todo lo posible en los personajes imaginarios de la niñez? ¿Por qué?

Contrastes culturales

Cambia la familia

La familia ha cambiado mucho en los últimos años: es más móvil que antes; la madre suele (*generally*) trabajar fuera de casa; a menudo la familia extendida (abuelos, tíos y primos) tiene menos importancia que antes. Todo esto les ha dado mucha más independencia a los hijos, incluso a hijos muy jóvenes. No es de sorprender, por tanto, que se hayan aumentado los problemas familiares, especialmente en las grandes ciudades.

Esta descripción de la familia moderna es válida tanto en Madrid, Caracas y Buenos Aires como en Filadelfia, Toronto o Los Angeles. Es decir, con respecto a la familia, hay menos diferencias ahora entre las distintas culturas que entre las generaciones.

Sin embargo, todavía existen algunas diferencias culturales. Por ejemplo, la sociedad hispánica suele prestar muchísima atención a los niños y no sólo el Día de los Reyes (el 6 de enero) o el día de Navidad (el 25 de diciembre). Otros ejemplos:

- Las Pascuas (*Easter*): En Barcelona y otras ciudades de Cataluña los padrinos les compran monas a sus ahijados. Las monas son animales o huevos de chocolate adornados con muñecas (*dolls*) y otros regalitos.
- El Día del Santo: El nombre del santo (o de la santa) que lleva un/a niño/a determina el día del año que ha de celebrar una fiesta y recibir regalos. El Día del Santo suele tener más importancia que el día de su cumpleaños.

A *Sus costumbres.* ¿Qué costumbres especiales tiene su familia? ¿Qué días del año celebra? ¿Son, principalmente, observaciones religiosas? Explique en forma escrita.

B *La relación entre hombres y mujeres...y los niños.* Empezamos este capítulo hablando de las nuevas relaciones entre los hombres y las mujeres, pero vamos concentrándonos cada vez más en los niños. ¿Cree Ud. que esto es lógico? ¿Por qué? ¿Cómo cambian las tradiciones familiares las nuevas relaciones familiares?

Gramática selecta

Pretérito e imperfecto

A *El imperfecto.* Escriba una descripción breve (3–5 oraciones) de lo que se pide en cada caso.

1. una acción repetida del pasado
2. una acción mental del pasado
3. lo que Ud. iba a hacer el verano pasado

B *¿Pretérito o imperfecto?* Lea este párrafo en inglés y diga si Ud. usaría el pretérito o el imperfecto. ¡No traduzca!

My mother and I were talking (1) in low voices because my little brother was sleeping. (2) Mother was (3) nervous and didn't seem (4) to know exactly what to say. Finally, her words just tumbled (5) out all at once. She didn't like (6) what I did (7) to my brother and she was going (8) to cut my allowance in half if... She stopped (9) in mid sentence. At that moment my brother appeared (10) in the doorway. He was grinning (11) broadly. It was (12) all a joke, we both explained (13). He really wasn't (14) hurt at all. After a long silence, our Mom smiled (15) too.

C *Imperfectos y pretéritos contrastados.* Explique el uso de los dos tiempos en las siguientes frases.

1. Dejé el almanaque donde estaba. (45)

2. Se detuvo. Parecía no saber cómo seguir. (70)

3. ¿No te diste cuenta que ella trataba de decirles a ustedes que los Reyes no existían? (98–99)

4. Mi madre no había dejado de hablar y la miré y vi que lloraba. (107–108)

5. Luego agregó: "Mi niño", pero yo sentí que no era sincera, porque esas palabras no me correspondían; yo no era ya un niño... (112–114)

D *Resúmenes parciales del cuento.* Lea estas frases y exprese los verbos en el tiempo indicado.

1. *pretérito:* Yo (salir) de casa y (sentir) esa inquietante sensación de libertad que experimentan todos los niños en la calle. (1–2)

2. *pretérito:* Yo (caminar) despacio las dos cuadras hasta la panadería y no (hallar) a nadie por la calle. Al regreso, (encontrarme) con Fernandito frente a la casa. Él (venir) a mi lado. (6–8)

3. *imperfecto:* Yo no (querer) tener que explicarle que (ir) a salir con mi madre. No (ser) muy bien visto en el pueblo el muchacho que (salir) con la madre a hacer visitas. (12–13)

4. *pretérito:* Yo no (querer) ver la expresión de desaliento en la cara de Fernandito y (comenzar) a patear con un cuidado exquisito una piedra. Fernandito (caminar) a mi lado en silencio y (detenerse) en la puerta de casa. (17–19)

5. *imperfecto:* Fernandito siempre (quejarse) los Días de Reyes de no recibir el regalo que (pedir). Si (pedir) un revólver, le (traer) un guante y una pelota... Yo no (poder) quejarme. Mis regalos casi siempre (estar) de acuerdo con mis deseos, es decir, ellos (ponerse) de acuerdo entre sí. (25–30)

E *Series de acciones.* Lea los pasajes indicados del cuento, examine los verbos con cuidado y, luego, intente escribir la serie de acciones sólo mirando las siguientes palabras.

1. 41–45: abrir / ventanas; dejar / puerta; dirigirse / almanaque; arrancar / hoja; surgir / números; levantar / hojas; leer / visita; dejar / almanaque

2. 46–49: encontrar / nadie; pedir / permiso; darme / el permiso; no parecer oír / lo que yo decir; mi hermano querer ir / ella decir

3. 56–63: estar jugando / tarde; no ganar / una sola vez; mi hermano sacar / cabeza; disparar / pistola; yo no saber / avestruz; haber visto / figura

F *Los verbos en contexto.* Lea otra vez los siguientes dos párrafos: (1) 25–30 y (2) 41–45. Explique por qué el primero tiene verbos en el imperfecto y el segundo, verbos pretéritos. Después, lea el diálogo de las líneas 64–67 y escríbalo no como diálogo sino completamente en forma narrativa, usando imperfectos y pretéritos según la lógica de la situación.

G *Momentos importantes.* Los siguientes momentos del cuento son los más importantes para Silvestre. Escoja dos de estos momentos y explíquele a un/a compañero/a de clase lo que pasa en cada uno. Luego, dígale algo de momentos similares de su propia vida. Use el pretérito o el imperfecto según sea necesario.

1. la calle (1–8) **4.** el juego (56–63)

2. los regalos (25–30) **5.** la ayuda (78–82)

3. el almanaque (41–45) **6.** los Reyes (104–108)

 Estrategias para escribir

Descriptions and Summaries

In Chapter 1 you practiced with lists of words, and earlier in this chapter you wrote brief descriptions and original sentences illustrating repeated physical actions or mental states. Now let's expand such lists into longer descriptions of three or more sentences. However, keep the focus of each list very specific. Here are several possible lists you can create based on Silvestre's experiences in this chapter's reading:

1. Make a list of orders or errands your mother or father gave you to do as a child.

2. Describe several children's games you used to play.

3. Reveal secrets you kept from your parents or friends.

4. Expand on several things you used to believe in.

5. Describe the chores you used to do at home.

6. Write a short letter to Santa Claus (or the **Reyes Magos**) in which you list all the things you want for yourself and your little sister or brother.

Now let's incorporate list-making with creating a summary. It is important to give it your own style by synthesizing different expressions (the task of *Escritura I*).

In *Escritura I-B* you will expand on the information and lexical items in one of the lists in I-A. Look for connections and make them explicit; emphasize cause-and-effect relationships whenever possible; and move from general to specific thoughts.

Escritura II presents a brief letter that is, in a sense, a summary of a list of personal opinions and facts. In other words, the writer synthesizes her sister's history and her own positive thoughts about her sister. Observe the structure of the letter: the first paragraph establishes the purpose and the rationale for writing; the second offers some past history and brings it up to the present; the third amplifies the current history; and the fourth expresses the writer's own pride in her sister's accomplishments.

Escritura I

Escuche a sus hijos

trata de   tries to

encerradas   shut up

procuro   I try

platicar   to speak (*México*)

no se alejen   don't go away

disfrutan   enjoy

prueba   test

suceder   to happen

agrega   he/she adds

ESCUCHE A SUS HIJOS, ELLOS SIEMPRE TIENEN ALGO IMPORTANTE QUE DECIRLE. LAS SUGERENCIAS QUE OFRECEN AQUÍ ALGUNOS ADOLESCENTES PUEDEN AYUDAR A LOS PADRES.

☛ "Si eres de otro país, trata de entender que nosotros estamos creciendo en una nueva cultura, y nuestras reglas son diferentes", dice Menaka, de 14 años. "En el país de mi madre, las niñas están muy encerradas en casa y no discuten mucho con sus padres. Quiero que ella comprenda que yo crecí en la cultura americana y que tengo la preparación para cuidarme yo sola. Procuro llegar a la hora que se me indica, pero necesito más libertad que la que ella tuvo".

☛ "Si nos educas con disciplina y principios morales, no tendrás que gritarnos", dice Francisca, de 14 años. "Mi madre se sienta a platicar conmigo y hablamos de todos mis problemas. Me indica qué fue lo que hice mal y por qué, y después me dice 'Te quiero'. No trates de controlarnos ni de estar continuamente a nuestro lado; esto hace que los hijos se alejen. Puedes razonar con tu hijo por qué la alternativa que le propones puede convenirle más".

☛ "Si eres una madre soltera, deja que tu hijo encuentre una persona modelo del sexo opuesto", dice Miguel, de 13 años. "Como un muchacho mayor que él, una tía o algún otro familiar. La mayoría de los adolescentes disfrutan más con otros padres que con los suyos. Cuando se quedan a dormir en otra casa, deja que la madre de esa otra familia sea la autoridad. No hables por teléfono para dar órdenes".

☛ "La primera vez que te enfrentes con un problema en la escuela trata de resolverlo inmediatamente", dice Mateo, de 14 años, "No digas: 'Ay, mi hijo está pasando por una etapa difícil'. Una vez obtuve una calificación mala en una prueba y tenía miedo de decírselo a mis padres. Pero dejé el papel fuera esperando que lo encontrarán. De verdad quería comentarlo con ellos, pero tenía miedo de lo que fuera a suceder".

☛ "Hablar es difícil", agrega Miguel, "si su hijo no quiere platicar, no lo presione. Trate de reunirse con su hijo una vez a la semana, mientras hagan cosas juntos, como ir de compras".

☛ "Los adolescentes nunca están de acuerdo con nada porque están descubriendo lo nuevo", agrega Roberto. "Si los padres siempre dicen 'no' habrá conflicto. Pero si usted les demuestra respeto y amor, ellos reponderán de otro modo".

A   *Dilemas.* Aquí tiene Ud. los comentarios de seis jóvenes sobre las relaciones que tienen con sus padres. En cada caso hay un dilema que se puede considerar desde el punto de vista de los padres o desde el de los hijos. Escoja los dos que más le interesen y escriba una lista de tres opiniones sobre *uno* de esos puntos de vista.

B *Un incidente negativo.* Ahora tome una de las opiniones del ejercicio A y úsela como el enfoque principal para resumir un incidente negativo que ocurrió entre Ud. y sus padres. ¿Cuál fue el problema? ¿Qué opinión tenía Ud.? ¿Cuál era la de sus padres? ¿Cómo se resolvió el dilema?

Escritura II

Sonrisas del corazón

sonrisa smile
cosechar harvesting (gathering)
felicidad happiness
merecen deserve
elogiadas praised
ancianos elderly
desamparados homeless
otorgado awarded
entregarán they will deliver
esfuerzo effort
becas scholarships
silla de ruedas wheelchair
llamadas calls
corazón heart

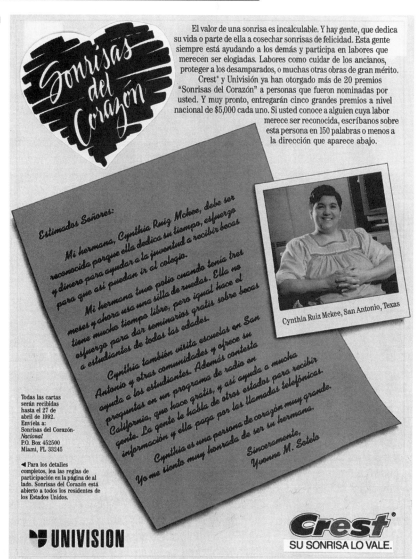

El valor de una sonrisa es incalculable. Y hay gente, que dedica su vida o parte de ella a cosechar sonrisas de felicidad. Esta gente siempre está ayudando a los demás y participa en labores que merecen ser elogiadas. Labores como cuidar de los ancianos, proteger a los desamparados, o muchas otras obras de gran mérito.

Crest y Univisión ya han otorgado más de 20 premios "Sonrisas del Corazón" a personas que fueron nominadas por usted. Y muy pronto, entregarán cinco grandes premios a nivel nacional de $5,000 cada uno. Si usted conoce a alguien cuya labor merece ser reconocida, escríbanos sobre esta persona en 150 palabras o menos a la dirección que aparece abajo.

Cynthia Ruiz Mckee, San Antonio, Texas

Estimados Señores:

Mi hermana, Cynthia Ruiz Mckee, debe ser reconocida porque ella dedica su tiempo, esfuerzo y dinero para ayudar a la juventud a recibir becas para que así puedan ir al colegio.

Mi hermana tuvo polio cuando tenía tres meses y ahora usa una silla de ruedas. Ella no tiene mucho tiempo libre, pero igual hace el esfuerzo para dar seminarios gratis sobre becas a estudiantes de todas las edades.

Cynthia también visita escuelas en San Antonio y otras comunidades y ofrece su ayuda a los estudiantes. Además contesta preguntas en un programa de radio en California, que hace gratis, y así ayuda a mucha gente. La gente le habla de otros estados para recibir información y ella paga por las llamadas telefónicas.

Cynthia es una persona de corazón muy grande. Yo me siento muy honrada de ser su hermana.

Sinceramente,
Yvonne M. Sotelo

Todas las cartas serán recibidas hasta el 27 de abril de 1992. Envíela a:
Sonrisas del Corazón-Nacional
P.O. Box 452500
Miami, FL 33245

◀ Para los detalles completos, lea las reglas de participación en la página de al lado. Sonrisas del Corazón está abierto a todos los residentes de los Estados Unidos.

UNIVISION

Crest
SU SONRISA LO VALE.

A pesar de las dificultades que tienen muchos adolescentes hoy día, hay muchísimos que buscan ayudar a otros. Lea la siguiente carta y, entonces, escriba una carta en que da un resumen de las calidades y la historia del amigo (la amiga) o el/la pariente que Ud. más admira. Siga, más o menos, la misma estructura de esta carta. Si quiere, puede empezar con una lista de calidades y datos.

Escritura III

Seáis muy bienvenida, hija mía. . .

Rosario Castellanos, la gran escritora mexicana, escribió el siguiente pasaje en 1964. Aparece en su libro *El uso de la palabra,* en un ensayo titulado "Los indios caciques". Para hablar del papel de la mujer en la sociedad mexicana, ella comienza con la antigua sociedad azteca, la que realmente apreció a la mujer (en contraste con la civilización posterior). Estas palabras son las que la partera (*midwife*) tenía la obligación de repetir a cada nueva niña nacida entre los aztecas. Estudie este pasaje y, luego, intente escribir su propia bienvenida a una nueva niña (un nuevo niño). La bienvenida debe servir como un resumen de las calidades del bebé o de sus opiniones sobre la criatura.

> "Seais muy bienvenida°, hija mía; gozamos con° vuestra llegada, muy amada doncella°, piedra preciosa, plumaje° rico, cosa muy estimada°, habéis llegado, descansad y reposad°, porque aquí están vuestros abuelos y abuelas que os estaban esperando".

welcome / **gozamos...:** we enjoy / maiden / plumage / esteemed
rest (repose)

En conclusión

A *Juegos de antes.* Hábleles a sus padres y abuelos sobre los juegos más populares de su juventud. ¿Cómo se llamaban esos juegos? ¿Eran para varios chicos o sólo individuos? ¿Los inventaban ellos, en parte al menos? Describa, en detalle, uno de esos juegos, explicando las reglas (*rules*) a sus compañeros de clase.

B *Juegos de ahora.* Piense un momento en los juegos de su propia juventud y hágase las preguntas de A. Sin duda los juegos electrónicos (de vídeos y computadoras) han cambiado nuestra noción moderna de tales juegos. ¿Le gustaban a Ud. esos juegos cuando era niño/a? ¿Cuántos tenía Ud.? ¿Cómo se llamaban? ¿Cómo eran? ¿Cuánto tiempo pasaba Ud. jugando con ellos? Descríbales a varios compañeros su juego favorito. A propósito (*By the way*), ¿todavía pasa Ud. tiempo con los juegos electrónicos? ¿Cuánto tiempo? ¿Cree Ud. que el creciente (*increasing*) énfasis en los juegos electrónicos individuales tiene un efecto negativo en el proceso de "socialización" de los niños? Es difícil hablar en términos generales, pero ¿cree Ud. que los muchachos que juegan más con máquinas que con otros chicos son más egoístas? ¿Más violentos? Explique.

Capítulo 3

LA CASA

Presentación

Casas, chalets y apartamentos

El apartamento, el departamento, el piso: hay varias palabras en español para indicar el sitio en donde uno tiene su domicilio, es decir, su casa. Puede ser una choza* (una casita pobre), o un caserón palaciego°, una antigua hacienda de campo o un modernísimo "chalet" de alguna urbanización de lujo°.

La casa puede ser un lugar de sufrimiento°, pero también un sueño°, un refugio maravilloso, como en *La casa de los espíritus* (1982), la novela famosa de Isabel Allende. Ésta fue la primera novela publicada por la sobrina del presidente chileno Salvador Allende. Después del golpe° militar, que resultó en la muerte del presidente, la autora marchó con su familia a Venezuela. Allí, gracias a esta novela, llegó a ser conocida°. Hoy día la autora reside* cerca de San Francisco, California donde sigue escribiendo.

En esta novela Allende traza° la historia de una familia mítica del viejo Chile. Los personajes más interesantes de la familia son las mujeres: la abuela (Clara), la madre (Blanca) y la nieta (Alba). Ésta° escribe la historia comenzada por aquélla°. Las siguientes selecciones evocan los varios "espíritus" de estas mujeres y de su casa tan interesante.

caserón...: large palace-like house
urbanizacion...: deluxe housing development
suffering/dream

coup

llegó...: she became well known

traces

The latter
the former

Un edificio de apartamentos en el barrio de la Providencia, en Santiago de Chile.

Estrategias para leer

Reading Fiction

The selections you are about to read are from a novel. For this reason, they either describe people and places or narrate the actions that involve them. In contrast to Chapters 1 and 2, where you read for specific information, here you are interested in merely following the plot line. In prose fiction of this type it is important to immerse yourself in the onward flow of the plot and developing characters. Often an overall mission or sense of destiny underlies and unifies a character's many individual actions. This is what you must intuit as sentence subsumes sentence and paragraphs accumulate into pages. Reading "to get the gist" of a story doesn't mean understanding every word or phrase, but sensing general movements and changes of pace.

The translations in the right margin will serve as a useful passive reference during your first couple of readings. When you think you can recognize most new words, fold the margin under, along the marginal glosses, and reread the selections again as needed. However, take the comprehension test (*Ejercicio A, Autoexamen*) after your first reading, to gauge the level of your initial comprehension.

In order to appreciate the general focus of each of the four sections presented here, identify as quickly as possible the overall topic or process, stated or suggested in the first sentence or two of each one, and then try to fill in the various aspects of that process. The topic of the first selection, for example, is stated in the first four words: Clara's death. In subsequent lines, however, her death is not described, but rather, its effects on her house. How are its deterioration and desolation evoked? Try to read between the lines to see what the house must have been like before that deterioration began. Apply the same analytical procedure to the remaining sections. Jot down notes in the margins, to keep track of your thoughts.

Since this reading contains many examples of the preterite and the imperfect, be aware of their usage as you read. Note the following: in *selección I* preterite forms abound; in *II* all twenty or so verbs are imperfect forms; in *III* both tenses are integrated throughout; in *IV* there are no imperfect forms and the present tense is used at the end. Can you explain these various usages?

Lectura

«La casa de los espíritus»

Isabel Allende

I

La muerte de Clara transformó por completo la vida de la gran casa de la esquina. Los tiempos cambiaron. Con ella se fueron los espíritus, los huéspedes°   guests

y aquella luminosa alegría que estaba siempre presente debido a que° ella no
creía que el mundo fuera un Valle de Lágrimas°, sino, por el contrario, una
humorada° de Dios, y por lo mismo° era una estupidez tomarlo en serio, si Él
mismo no lo hacía. Alba notó el deterioro desde los primeros días. Lo vio
avanzar* lento°, pero inexorable. Lo percibió* antes que nadie por las flores que
se marchitaron° en los jarrones°, impregnando el aire con un olor dulzón° y
nauseabundo°, donde permanecieron* hasta secarse°, se deshojaron°, se cayeron
y quedaron sólo unos tallos mustios° que nadie retiró hasta mucho tiempo después. Alba no volvió a cortar flores para adornar° la casa. Luego murieron las
plantas porque nadie se acordó de regarlas° ni de hablarles, como hacía Clara.
Los gatos se fueron calladamente°, tal como llegaron o nacieron* en los vericuetos del tejado°. Esteban Trueba se vistió* de negro y pasó, en una noche, de
su recia madurez de varón saludable°, a una incipiente vejez encogida y tarta-
mudeante°, que no tuvo, sin embargo, la virtud de calmarle* la ira. Llevó su
riguroso luto° por el resto de su vida, incluso cuando eso pasó de moda° y nadie
se lo ponía, excepto los pobres, que se ataban una cinta negra en la manga en
señal de duelo°. Se colgó al cuello una bolsita de gamuza° suspendida de una
cadena* de oro, debajo de la camisa, junto a su pecho. Eran los dientes postizos°
de su mujer, que para él tenían un significado* de buena suerte y de expiación[1].
Todos en la familia sintieron que sin Clara se perdía la razón de estar juntos: no
tenían casi nada que decirse. Trueba se dio cuenta de que lo único que lo
retenía* en su hogar era la presencia de su nieta.

II

El Senador Trueba sólo ocupaba* la biblioteca, el baño y su dormitorio. Allí
vivía rodeado de* sus muebles de caoba°, sus vitrinas° victorianas y sus alfom-
bras* persas. Incluso para un hombre tan poco propenso a* las corazonadas°
como él, aquella mansión sombría° era inquietante: parecía contener un monstruo oculto°. Trueba no comprendía la causa de su desazón°, porque él sabía
que los ruidos extraños que los sirvientes decían oír, provenían° de Clara que
vagaba° por la casa en compañía de sus espíritus amigos. Había sorprendido a
menudo° a su mujer deslizándose° por los salones con su blanca túnica y su
risa* de muchacha. Fingía° no verla, se quedaba inmóvil y hasta dejaba de
respirar*, para no asustarla°. Si cerraba los ojos haciéndose el dormido°, podía
sentir el roce tenue° de sus dedos en la frente, su aliento° fresco* pasar como un
soplo°, el roce de su pelo al alcance° de la mano. No tenía motivos para sospe-
char° algo anormal, sin embargo procuraba° no aventurarse° en la región encantada* que era el reino° de su mujer y lo más lejos que llegaba era la zona neutral
de la cocina.

debido...: due to the fact that
Valle...: Valley of Tears
joke / por...: for that very reason
slowly
wilted / vases / very sweet
sickening / hasta...: until drying / their leaves fell
tallos...: musty stems / decorate
to water them
quietly
vericuetos...: rough places of the tiled roof / recia...: robust maturity of a healthy male
encogida...: shrunken and stammering / Llevó...: He dressed in mourning / pasó...: went out of style / ataban...: tied a... ribbon on his sleeve as a sign of mourning / Se...: He hung a little chamois bag around his neck / dientes...: false teeth

mahogany / display cases
impulses (presentiments)
dark (somber)
hidden / uneasiness
came
wandered
a...: often / gliding (slipping)
He pretended
no...: not to frighten her / haciéndose...: pretending to be asleep / roce...: light touch / breath / breeze / a...: within reach of / to suspect / he tried
no...: not to venture / kingdom

[1]. Esteban le pegó a su mujer en la boca una vez, provocando la pérdida de sus dientes y la compra de los dientes postizos.

III

40 [*Alba, la nieta de Clara, está en una prisión donde la torturan por ser izquier-*
dista°. Ella por fin decide dejarse morir...]

    Se abandonó*, decidida a terminar su suplicio° de una vez°, dejó de comer
y sólo cuando la vencía* su propia flaqueza° bebía un sorbo° de agua. Trató de
no respirar, de no moverse; y se puso a° esperar la muerte con impaciencia. Así
45 estuvo mucho tiempo. Cuando casi había conseguido° su propósito°, apareció su
abuela Clara, a quien había invocado tantas veces para que la ayudara a morir,
con la ocurrencia de que la gracia no era morirse, puesto que° eso llegaba de
todos modos°, sino sobrevivir, que era un milagro°. La vio tal como la había
visto siempre en su infancia, con su bata° blanca de lino°, sus guantes de in-
50 vierno, su dulcísima sonrisa* desdentada° y el brillo° travieso° de sus ojos de
avellana°. Clara trajo la idea salvadora de escribir con el pensamiento*, sin lápiz
ni papel, para mantener la mente ocupada, evadirse° de la perrera° y vivir. Le
sugirió*, además, que escribiera un testimonio que algún día podría servir para
sacar a la luz el terrible secreto que estaba viviendo, para que el mundo se
55 enterara° del horror que ocurría paralelamente a la existencia apacible° y orde-
nada de los que no querían saber, de los que podían tener la ilusión de una vida
normal, de los que podían negar que iban a flote° en una balsa° sobre un mar de
lamentos, ignorando*, a pesar de todas las evidencias, que a pocas cuadras° de
su mundo feliz estaban los otros, los que sobreviven o mueren en el lado oscu-
60 ro*. 'Tienes mucho que hacer, de modo que deja de compadecerte°, toma agua
y empieza a escribir', dijo Clara a su nieta antes de desaparecer tal como había
llegado.

IV

[*En las últimas líneas de la novela, Alba, ya fuera de la prisión, se pone a*
escribir en serio.]

65   Mi abuela escribió durante cincuenta años en sus cuadernos de anotar la
vida. Escamoteados° por algunos espíritus cómplices, se salvaron milagrosamente de la pira° infame donde perecieron° tantos otros papeles de la familia.
Los tengo aquí, a mis pies, atados° con cintas° de colores, separados por acon-
tecimientos° y no por orden cronológico, tal como° ella los dejó antes de irse.
70 Clara los escribió para que me sirvieran ahora para rescatar° las cosas del pasado
y sobrevivir a mi propio espanto°. El primero es un cuaderno escolar de veinte
hojas, escrito con una delicada caligrafía infantil. Comienza así, 'Barrabás llegó
a la familia por vía marítima...'
[*La conclusión que acabamos de dar es, realmente, el comienzo de la novela. He*
75 *aquí el primero párrafo:*]

    "Barrabás llegó a la familia por vía marítima, anotó* la niña Clara con su
delicada caligrafía. Ya entonces tenía el hábito de escribir las cosas importantes
y más tarde, cuando se quedó muda°, escribía también las trivialidades, sin
sospechar que cincuenta años después, sus cuadernos me servirían para rescatar
80 la memoria del pasado y para sobrevivir a mi propio espanto".

(glosas marginales)

leftist

torture / **de**...: once and for all

weakness / sip

se...: she began to

achieved / purpose

puesto...: since

de...: in any case / miracle

bathrobe / linen

toothless / glint / mischievous

hazelnut

avoid / "dog pound" (torture
  chamber)

would know / peaceful

a...: afloat / raft

blocks

pitying yourself

Stolen

funeral pyre (fire) / perished

tied / ribbons

events / **tal**...: just as

to rescue

fright (terror)

mute

Aplicación

A *Autoexamen.* Diga si estas frases son ciertas o falsas.

1. Clara murió.
2. Alba, su nieta, abandonó la antigua casa.
3. Con Clara la casa siempre era un lugar alegre.
4. El deterioro de la casa comenzó después de dos años.
5. Las flores murieron.
6. Clara esperaba continuar regando las plantas.
7. Los gatos congregaron en un rincón del tejado.
8. Esteban siempre se vestía de negro después de morir Clara.
9. Esteban se colgó al cuello una bolsita suspendida de una cadena de oro.
10. La bolsita contenía los dientes postizos de su mujer.
11. Clara perdió la razón antes de morir.
12. Esteban se quedó en la casa a causa de su nieta.
13. Pero se sentía inquieto allí.
14. El espíritu de Clara vagaba por la casa de noche.
15. Esteban trataba de hablar con su espíritu.
16. Sin embargo, realmente no sospechaba nada anormal.
17. Procuraba no aventurarse en la parte encantada de la casa.
18. Por esa razón, no llegaba más allá de la cocina.
19. Clara apareció a Alba en la prisión.
20. Vino a ayudarla a morir tranquilamente.
21. Le aconsejó a Alba que escribiera con el pensamiento.
22. Los cuadernos de Clara se salvaron milagrosamente.

Correct Answers: All answers are true except 2, 4, 6, 7, 11, 15, and 20. Review the story and correct your mistakes.

B *Personajes.* La selección I tiene, básicamente, tres divisiones: 1–6 (Clara), 6–14 (Alba), y 14–24 (Esteban). Escoja a uno de estos personajes y, en grupos de tres, dé un resumen de su sección (los otros dos estudiantes hablarán de los otros personajes). No olvide de incluir lo siguiente:

CLARA: ¿Qué se fue con ella?
ALBA: ¿Qué notó Alba? ¿Qué pasó con las flores y los gatos?
ESTEBAN: ¿Cómo se vistió? ¿Cómo cambió? ¿Qué se colgó al cuello? ¿Por qué?

C *Habitaciones y muebles.* La seleccion II describe algunas de las habitaciones y muebles de la gran casa. Ofrezca Ud. esa descripción en sus propias palabras. Considere estas preguntas. ¿Qué partes de la casa ocupaba Esteban (el Senador Trueba)? ¿Cómo eran sus muebles? ¿Por qué no se aventuraba él más allá de la cocina?

D *Visión y mensaje.* La selección III presenta la visión que Alba tiene de su abuela y el mensaje que le da ésta. ¿Cómo era Clara en esa visión? ¿Por qué apareció así a su nieta? ¿Qué le sugirió?

E *Cuadernos.* La selección IV muestra cómo Alba comienza a escribir. Explique Ud. por qué se salvaron los cuadernos de Clara, cómo se dividen, y por qué los escribió. ¿Cómo empieza el primer cuaderno? ¿Por qué es irónico ese comienzo?

F *"Character mapping".* En grupos de cuatro, haga un perfil psicológico de Clara y Esteban. Considere estos cuatro aspectos esenciales de su persona: (1) personalidad, (2) gustos / disgustos, (3) aspectos físicos y (4) sueños y fantasías. Luego presente sus ideas al resto de la clase. Trate de usar varias palabras nuevas en estos comentarios.

[Estas selecciones de *La casa de los espíritus* evocan el comienzo y la conclusión de la novela. Todo lo demás es la historia de cómo Alba rescata "las cosas del pasado" y de cómo sobrevive a su "propio espanto". Para saber todo eso —¡y es muy interesante!— Ud. debe leer la novela entera (¿para mañana?).]

Repaso de vocabulario

A *Vocabulario activo.* Invente monólogos rápidos, para presentar a otro/a compañero/a, a base de las siguientes categorías de palabras activas.

1. las salas y habitaciones de una casa
2. los muebles de ciertas salas
3. los olores presentes en una casa
4. los ruidos de una casa antigua
5. el deterioro de una casa

B *Usos comunes.* ¿Qué palabras de A están relacionadas con las de B?

A	B
_____ **1.** flores	**a)** risa
_____ **2.** tener muchos años	**b)** muerte
_____ **3.** alegría	**c)** cadena
_____ **4.** alfombra	**d)** tristeza

_____ **5.** luto   **e)** jarrones

_____ **6.** lágrimas   **f)** esquina

_____ **7.** cuello   **g)** vejez

_____ **8.** dos calles   **h)** suelo

C *Sinónimos.* ¿Qué verbos de la lista son similares a éstos?

1. quedarse   **3.** llevarse una sorpresa   **5.** recordar

2. intentar   **4.** ir hacia adelante   **6.** vencer

sorprender / conquistar / permanecer / procurar / acordar / conseguir / avanzar / compadecer / tratar (de) / deslizar

D *Antónimos.* ¿Qué verbos de B significan lo contrario de los de A?

A	B
_____ **1.** avanzar	**a)** secar
_____ **2.** irse	**b)** acordarse
_____ **3.** regar	**c)** dejar de trabajar
_____ **4.** olvidar	**d)** retirarse
_____ **5.** volver a trabajar	**e)** quedarse

E *Traducciones.* Exprese en español.

1. (a...) besides / often / in spite of

2. (de...) in any case / once and for all / underneath

3. (por...) completely / on the contrary / by the same token

F *Preguntas personales.* Invente respuestas.

1. Se dice que nos acordamos de las cosas más por el olor que por otro motivo. ¿Qué cree Ud.?

2. ¿Cultiva Ud. plantas y flores? ¿Se marchitan a menudo? ¿Por qué (no)?

3. ¿Se queda Ud. en casa la mayoría de las noches o, por el contrario, sale Ud. mucho? Explique.

4. De la vida diaria, ¿qué es lo que más le sorprende? ¿le da más risa? ¿más lágrimas? ¿Por qué?

5. ¿Qué personas (amigos o miembros de su familia) aparecen a menudo en sus sueños? ¿Puede Ud. explicar eso?

6. ¿Qué finge Ud. a veces? ¿Cree Ud. que está bien hacer eso?

7. ¿Puede Ud. explicar en qué consiste la alegría? ¿Es cuestión de suerte muchas veces? ¿Por qué?

La sociedad

ESCAPARATE

FELICES SUEÑOS

Soplan fuertes vientos con ecos de «ooooooning», ya saben: la moda es quedarse en casa y hacer de ella un maravilloso y sofisticado refugio. La cama, centro nuclear de este nido, puede vestirse de las más deliciosas y bellas sábanas, los más acogedores edredones y mullirse con cuadrantes y almohadones para convertirse en un lecho de ensueño.

ESTILISMO: NATALIA POMBO. FOTO: ALVARO GARCIA PELAYO. Sábanas de raso (32.157 ptas.), de hilo con encaje (72.070) y de hilo bordado (69.335), de Las Hilanderas, Fernán González, 11. Juego de hilo (24.720), flor de lis (17.800), de algodón (13.500) y cuadrantes de hilo, de Oh, qué luna, Ayala, 32. Juego beige de raso (42.300), zapatillas (6.400), sábanas salmón (42.300) y gorro ducha (3.700) de Tres en Claudio, en Claudio Coello, 47. Edredón (38.000), cojín y perfumería idem (3.500 y 2.100), de La Séptima de Broadway, Núñez de Balboa, 116, ap. 643. Juegos sobre la silla (8.740), Descamps, Serrano, 57. Madrid.

Soplan   blow

nido   nest

acogedores   welcoming

almohadones   large pillows

lecho   bed

ensueño   dream

1. ¿Qué soplan?

2. ¿Qué ecos causan?

3. ¿Cuál es la moda?

4. ¿Cuál es el centro de este nido?

5. ¿Cómo puede vestirse?

Contrastes culturales

El realismo y el realismo mágico

La literatura norteamericana del siglo XX ha sido caracterizada por su realismo, desde Ernest Hemingway hasta John Updike, desde John Steinbeck hasta Norman Mailer. La lista es muy larga, pues habría que incluir también a Arthur Miller, a Truman Capote, a Lillian Hellman y a muchos otros. El realismo de uno y otro se destaca (*stands out*) por sus temas sociales y existenciales, por su diálogo cortado y rápido y, en general, por un estilo documental que le da al lector la ilusión de estar "viendo" personajes reales, "oyendo" conversaciones auténticas y "viviendo" situaciones verdaderas.

La literatura hispanoamericana del siglo XX también se conoce por su realismo, pero en muchos autores es un realismo mágico, porque añade un elemento irreal a las caracterizaciones o a los argumentos. Es un realismo que, a veces, sugiere mucho más de lo que dice, que parece indicar que los diversos fenómenos rutinarios del vivir diario no pueden explicar todos los misterios de la vida. Con frecuencia el realismo mágico se emplea para evocar aspectos especiales de la muerte o de la vida más allá de la muerte.

Los proponentes más importantes del realismo mágico incluyen a Carlos Fuentes (México), Julio Cortázar (Argentina), Alejo Carpentier (Cuba), Mario Vargas Llosa (Perú), Gabriel García Márquez (Colombia) y ahora Isabel Allende (Chile). Tal realismo mágico se ve también en muchas películas hispanoamericanas, por ejemplo, la reciente *Como agua para chocolate*.

Isabel Allende, autora chilena de *La casa de los espíritus* y *los cuentos de Eva Luna*.

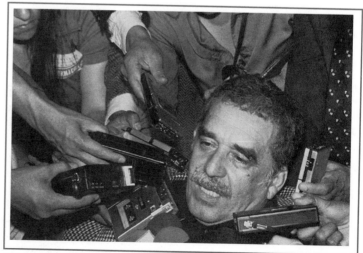

Gabriel García Márquez, Premio Nobel de Litetatura de 1982 (Colombia).

Cómprese el chalet de su vida con toda facilidad.

2ª Fase ya a la venta

Tome la desviación a la Navata en el km.35 de la Ctra. de La Coruña.

Venga a conocer BALCON DE PARQUELAGOS, un magnífico conjunto de 31 chalets rodeados de naturaleza que estamos construyendo en la prestigiosa ciudad Parque Lagos.

- Casas de 3 y 4 dormitorios.
- Parcela individual de 500 m².
- Financiación a 14 años con hipoteca de CITIBANK.
- Tratamiento personalizado de sus condiciones de pago.
- Gestionamos la venta de su piso.

PARQUELAGOS, S.A.
Telf.: (91) 531 42 40

BALCON DE PARQUELAGOS

conjunto   group
rodeados de   surrounded by
hipoteca   mortgage
Gestionamos   We will manage

1. ¿Cómo se llama esta urbanización?
2. ¿En qué ciudad está?
3. ¿Cuántos chalets tiene?
4. ¿Cómo son?
5. Describa la financiación que ofrecen.
6. ¿Tiene otras ventajas?

A   *Lo mágico.* Con dos o tres otros compañeros, diga cuáles son los elementos mágicos de *La casa de los espíritus.* ¿Le gustan? ¿Por qué (no)? ¿Qué añaden a la historia? ¿O cree Ud. que quitan algo?

B   *La muerte.* Busque escenas de muerte en otras novelas o cuentos que Ud. conoce. ¿Cómo se comparan con la selección I de esta novela? ¿Se presenta la muerte como algo muy personal e individual o como algo social? ¿Cómo se logra esto?

C   *La vida.* No se puede hablar de la muerte sin hablar, también, de la vida. ¿Es posible decir que los hispanos ven la muerte como una continuación de la vida? ¿Qué ejemplos de esto hay en *La casa de los espíritus?* ¿Cree Ud. que alguien puede morir sólo porque *quiere* morir? ¿Cuál es el mensaje de Clara a Alba en la selección III? ¿Por qué quería la abuela que viviera ella? ¿Cree Ud. que una persona muerta puede aparecer, en sueños o como sea, a una persona viva? ¿Conoce Ud. otros ejemplos de esto? Explique. Pregúnteles a sus amigos y padres qué piensan ellos de todo esto.

Gramática selecta

La construcción resultante

A *Repaso de **ser y estar.*** ¿Qué forma verbal se usa en las siguientes frases? Mire el contexto, si es necesario.

1. [Clara]... no creía que el mundo _____ un Valle de Lágrimas. (4)

2. [Ella creía que]... _____ una estupidez tomarlo en serio... (5)

3. _____ los dientes postizos de su mujer... (20)

4. ...Sin Clara se perdía la razón de _____ juntos... (22)

5. ...lo único que lo retenía... _____ la presencia de su nieta. (24)

6. ...aquella mansión sombría _____ inquietante... (28)

7. ...la región encantada que _____ el reino de su mujer (38)

8. Alba, la nieta de Clara, _____ en una prisión... (40)

9. ...la torturan por _____ izquierdista... (40)

10. ...sobrevivir... _____ un milagro. (48)

11. ...para sacar a la luz el terrible secreto que (ella) _____ viviendo... (54)

12. ...a pocas cuadras de su mundo feliz _____ los otros, los que sobreviven o mueren en el lado oscuro. (59)

B *El deterioro de la casa (líneas 6–14).* Invente frases con la construcción resultante (**estar** + participio pasado) para describir el deterioro de la casa. En cada caso, intente añadir un poco más.

MODELO: la vida / de la casa / transformar

La vida está (estaba) transformada porque Clara está (estaba) muerta.

1. el aire / impregnar / con un olor dulzón (8)

2. las flores / deshojarse y caerse (9)

3. las plantas / morir / porque... (12)

4. Esteban / vestir / de negro (14)

5. la bolsita de gamuza / colgar / al cuello de Esteban (19)

C *El espíritu de Clara (líneas 29–39).* Invente frases según el modelo, para describir lo que está pasando en la "casa de los espíritus" (y para practicar el gerundio).

MODELO: ¿qué / hacer / tú?

¿Qué estabas haciendo?

1. los sirvientes / oír / ruidos extraños (30)

2. Clara / vagar / por la casa (30–31)

3. ella / deslizarse / por los salones (32)

4. Trueba / hacerse / el dormido (34)

5. el aliento de Clara / pasar / como un soplo (35)

Ahora conteste estas preguntas, relacionadas con las frases de arriba, para añadir un poco más.

6. ¿De quiénes provienen los ruidos extraños?

7. ¿En compañía de quiénes estaba vagando Clara?

8. ¿De qué se vestía Clara? ¿Estaba alegre? ¿Cómo sabe Ud. eso?

9. ¿Qué fingía Esteban? ¿Cómo se quedaba? ¿Qué dejaba de hacer? ¿Por qué?

10. ¿Qué puede sentir Esteban en la frente? ¿Y al alcance de la mano?

D *Alba en la cárcel (40–62).* Conteste. (Estas preguntas practican los verbos que emplean ciertas preposiciones.)

1. ¿Qué decidió hacer para terminar su suplicio de una vez?

2. ¿Qué trató de no hacer?

3. ¿Qué se puso a esperar?

Ahora, interprete la decisión y acciones de Alba. ¿Cuánto tiempo estuvo así? Por fin Clara apareció y le dijo que "la gracia no era morirse". ¿Por qué? Según ella, ¿cuál era el milagro?

E *Otras construcciones.* Algunos gerundios en inglés se expresan en español con el infinitivo. Estudie estos ejemplos y tradúzcalos al inglés.

1. (16) ...no tuvo...la virtud de calmarle la ira.

2. (22) ...sin Clara se perdía la razón de estar juntos.

3. (33) ...hasta dejaba de respirar...

4. (47–48) ...la gracia no era morirse..., sino sobrevivir.

5. (51) Clara trajo la idea...de escribir con el pensamiento.

6. (60–61) ...toma agua y empieza a escribir...

F *Los consejos de Clara.* Exprese estas frases en español. (¡Cuidado con las preposiciones!)

1. Quit feeling sorry for yourself. (60)

2. Drink water and begin writing. (60–61)

3. Clara spoke to her granddaughter before disappearing. (61)

4. She already had the habit of writing... (77)

5. She also wrote trivialities without suspecting... (78–79)

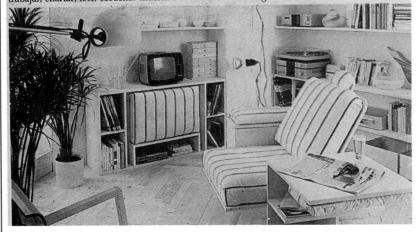

Sofá-cama
práctico para miniapartamento

Un pequeño apartamento, de esos de una sola pieza, necesita pocos muebles y muy sencillos, no te compliques la vida. Sustituye la cama por un sofá transformable rodeado de mesas y estanterías bajas, que harán que la habitación te sirva las 24 horas del día, para trabajar, charlar, leer, escuchar música o ver la «tele», reunirte con los amigos, comer y dormir. Si te interesa, echa una ojeada a la foto. Con unas 60.000 pesetas tienes suficiente para todo.

En algunos grandes almacenes y comercios, puedes encontrar ahora este tipo de complementos en régimen de oferta.

estanterías shelves
echa una ojeada glance
de oferta on sale

1. ¿Por qué es muy práctico el sofá-cama?
2. ¿Cómo puede servirte las 24 horas del día?

 Estrategias para escribir

Mind Movies (Visualizing Scenes)

In the *Lectura* and the two *Escritura* sections to follow, the primary theme is writing itself. The process of writing serves not only to trap or encapsulate moments of history but to affirm the writers' existence in them and survival of them. Writing, then, is both historical and existential in that it evokes both a state of being and a process of becoming. Ultimately, modern prose becomes poetic, for it is often through the free association of images and the timely repetition of them that the reader can feel and "live" the same intimate experiences as those lived by the author.

In *La casa de los espíritus* Clara appears to Alba in prison to encourage (order) her to begin writing the story of their lives, an activity that saves her from despair and death. However, since she has no writing tools, Alba must "write" with her thoughts. The narrator in Carmen Martín Gaite's novel *El cuarto de atrás* (*Escritura II*) writes in a similar way. At the beginning of the novel the writer is in her bed—a most personal place—and sketches the vision she experiences after closing her eyes. At the end, 182 pages later, she is again in bed and the novel is finished. She has, in a sense, *lived* it more than written it. An excellent creative exercise is to visualize scenes mentally. Close your eyes and try to think of different images, objects, or scenes. With a little patience and practice you may be able to "see" various moving patterns of light and shadow, geometric forms, or even faces that assume differing shapes before your very "eyes." To some extent, this activity could be called a "mind movie" since it evokes a visual story based on a number of individual scenes. As you organize thoughts in a particular order, relate them to a recognizable structure: a spiral, a circle or series of concentric circles, a pyramid, a linear time line, etc. This will help you remember your ideas and arrange them in logical step-by-step fashion.

Generally we think of descriptions as static, filled with adjectives of color, size, shape, texture, and so forth. However, in *Escritura I* the layout of a house is evoked by enumerating a series of rooms through which a murderer must pass in order to reach his victim. The serialized nature of the description thus contributes to the story's suspense and rising tension. In this story the reader—and *not* the writer—takes center stage and, in a sense, suffers for it.

Escritura I

«Continuidad de los parques»
JULIO CORTÁZAR

En este cuento sacado de *Final del juego,* Cortázar experimenta con la relación sutil entre la realidad y la ficción. Aquí presentamos sólo el comienzo y la conclusión del cuento. Al principio un señor vuelve a su casa, se instala en un salón interior, en su sillón favorito, de espaldas a la puerta, para evitar intrusiones, y empieza a leer una novela..., una novela en que, al final, el amante de una mujer, quien se siente abandonada por su marido, entra en la casa de éste para matarlo.

Comienzo

Había empezado a leer la novela unos días antes. La abandonó por negocios urgentes, volvió a abrirla cuando regresaba en tren a la finca°, se dejaba interesar lentamente por la trama°, por el dibujo de los personajes. Esa tarde, después de escribir una carta a su apoderado° y discutir con su mayordomo° una cuestión de aparcerías°, volvió al libro en la tranquilidad del estudio que miraba hacia el parque de los robles°. Arrellanado° en su sillón favorito, de espaldas a la puerta que lo hubiera molestado como una irritante posibilidad de intrusiones, dejó que su mano izquierda acariciara° una y otra vez el terciopelo° verde y se puso a leer los últimos capítulos.

country house
plot
business agent / superintendent
partnerships
oaks / Sprawled

caress / velvet

Conclusión

Subió los tres peldaños° del porch y entró. Desde la sangre galopando en sus
oídos le llegaban las palabras de la mujer: primero una sala azul, después una
galería, una escalera alfombrada°. En lo alto, dos puertas. Nadie en la primera
habitación, nadie en la segunda. La puerta de salón, y entonces el puñal° en la
mano, la luz de los ventanales°, el alto respaldo° de un sillón de terciopelo
verde, la cabeza del hombre en el sillón leyendo una novela.

steps

carpeted

dagger

large windows / back (of a chair)

A *Un análisis.* Examine con cuidado, otra vez, el "Comienzo" y explique,
en forma escrita, por qué Ud. cree que la mujer se siente abandonada por su
marido.

B *Una descripción.* La "Conclusión" indica que la mujer le había dado al
amante instrucciones para llegar al salón donde estaría su marido. Escriba Ud.
una lista de las salas y habitaciones de una casa que Ud. quiere evocar, y, luego,
organícelas en una serie de escenas, para crear tensión.

C *"Mind Movie".* Examine los siguientes dibujos e escriba comentarios
originales para desarrollar una historia continua.

3

4

5

Ahora invente la historia otra vez desde el punto de vista del mayordomo. ¿Qué pasó después de que el asesino salió de la casa?

Escritura II

«El cuarto de atrás»

CARMEN MARTÍN GAITE

Esta autora española quería escribir un libro personal sobre la época del dictador Francisco Franco, para evocar la increíble diversidad de experiencias íntimas que vivió y sintió durante los años difíciles de esa dictadura (1939–1975). El resultado de sus esfuerzos es esta interesantísima novela de 1978 que, más que nada, muestra el proceso de su escribir y su vivir en su propio cuarto —el de atrás[2]—, donde se unen, con la C. de su nombre, las tres cosas que empiezan con C. —¡tan importantes para ella!—, primero una casa, luego un cuarto y por fin una cama.

---

2. Se ha publicado en inglés: *The Back Room* (Columbia University Press).

Comienzo

...Y, sin embargo, yo juraría° que la postura era la misma, creo que siempre he dormido así, con el brazo derecho debajo de la almohada° y el cuerpo levemente apoyado° contra ese flanco, las piernas buscando la juntura° por donde se remete° la sábana. También si cierro los ojos —y acabo cerrándolos como último y rutinario recurso—, me visita una antigua aparición inalterable: un desfile° de estrellas con cara de payaso° que ascienden a tumbos° de globo° escapado y se ríen con mueca° fija, en zigzag, una detrás de otra, como volutas° de humo que se hace progresivamente más espeso; son tantas que dentro de poco no cabrán° y tendrán que bajar a buscar desahogo° en el cauce° de mi sangre, y entonces serán pétalos que se lleva el río.

I would swear
pillow
levemente...: *lightly resting / seam*
is tucked under
parade
clown / with somersaults / balloon
grimace / spirals
no...: *they won't fit*
freedom / channel

Conclusión

Ya estoy otra vez en la cama con el pijama azul puesto y un codo° apoyado sobre la almohada. El sitio donde tenía el libro de Todorov está ocupado ahora por un bloque de folios° numerados, ciento ochenta y dos. En el primero, en mayúsculas° y con rotulador° negro, está escrito *El cuarto de atrás*. Lo levanto y empiezo a leer.

elbow

pages
capital letters / magic marker

"...Y sin embargo, yo juraría que la postura era la misma, creo que siempre he dormido así, con el brazo derecho debajo de la almohada y el cuerpo levemente apoyado contra ese flanco, las piernas buscando la juntura por donde se remete la sábana..."

A *La casa > el cuarto > la cama de Ud.* Escriba una descripción de su habitación. Primero, haga un dibujo mental: ¿Qué muebles contiene? ¿Cómo es la cama? ¿Cómo es su postura en ella? ¿Escribe Ud. en la cama? ¿Por qué? ¿Se queda Ud. en la cama pensando después de despertarse o se levanta en seguida? ¿Por qué?

B *Una visión.* Cierre los ojos y piense ... en cualquier cosa. Luego, haga una lista de las imágenes (caras, pétalos, etc.) que Ud. "vio" durante esos instantes. Organícelas según un orden ascendente, como volutas de humo o estrellas que suben y desaparecen, y escriba una descripción de todo lo que "vio".

1. ¿Qué da ahora la idea de la calidad de vida?
2. ¿Cuántos cuartos de baño tiene Ud. en su casa?
3. Es decir, ¿tiene Ud. una vida de mucha o poca calidad?

CUANTOS CUARTOS DE BAÑO
Antes se preguntaba, para saber del nivel de vida y de vivienda de una persona, por el número de habitaciones de su domicilio, dos, cuatro, cinco habitaciones... Ahora, lo que da idea de la calidad de vida es el número de cuartos de baño.

En conclusión

La novela de Isabel Allende subraya varios temas de gran interés cultural: la gran casa tradicional, la existencia de espíritus y la importancia de la mujer en prolongar, a través de la escritura, la esencia histórica de la familia. Y, aunque no podemos saber mucho del matrimonio de Clara y Esteban en estas selecciones, está claro que él abusaba, físicamente, de ella. Sin embargo, en el mundo espiritual ella lo vence a él. Comente Ud. diferentes aspectos de estos temas.

1. ¿Es Ud. supersticioso/a? ¿Cree en espíritus? ¿Conoce una casa antigua encantada (o sea, habitada por espíritus)? ¿Cómo es?
2. ¿Qué le parece la violencia física en la sociedad moderna, tanto anglosajona (*Anglo Saxon*) como hispánica? ¿Por qué hay tanta violencia física entre los esposos de ciertos matrimonios? ¿Cómo se puede evitar?
3. ¿Tiene Ud. un comentario final?

Capítulo 4

VIDA DOMÉSTICA

JOVENES
HAMBRE
VIOLENCIA
DESINTERES
DROGA
SIN GANAS DE ESTUDIAR
ABUSO
LUCHAS
UNA EDAD CONFLICTIVA
DESINTERES
DELIGUENCIA
UNA HIJA EMBARAZADA
POBREZA
UN NIÑO INCOMUNICATIVO
IRA

Presentación

La división del trabajo en casa

Uno de los problemas de la familia moderna tiene que ver con° la división del trabajo doméstico. Como° muchas madres trabajan fuera de casa ahora, sólo parece justo que los esposos se ayuden en todo. Pues, puede parecer justo, pero no siempre ocurre así. En la primera lectura de este capítulo Carmen Rico-Godoy, periodista española, crea un diálogo imaginario y gracioso° entre una mujer y su marido. El dibujo* que lo acompaña* muestra cómo la mujer todavía se divide entre mil labores diferentes. Aunque el diálogo es cómico, ¿presenta un punto de vista serio? ¿Qué cree Ud.?

 En Lectura II presentamos ciertas ideas sobre los niños y los adolescentes, ideas muy actuales°. ¿Cómo darles una infancia segura y una juventud llena de promesas*? ¿Cómo salir del laberinto peligroso* en que actualmente se encuentran muchas familias? ¿Cómo disfrutar° más de la familia?

 Las dos lecturas revelan que las presiones experimentadas hoy día* por la familia hispánica son las mismas que afectan* a cualquier° familia en cualquier país.

 En diferentes páginas del capítulo presentamos comentarios hechos por diversos niños mexicanos, entre 8 y 14 años, sobre lo que es, para ellos, lo más característico de los seres° humanos. No incluimos traducciones, pero ¿puede Ud. comprenderlos?

tiene...: has to do with
Since

funny

current

enjoy

any

beings

 # *Estrategias para leer*

Recognizing Structure, Tone, and Word Families

Virtually all of the first reading is a dialogue between a husband and wife. It develops as a kind of competition between them. In the beginning the husband goes on the offensive; his wife parries his attacks with tact and understanding. Only towards the end does she assert herself.

 The reading is divided into four logical sections. Use these divisions to intensify your rapid reading practice in a particular section. This procedure will facilitate a more complete preparation in general.

 Read the second selection quickly the first time without referring to the translations in the right margin. As you finish reading each sentence, place a plus sign (+) or a minus sign (−) in the box provided at the left to indicate whether or not you understood the gist of each segment. If you have at least 10 plus signs, you have done very well. Then, read the selection quickly a second time, to see how many minus signs you can change to plus. Study the translations at the right and also the key words in boldface within each paragraph, which will help you remember important concepts in the reading.

As you go through both readings, look for associations that facilitate your learning of the new forms. Some possibilities are positive and negative feelings, signs of physical and psychic tension, ways to channel tension.

A final suggestion: try to identify the authors' tone and purpose. Knowing the general slant of the selection will help you guess the meanings of new words. In the second reading, for example, there are numerous direct and indirect commands because the author wants to convince the reader of his point of view. Refer back to those commands, to review them in context. Which are direct and which are indirect? What are the author's opinions here?

Lectura I

«La mujer trabajadora°»

CARMEN RICO-GODOY

working

Para celebrar* el día de la mujer trabajadora, muchas mujeres que trabajan decidieron no ir al trabajo.

☐ —¿Ves como sois unas irresponsables? —opinó* el marido durante el desayuno al recibir de su mujer la información—. Cualquier pretexto es bueno
5 para faltar° al trabajo. ¿Y qué vas a hacer durante todo un día para ti sola?

miss

☐ —Pues aprovecharé* para ordenar* armarios°, llevar ropa al tinte°, limpiar° detrás de los libros, tirar° periódicos y revistas viejas, llevar la batidora° a arreglar°, limpiar las lámparas del techo, coser° tu chaqueta, ir a pagar el impuesto° del coche y colgar el cuadro que se cayó el día que estalló° la guerra*[1].
10 Creo que no me va a dar tiempo, ahora que lo digo°, porque además hoy me toca°. . . llevar a Carla Vanesa al dentista, ir a protestar a los de la luz° que nos han cargado* como si tuviéramos una verbena° y hacer la compra* de la semana.

I'll take advantage (of it) / closets / dry cleaners
throw out / mixer
to be fixed / sew
tax(es) / broke out
ahora...: now that I say it
me...: I am supposed to / electric company / brightly lit fair

☐ —Se te ha olvidado que quedaste en° llamar al taller° a ver si ya tienen
15 listo* el coche.

quedaste...: you agreed / garage (repair shop)

☐ —Es verdad, llamaré —dijo la mujer apuntando° en el cuaderno.

writing

☐ —Y si lo tienen ya, podías pasar a recogerlo°. El taller no queda lejos del dentista.

to pick it up

☐ —También está cerca de tu oficina, lo podías recoger tú.

20 ☐ —Yo acabaré* tardísimo° hoy, y para cuando salga estará cerrado.

very late

☐ —Está bien, si me dicen que el coche está listo, lo recojo.

☐ —Y te lo traes a casita y lo dejas bien aparcado° que te conozco y eres capaz° de irte por ahí de juerga°. Se me ha escapado° que hoy llegaré tarde a casa, pero no te hagas ilusiones°.

parked
eres...: you're capable / **de...:** on a spree / **Se...:** It slipped my mind **no...:** don't get any ideas

25 ☐ —Pero de qué estás hablando, tío°. Con el día que tengo y encima° luego hay que dar de cenar° a los niños y ayudarles a hacer los deberes°, ya me

fellow (guy) / on top (of that)
dar...: feed (supper) / homework

1. Una exageración cómica ya que la referencia es al año 1936.

contarás°. Para cuando tu llegues estaré en la UVI°. ¿Y por qué volverás tarde hoy?

30 ☐ —Mucho trabajo. A ver si ponen el día del hombre trabajador y así yo puedo tomarme un respiro°, aunque no sea más que un día, porque hay que ver vosotras lo que os quejais°, y lo que tenéis es mucho cuento°.

La mujer pasa rápido las hojas° del periódico buscando algo y al fin lo encuentra.

35 ☐ —Lo que pasa es que hoy hay partido° en la tele° a las 20.30, eso es lo que pasa.

☐ —¿Y? Casi todos los días hay un partido en la tele, a ver si ahora te vas a aficionar° al fútbol y yo sin enterarme°.

☐ —Seguramente habéis quedado los amigotes° a verlo juntos°.

☐ —Pero qué tontería*, "los amigotes". Entre otras cosas un respeto* a mis
40 amigos, no los insultes. Cuando tú vas con las cursis de tus amiguitas°, yo no me meto°.

☐ —Vale°. Lo que haré esta noche es llevar a los chicos a ver *Bailando con lobos°*, que me están dando la barrila° con que quieren verla° y la echan° aquí cerquita y nos tomaremos una pizza.

45 ☐ —Así celebras tú el día de la mujer trabajadora, yéndote al cine, qué bien. En Japón, lo celebrarían trabajando el doble.

☐ —Te advierto° que yo no soy japonesa y celebro el día de la mujer trabajadora como se me canta°, y una de ellas es dándome una ración de Kevin Costner, ¿cómo lo ves°?

50 ☐ —Que estáis todas locas. Otra cosa que tienes que hacer hoy es recoger mis análisis°, que naturalmente se te había olvidado, porque sólo piensas en ti misma, egoísta.

☐ —Si fueras sioux, creo que te llamarían "Gran Mendrugo Parlante."°

Cambio16, March 18, 1991.

Glossary (right margin):

me...: you'll tell me / **Unidad Vigilancia Intensiva** (Intensive Care)

tomarme...: take a breather

lo...: how you complain
mucho...: a lot of talk
pages

game / television

become a fan **sin...:** without my knowing it
buddies / together

las...: your silly friends
yo...: I don't criticize
OK

Dances With Wolves / **me...:** they're really bugging me / **con...:** about seeing it / **la...:** they're showing it

Te...: I warn you
como...: as I please
como...: so there

medical tests

"Big Speaking Crumb"

1.

"El hombre es un pobre diablo". (Enrique, 13 años)

Aplicación

A *Dibujos.* Estudie estos dibujos y prepare descripciones sobre ellos.

B *Día de la mujer trabajadora.* Aquí tiene Ud. 20 cosas que hacer durante su día "libre". Escriba en los espacios la letra de cinco cosas que haría por la mañana (tarde, noche), y prepare comentarios escritos para explicar ese arreglo. Además, considere estas preguntas: ¿Qué actividades se hacen en casa y cuáles fuera de casa? ¿Qué actividades podría combinar o eliminar por completo? ¿Cuántas actividades son para el marido, los hijos y, por fin, para la mujer misma?

Por la mañana   **a)** ordenar armarios

1. _____   **b)** llevar ropa al tinte

2. _____   **c)** limpiar detrás de los libros

3. _____   **d)** tirar periódicos y revistas viejas

4. _____   **e)** llevar la batidora a arreglar

5. _____   **f)** limpiar las lámparas del techo

Por la tarde   **g)** coser tu chaqueta

6. _____   **h)** ir a pagar el impuesto del coche

7. _____   **i)** colgar el cuadro que se cayó el día que estalló la guerra

8. _____   **j)** llevar a...al dentista

9. _____   **k)** ir a protestar a los de la luz

10. _____   **l)** llamar al taller

Por la noche   **m)** recoger el coche

11. _____   **n)** traerlo a casa

12. _____   **o)** dejarlo bien aparcado

13. _____   **p)** dar de cenar a los niños

14. _____   **q)** ayudarles a hacer los deberes

15. _____   **r)** llevar a los chicos al cine

s) tomarnos una pizza

t) recoger tus análisis

C *"Gran Mendrugo Parlante"*. Hay que confesar que el marido de este diálogo es el estereotipo de un egoísta total. Piensa en sí mismo por completo: va a ver un partido con sus amigotes mientras la esposa se carga con todos los deberes de la familia. Busque Ud. ejemplos precisos de su egoísmo.

D *La mujer "fracturada"*. Examine los dibujos que acompañan esta lectura y explique, por escrito, por qué esta mujer se siente tan "fracturada".

E *Planes para un día "libre"*. Conteste y dé explicaciones (imaginarias, si quiere).

1. ¿Qué días del año son días "libres" para Ud.?

2. ¿Cómo aprovecha Ud. un día "libre"?

3. ¿Cómo pasaría Ud., idealmente, todo un día para sí solo/sola?

4. ¿Apunta Ud. sus deberes en un cuaderno? ¿Por qué (no) es necesario eso?

5. ¿Qué piensa Ud. realmente? ¿Es un día libre un "respiro" generalmente o no? ¿Por qué (no)?

F *Temas actuales*. Prepare comentarios escritos sobre cada uno de los siguientes temas.

1. *Los insultos:* ¿Cree Ud. que estos esposos se insultan? Busque ejemplos de tales insultos. Considere las siguientes palabras: irresponsables (3), cualquier pretexto (4), te conozco y eres capaz de... (22–23), tontería (l. 00), las cursis de tus amiguitas (40), etc.

2. *El perfil psicológico de los esposos:* ¿Es posible decir cómo son, realmente, los dos esposos? ¿Cómo caracterizaría Ud. al marido? ¿Y a la mujer? ¿Por qué?

3. *El título:* "La mujer trabajadora" se refiere a la mujer que trabaja fuera de casa, pero aquí sólo vemos lo que tiene que hacer para la familia. ¿Hay alguna ironía en esto? Explique.

2.

"Todos cometen errores constantemente, los profesores, los padres, los políticos, los curas... Pero lo más típico es que casi nunca lo reconozcan. El mayor error es casarse con el hombre equivocado o al revés". (Alicia, 10 años)

Lectura II

La etapa° adolescente se prepara desde la niñez°
stage / childhood

(Si desde niños les inculca° el respeto y el amor la adolescencia no será una edad tan conflictiva*.)

instill (in them)

No hay una forma específica de evitar° **los problemas de la adolescencia.** Estos pueden presentarse tanto en° un niño incomunicativo como° en otro rela-

5 cionado con drogas. Pero si en la infancia usted desarrolló° una relación sólida con sus hijos basada en el respeto y la comunicación, podrá evitar muchos de estos problemas o enfrentarse con éxito° a ellos.

avoiding

tanto...: as much in / as

developed

No piense que la relación con su hijo puede empezar de repente° en su adolescencia, del mismo modo° que usted no terminará de educarlo° ni cuando

10 sea ya un adulto. Si no quiere que su hija salga embarazada° a los 15 años, deberá no sólo contestar sus preguntas sobre el sexo a los 5 años, sino que también deberá de ayudarla a comprender a medida que vaya creciendo° lo que significa ser madre. Si desea que su hijo se gradúe de la secundaria°, deberá enseñarle cómo terminar una tarea a los dos años, y pasar cada día de su vida

15 escolar revisando° su trabajo y ayudándole a estudiar. No es fácil, sobre todo° si usted trabaja o es madre soltera*, pero a largo plazo° es **la mejor inversión° que puede hacer en sus hijos.**

enfrentarse...: confront them successfully / **de...:** all of a sudden / **del...:** in the same way / **usted...:** you will not finish educating him / **salga...:** get pregnant

a medida...: as she grows

high school

correcting / **sobre todo...:** above all / **a...:** in the long run / investment

El mayor problema de la adolescencia es que durante esta edad no existe nada que pueda calificarse° como 'normal', nada tiene sentido para quienes no

be classified

20 están en su edad. Mi hijo Roberto de 15 años, en su primer año de secundaria, tiene una habitación que parece más la cueva° de un gorila que su dormitorio, sin embargo, su colección de comics está cuidadosamente° colocada° por orden alfabético. Es inteligente, pero sus calificaciones no lo demuestran*. De repente es muy cariñoso* y puede enfurecerse en un segundo.

25   Una vez, cuando él tenía cuatro años, me preocupé* por la educación que le proporcionaría° al crecer. **Un amigo me dio un consejo**° que sigo* aplicando desde entonces: "Obsérvalo. Te darás cuenta qué tipo de persona es y desarrollarás una relación basada en la confianza°".

cave

carefully / arranged

le...: I would give him / (piece of) advice

trust

Tres generaciones de una familia, en Lima (Perú).

30 **La adolescencia es el mejor momento** para conocer los amigos de su hijo y aprender qué gustos tiene. Este es un período acertado° para enfrentarlos° a los problemas de la vida familiar y darles mayores responsabilidades para que ellos se sientan importantes y capaces de dar soluciones. Los adolescentes que viven más cerca del hogar* son aquellos que se sienten necesitados y productivos, y en donde predomina la solidaridad familiar. Este es un punto básico: si su hijo ve

35 que sus padres pelean°, pensará que es correcto que él grite también.

right / to make them confront

fight

Más, marzo-abril 1992, pág. 29.

Aplicación

A *Resúmenes.* Prepare resúmenes para cada párrafo, completando estas frases generales.

1. Los problemas de la adolescencia:

2. La mejor inversión que puede hacer en sus hijos: ...

3. El mayor problema de la adolescencia...

4. Un amigo me dio un consejo: ...

5. La adolescencia es el mejor momento ...

Es típico de los humanos tener cumpleaños. Nunca he visto a un animal celebrar su cumpleaños.

Nicolás, 9 años

1. ¿Qué animal es éste?

2. ¿Cómo celebra su cumpleaños?

3. ¿Qué edad tiene? ¿Es típico de este animal?

B *Preguntas rápidas.* Considere ahora estas preguntas rápidas que repasan esos resúmenes en el ejercicio. Hable como si Ud. fuera la madre o el padre.

1. ¿Qué debió Ud. desarrollar con sus hijos? ¿Cuándo? ¿Basada en qué? ¿Por qué es importante esto?
2. ¿Qué debe Ud. hacer si no quiere que su hija salga embarazada a los quince años? ¿Qué debe de ayudarla a comprender? ¿Qué debe enseñarle al hijo? ¿Para qué? ¿Es fácil esto? ¿Qué es una buena inversión?
3. ¿Qué es "normal" durante la adolescencia?
4. ¿Qué buen consejo recibió el escritor de un amigo?
5. ¿La adolescencia es el mejor momento para qué? ¿Por qué es éste un período acertado? ¿Qué predomina en los hijos que viven más cerca del hogar?

C *Los puntos centrales.* Ahora reconstruya los puntos centrales de cada párrafo. Aquí tiene varias ayudas.

1. cómo desarrollar una relación sólida con los hijos
2. cuándo empezar a hablar con los hijos
3. su dormitorio es como una cueva
4. una relación basada en la confianza
5. la solidaridad familiar

D *Temas.* Haga una lista para cada tema y, luego, coméntenlo Ud. y sus compañeros en grupos de tres.

1. la importancia del respeto y el amor
2. problemas de la adolescencia
3. qué significa ser madre (padre)
4. las emociones contradictorias
5. relaciones basadas en la confianza

Repaso de vocabulario

A *Vocabulario activo.* Dé palabras que corresponden a las siguientes acciones, lugares y personas.

1. deberes de la casa
2. gastos necesarios
3. acciones físicas
4. cuándo ocurre algo
5. lugares específicos
6. acciones mentales

Ahora, ¿puede Ud. formular preguntas a base de estas palabras, para hacer a un/a amigo/a?

B *Sinónimos de verbos.*

1. terminar **4.** perder (algo) **7.** hablar mal de otros
2. anotar **5.** lavar **8.** expresar una opinión
3. avisar **6.** poner las cosas en orden

C *Antónimos.*

1. lejos de **3.** al principio **5.** tempranísimo
2. debajo de **4.** solo

D *Actividades del día.* Escoja palabras de las dos listas para decir qué tiene que hacer hoy. ¿Puede Ud. mencionar sus ideas en un orden lógico? (Algunas palabras pueden tener más de una respuesta.)

1. ordenar **a)** las lámparas del techo
2. ir a pagar **b)** tu chaqueta
3. tirar **c)** armarios
4. colgar **d)** ropa al tinte
5. llevar **e)** detrás de los libros
6. acabar **f)** el impuesto
7. limpiar **g)** la batidora a arreglar
8. coser **h)** el cuadro
   i) periódicos y revistas viejas

E *Deberes y explicaciones.* Invente frases originales a base de estos pares de palabras, para explicar cómo cumple Ud. ciertos deberes o actividades.

MODELO: Celebrar / aprovechar
Celebro el día de la mujer trabajadora y aprovecho mi día libre para...

1. recoger / tirar **4.** trabajo / trabajador/a
2. celebrar / aprovechar **5.** quedar / quedar en
3. ordenar / apuntar

F *Preguntas personales.*

1. *Deberes de la casa:* ¿Qué días de la semana aprovecha Ud. para limpiar la casa? ¿Qué diferentes deberes le tocan a Ud. cuando comienza a limpiar su casa? ¿Qué deberes hace Ud. todos los días y cuáles hace una vez por semana (mes, año)?

2. *Un "respiro":* ¿Qué día(s) de la semana constituye(n) su "respiro"? ¿Qué hace Ud. entonces? ¿Cómo se entretiene? ¿Qué películas o programas de televisión prefiere ver? ¿Por qué?

3. *Diversos deberes:* En su casa, ¿quién se ocupa de los siguientes deberes: arreglar una lámpara rota, pagar los impuestos, recoger el automóvil, llevar la ropa al tinte, tirar los periódicos viejos, coser una camisa o blusa, etc.?

G *Preguntas más personales.* Comente estas preguntas con dos o tres compañeros. Dé ejemplos y explique los detalles. (*Talk about a make-believe family, if you wish.*)

1. *Las peleas:* ¿Gritaba Ud. mucho cuando era niño/a? ¿Peleaba mucho con sus hermanos? ¿Por qué?

2. *La confianza:* ¿Existe la confianza entre Ud. y sus padres? ¿Siempre ha existido?

3. *El respeto:* ¿Lo respetan sus padres a Ud. y a sus amigos? ¿Es importante eso?

4. *El amor:* ¿Qué significa el amor, en términos prácticos, entre los varios miembros de una familia? Cómo se desarrolla ese amor?

5. *Sus padres:* ¿Se dan cuenta sus padres de los gustos y preferencias de Ud.? ¿Les importan? ¿Es inevitable tener una relación conflictiva con los padres y los hermanos a veces?

Es típico de los seres humanos fumar. Inhalan el humo y además piensan que es un gran placer. No se les ocurre que se pueden enfermar. De repente empiezan a toser y tienen cáncer de pulmón.

Susana, 9 años

1. ¿Qué hace este señor?
2. El humo, ¿qué forma animal asume?
3. ¿Qué simbolismo contiene eso?
4. ¿Qué puede causar el fumar después de varios años?

Contrastes culturales

Mujeres y hombres

En la relación mujer-hombre la tradición hispánica siempre ha permitido al varón mucha libertad sexual mientras que a la señorita la ha obligado a mantenerse pura y virtuosa. En el mundo de hoy, por supuesto, esos dos extremos van moderándose mucho. Hoy en día, especialmente en las grandes ciudades, la mujer hispánica tiene tanta libertad como el hombre. Y, en ciertos lugares del mundo hispánico, han desaparecido por completo diversas manifestaciones del machismo tradicional; los piropos[2] quizá sean el mejor ejemplo de tal cambio.

Ahora parece haber más diferencias entre jóvenes y viejos de la misma sociedad que entre, por ejemplo, la cultura hispánica y la norteamericana. Sin embargo, algunas escritoras todavía insisten en que la mujer hispánica tiene que someterse al macho. Rosa Marta Fernández, escritora mexicana, dice lo siguiente: "Parece existir una conspiración del silencio al respecto. Las mujeres sienten que es su deber mantener a los hombres en su fantasía de superioridad porque podría ser catastrófico para ellos o para el mundo saber la verdad". ¿Cree Ud. que esto sea verdad en nuestra sociedad? ¿Por qué (no)? Por lo menos, ¿es típico de algunos matrimonios? ¿Cuáles? ¿Pueden tener éxito tales matrimonios? ¿Por qué dice Ud. eso?

Un café al aire libre en el Zócalo de Oaxaca (México).

2. Frases graciosas, a veces pero no siempre, hechas por los hombres a las mujeres en la calle.

3.

"El humano típico sale de vacaciones al menos una vez al año. Tiene un coche. Ve la televisión al menos dos horas al día. Celebra su cumpleaños. Tiene una cuenta en el banco. Juega a la lotería. Tiene miedo al dentista. Se emborracha". (Luis, 12 años)

Gramática selecta

El subjuntivo

A *"No quiero (deseo) que..."* Complete con la forma correcta del presente del subjuntivo de los verbos indicados.

1. No quiero que (tú hacerte) _____ ilusiones. (I, 24)
2. No quiero que (tú insultarlos) _____. (I, 40)
3. Ud. no quiere que (su hija salir) _____ embarazada a los 15 años. (II, 10)
4. ¿Desea Ud. que (él graduarse) _____ de la secundaria? (II, 13)
5. ¿Quiere Ud. que (ellos gritar) _____ también? (II, 35)

B *Expresiones de tiempo.* Complete las frases. (¡Ojo! Una acción en el futuro después de una expresión de tiempo se da en el subjuntivo.)

1. Para cuando (yo salir) _____ estará cerrado. (I, 20)
2. Para cuando (tú llegar) _____ estaré en la UVI. (I, 27)
3. Ud. no terminará de educar a su hijo ni cuando (él ser) _____ ya un adulto. (II, 9–10)
4. Deberá ayudarla a comprender a medida que (ella ir) _____ creciendo lo que significa ser madre. (II, 12–13)
5. Cuando un hijo (ver) _____ que sus padres pelean, pensará que él puede pelear. (II, 35)

C *¿Para o para que?* Exprese en español con un infinitivo después de **para** y con un subjuntivo después de **para que.**

1. in order to celebrate (I, 1)
2. to miss work (I, 5)
3. in order to arrange / carry / clean (I, 6)
4. to know your son's friends (II, 29)

5. in order to confront (II, 30)

6. in order for them to feel important (II, 31–32)

D *Si y como si...Complete.* (¡Ojo! **Como si** siempre expresa una condición contraria a los hechos y, por tanto, requiere el imperfecto del subjuntivo.)

1. Los de la luz nos han cargado como si (nosotros tener) _____ una verbena. (I, 12)

2. ...a ver si (ellos tener) _____ listo el coche. (I, 14–15)

3. Está bien. Si (ellos decirme) _____ que el coche está listo, lo recojo. (I, 21)

4. ...a ver si (irte) _____ a aficionar al fútbol y yo sin enterarme. (I, 37)

5. Si (tú ser) _____ sioux, te llamarían "Gran Mendrugo Parlante". (I, 53)

6. Si desde niños (Ud. inculcarles) _____ el respeto y el amor, la adolescencia no será una edad tan conflictiva. (II, 1–2)

7. Si en la infancia (Ud. desarrollar) _____ una relación sólida con sus hijos basada en el respeto y la comunicación, podrá evitar muchos de estos problemas... (II, 5–7)

8. Si (Ud. desear) _____ que su hijo se gradúe..., deberá enseñarle cómo terminar una tarea a los dos años. (II, 13–14)

9. No es fácil, sobre todo si (Ud. trabajar o ser) _____ madre soltera... (II, 15–16)

10. Si (su hijo ver) _____ que sus padres pelean, pensará que es correcto que él grite también. (II, 34–35)

E *La tercera persona.* Repase las siguientes expresiones de la primera lectura y tradúzcalas al inglés.

1. Creo que no me va a dar tiempo... (10)

2. Me toca...llevar a Carla...al dentista... (10–11)

3. Se te ha olvidado... (14)

4. Se me ha escapado... (23)

4.

"El ser humano sabe reírse y poner una cara graciosa. Los animales no saben reírse; cuando mucho, saben mover la cola, lo que, sin embargo, los humanos no saben hacer". (Cristina, 8 años)

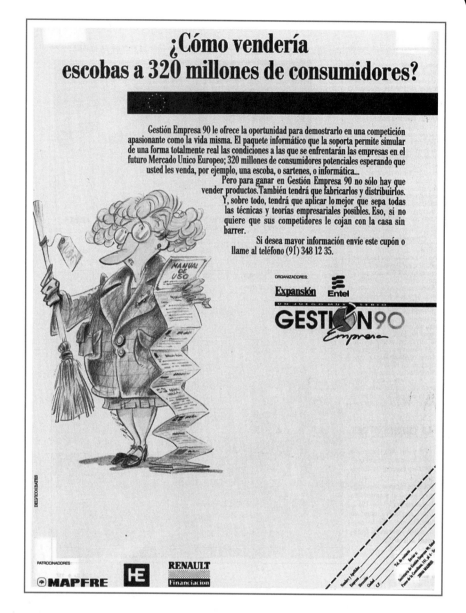

1. ¿Qué tiene la señora en la mano derecha? ¿Por qué?
2. ¿Y qué tiene en la mano izquierda?
3. ¿Cómo simboliza este dibujo la personalidad fracturada de la mujer moderna?
4. Gestión Empresa 90 le ofrece a la lectora una competición apasionante. ¿Cuál es? ¿Qué tiene que hacer ella?

Estrategias para escribir

Keeping a Diary, Creating Dialogues

In chapters 1 and 2 this section presented ideas about writing descriptions and lists. The first reading in this chapter also features a variety of lists, primarily the wife's numerous errands and duties. Reexamine especially lines 6–20; they list some eleven different activities. The rest of the dialogue is, basically, a continuation of such listing, as the husband mentions additional things for his wife to do. Review also lines 16–21; note that the wife uses a notebook to jot down what she needs to do.

1. In a small notebook start making lists, in Spanish, of what you need to do. Expand this by keeping a record of what you do (i.e., a diary); in other words, as you go along, transform your lists into complete sentences. Your instructor may wish to establish a time limit for keeping your journal and correct your entries periodically.
2. Imitate the author of this article by recasting some of your sentences as a dialogue between two speakers (for example, a husband and wife); keep the segments short and lively, if possible. Construct this exchange as questions and answers or accusations and retorts.

Short but very serious interpretations of men's and women's interactive roles are offered in *Escritura I* and *Escritura II*. As in the previous dialogue, the two roles become completely polarized. Feminine modesty contrasts with masculine vanity and this, in turn, projects women themselves in contrasting roles, as prostitute or goddess, lover or saint. Man creates, woman only transmits or saves; man actively expresses his will, woman passively accepts his dictates. Masculinity is an end in itself, femininity merely the means to an end. Read both *Escrituras* carefully several times and then contrast masculine and feminine roles in two columns as indicated in *Ejercicio A*.

Escritura I

«El laberinto de la soledad»
OCTAVIO PAZ

Octavio Paz, ganador del Premio Nobel de Literatura en 1990, es el escritor mexicano actual más conocido en todo el mundo. Ha escrito poemas, cuentos y ensayos. En ellos ha sabido explicar mejor que nadie la personalidad mexicana. En el siguiente pasaje, sacado de *El laberinto de la soledad* (1949), uno de sus libros más famosos, ofrece juicios muy lúcidos sobre la relación hombre-mujer.

"Sin duda en nuestra concepción del recato° femenino interviene la vanidad masculina del señor —que hemos heredado de indios y españoles—. Como casi

Octavio Paz, intérprete sin par de la personalidad mexicana y Premio Nobel de Literatura de 1990.

modesty

todos los pueblos, los mexicanos consideran a la mujer como un instrumento, ya de los deseos del hombre, ya de los fines que le asignan la ley, la sociedad o la moral... Prostituta, diosa°, gran señora; amante, la mujer transmite o conserva, pero no crea, los valores y energías que le confían° la naturaleza o la sociedad. En un mundo hecho a la imagen de los hombres, la mujer es sólo un reflejo° de la voluntad° y querer° masculinos. Pasiva, se convierte en diosa, amada, ser° que encarna° los elementos estables y antiguos del universo: la tierra, madre y virgen; activa, es siempre función, medio, canal. La femineidad nunca es un fin en sí mismo, como lo es la hombría°.''

goddess

entrust (to her)

reflection
will / desire / being
embodies

masculinity

A *Mujer y hombre.* En dos columnas escriba palabras y frases que, en su opinión, mejor caracterizan la relación de la mujer al hombre y vice versa. Después de mencionar varios atributos en cada columna, justifique sus listas con dos o tres compañeros de clase. ¿Qué ideas tienen los hombres sobre las mujeres y qué nociones tienen las mujeres sobre los hombres?

B *La convivencia.* Escriba un párrafo, de cinco o seis frases, a base de sus propias ideas sobre la convivencia de los hombres y las mujeres. Consideren estas preguntas: ¿Cuál es más agresivo/a, simpático/a, cortés, etc.? ¿Acepta Ud. los estereotipos tradicionales? ¿Por qué se habla de la ''batalla de los sexos''? Explique.

5.

''El hombre es un pobre diablo. Visto desde fuera parece pacífico, pero en su interior arden los infiernos''. (Enrique, 13 años)

Escritura II

«La mayoría de las mujeres...»
Rosa Marta Fernández

Rosa Marta Fernández, escritora mexicana, es autora de las siguientes palabras. De acuerdo con Octavio Paz, ella afirma que la mujer tiene que aprender a manipular al hombre. Pero esta misma manipulación es desastrosa para su propia imagen.

''La mayoría° de las mujeres, sobre todo° aquellas que han convivido con° un hombre, 'saben que la proclamada superioridad masculina es sólo un mito...'
Sometidas° siempre a la voluntad de otros, se nos va creando un sentimiento de mutilación interna, de falta de identidad. Paralelamente vamos aprendiendo y ejercitando° las armas° convencionales de la mujer para tener algún tipo de participación en las decisiones de los hombres: manipulación *sutil*, llanto°, sú-

majority / **sobre...**: above all / **han...**: have lived with
Subjected

exercising / weapons
crying

plica°, coquetería°, *mentiras° blancas*, provocación de sentimientos° de culpa°. Expresiones todas de la debilidad° del inferior ante el fuerte, que conserva la capacidad de veto y la determinación final. Sólo podemos expresarnos así, a través° de la hipocresía, y esto va minando° nuestra propia imagen hasta que ya no sentimos tener nada que expresar." entreaty / flirtatiousness / lies / feelings / guilt / weakness

a...: through / ya...: is undermining

A *La manipulación.* Fernández insiste en que las mujeres se ven obligadas a aprender a manipular sutilmente a los hombres. ¿Qué diferentes formas toma esa manipulación? Escoja dos o tres de ellas y describa un incidente, en forma escrita, en que Ud. o una amiga o pariente las empleó.

B *La mutilación interna.* Examine las siguientes palabras de Rosa Marta Fernández: "Sometidas siempre a la voluntad de otros, se nos va creando un sentimiento de mutilación interna, de falta de identidad". ¿Está Ud. de acuerdo con la autora? Escriba una reacción a sus palabras. Refiérase a estas otras palabras suyas: "llanto, súplica, coquetería, mentiras blancas, provocación de sentimientos de culpa, la hipocresía".

Escritura III

«Minipoemas»
GLORIA FUERTES

Aquí hay varios minipoemas de Gloria Fuertes, poeta española que tiene ideas muy provocadoras sobre la convivencia de hombres y mujeres.

1. Si tu noviazgo° es comedia   courtship

Si tu noviazgo es comedia
tu matrimonio será drama.

2. El divorcio es cosa de tres

El divorcio es cosa de tres,
es cosa de dos
que no aciertan° a ser uno.   *no...: do not succeed in (being)*

3. En pocas palabras

Deporte: un hombre
          una tabla°   board
          una ola°.   wave

Muerte: un hombre
       unas tablas
       una ola.

Amor: un nombre
     una cama
     y una
         —sola—.

A Explique, en forma escrita, dos de estos minipoemas.

B Luego, intente definir los siguientes conceptos: amor, odio, respeto, soledad.

C ¿Podría Ud. escribir un minipoema?

En conclusión

Aquí ofrecemos, como resumen del capítulo y de la vida doméstica moderna, dos de los comentarios hechos por los adolescentes sobre el típico ser humano de hoy. Estúdielos y, en grupos de tres, desarrolle con sus compañeros comentarios de tres o cuatro frases sobre cada uno.

1 "El ser humano típico no tiene respeto a nada. Está envenenando (*poisoning*) la Tierra, destruye los bosques, estropea (*is ruining*) la atmósfera con sus sprays y llena los mares de basura (*garbage*) química y radioactiva. Yo no tengo ningún respeto al típico ser humano". (Hernán, 14 años)

2 "La pregunta está mal formulada. Habría que diferenciar entre lo típico del hombre y lo típico de la mujer. Lo típico del hombre es: pipa, calva (*baldness*), deslices (*love affairs*), programas deportivos en la tele, alcohol, gritar, jugar a las cartas. Lo típico de las mujeres es: pintarse, café, pasteles, celos, chismes (*gossip*), moda, pintarse el pelo, cuidar la línea (*her figure*) y llorar de vez en cuando". (Celia, 13 años)

OTRO PUNTO DE VISTA I

Presentación

Otro punto de vista es una sección especial que aparece después de las tres unidades de *Mundo unido: lectura y escritura*; es decir, sigue a los capítulos 4, 8 y 12. Cada una de estas secciones ofrece breves lecturas del libro *Una ciudad llamada Eugenio*, las que corresponden, temáticamente, a los cuatro capítulos anteriores. Por ejemplo, *Otro punto de vista I* presenta selecciones relacionadas con los capítulos 1, 2, 3 y 4 (la escuela, la familia, la casa y la vida doméstica). Pero, ahora no miramos nosotros la vida hispánica, sino que una autora española contempla nuestro modo de vivir. Esperamos que sus opiniones le provoquen a Ud. a considerar el *"American way of life"* desde "otro punto de vista".

Paloma Díaz-Mas (nacida en Madrid en 1954) escribió *Una ciudad llamada Eugenio* a base de sus experiencias en la Universidad de Oregon, en Eugene, Oregon, de ahí el título del libro. Esta obra es algo parecido a un libro de viajes, como se dice en el libro mismo, un viaje a:

> "...uno de esos lugares que no suelen visitarse nunca, ocupados como estamos en peregrinar *(making pilgrimages)* a países con historia y a ciudades con monumentos. Ni monumentos ni casi historia —pero sí una naturaleza feraz *(fertile)*, abrumadora *(overwhelming)* y enorme— puede encontrarse en Eugene, esa pequeña ciudad del Oeste de los Estados Unidos, fundada a mediados del siglo XIX y hoy oscilante entre la decadencia maderera y la vida universitaria, en la que vivió varios meses la autora en los años de 1988 y 1990 ... La autora reflexiona sobre dichas experiencias con cierto distanciamiento irónico, centrándose sobre todo en las trivialidades más nimias *(smallest)* de la vida cotidiana. Quizá sean esos detalles insignificantes los que mejor nos dan la medida de nuestras distancias y cercanías interculturales, de cómo somos nosotros mismos cuando nos miramos en el espejo de los otros".

1. Si se siente usted discriminado, venga a vernos

Entre la documentación que me entregaron[1] al llegar a la Universidad figuraban[2] un par de folletos[3] relativos a la discriminación. En uno de ellos se definía el concepto, se ponían algunos ejemplos de discriminación ... y se me informaba de que la discriminación estaba expresamente prohibida...

El otro folleto me invitaba a inscribirme[4] en un grupo de acción universitaria para salvaguardar[5] los derechos[6] de las minorías étnicas. Aunque, naturalmente, no era obligatorio ... se me sugería que me identificase con una de estas etnias: europeo, negro, oriental, hispano y otros.

---

1. gave me	4. register
2. there figured (were)	5. safeguard
3. brochures	6. rights

A continuación[7] se definía qué es europeo, qué es negro, qué es oriental, qué es hispano y qué es otros. Por europeo se entiende «el individuo procedente de Europa o descendiente de otros individuos procedentes de Europa»; estupendo, ésa soy yo. Claro que por hispano se entiende «el individuo de origen hispánico o descendiente de otros individuos de origen hispánico»; ésa también soy yo. El problema parece radicar[8] en que no se contempla la posibilidad de ser hispánico europeo o de que España (origen último de los hispanos) esté en Europa...

---

7. **A...:** Immediately afterwards   8. focus on (the fact that)

2. *El nombre y la cosa*

Aquí tengo, en ese papel de pijama de ordenador[1] que da a los textos un ligero aire presidiario,[2] la lista de los alumnos de mi curso...

Para empezar, a la vista de sus nombres me resulta imposible saber si mis alumnos son varones[3] o mujeres: ¿qué pensar ante cosas como Marcy, Jill o Teter? Luego comprobaré[4] que las tres son mujeres. Y además hay otros nombres propios[5] (Scott, Brent, Ray, Megan, Lynn, Brant, Hughet) que yo juraría que son apellidos,[6] pero que aquí figuran en el lugar del que nosotros llamaríamos nombre de pila;[7] es evidente que desde la época de los pioneros cada uno pone a su hijo el nombre que le apetece,[8] incluso aunque no sea un nombre, sino una palabra oída y que se recuerda como hermosa, aunque se ignore su significado...

Lo más curioso es que la procedencia del apellido y la del individuo no suelen coincidir: por lo general, tras[9] un apellido italiano se esconde[10] un argentino, los apellidos vascos ... pertenecen a[11] espigadas[12] muchachas rubias típico producto de *sorority,* los nombres franceses los llevan típicos[13] jóvenes con shorts y gorrita[14] de béisbol, los hispanos más hispanos tienen nombres de pila como John o James. Está visto que en un par de generaciones —o tal vez en el paso de una a la siguiente— los descendientes de vascos, judíos polacos, hispanos o franceses se han integrado de tal forma en el ambiente que han adquirido los rasgos físicos típicamente norteamericanos y de su ya lejano origen étnico no queda más que la huella[15] de un apellido exótico inmerso en un mar de apellidos más exóticos todavía.

Esa lejanía entre el origen de un apellido y el individuo que lo lleva propicia que los nombres se pronuncien[16] al aire estadounidense, es decir, interpretando como se puede —con peculiar fonética anglonorteamericana— un apellido alemán, hispano o francés: cuando el primer día pasé lista[17] en clase, más de media docena de alumnos fueron incapaces de reconocer su propio apellido pronunciado por mí; era, en parte, problema de pésima[18] pronunciación mía, pero entre esos apellidos había varios como Cabanillas o Gutiérrez que resultaban para su portador[19] irreconocibles pronunciados a la española.[20]

El otro día me presentaron a una joven y simpática pareja. Ella se llamaba Kelly; él, también.

1. computer	11. **pertenecen...:** belong to
2. prison-like	12. tall
3. men	13. typical
4. I'll find out	14. cap
5. proper	15. trace
6. surnames (last names)	16. **lo...:** creates a favorable atmosphere for pronouncing names
7. **nombre...:** baptismal name	17. **pasé...:** I took roll
8. appeals	18. terrible
9. behind	19. bearer
10. **se...:** is hidden	20. **a...:** in the Spanish mode

Unos compañeros del Departamento nos enseñaron, orgullosos, a su hijita recién nacida: era un pellejito[21] colorado y tierno,[22] envuelto[23] a la manera progre[24] en telas[25] guatemaltecas. «¿Cómo se llama?», preguntamos. «Misha», respondió el padre, feliz. Mis amigos norteamericanos se deshacían[26] en elogios hacia un nombre tan bonito («I love it!»): les parecía tan dulce, tan suave, tan adecuado para una niña. Los padres explicaron que era un nombre ruso. «It's lovely», dijo alguien; pero yo no podía evitar pensar que *Misha* significa «Miguelito» y es nombre diminutivo de varón: el mismo nombre que tenía el oso[27] mascota de los Juegos Olímpicos de Moscú.

---

21. bundle of skin
22. tender
23. wrapped
24. modern
25. cloths
26. **se...**: were undone in (with) praises
27. bear

3. *Recuerdos de familia*

Los frigoríficos son panzudos[1] como submarinos y sólidos como búnkeres del bienestar. Al abrirlos parece derramarse[2] el cuerno de la abundancia de un país bien nutrido. Por fuera son un mosaico de recuerdos, un expositor de la vida de sus propietarios: galletas[3] de plástico, donuts de goma,[4] helados de caucho,[5] medios tomates de poliuretano, libretas de notas y otros gadgets adheridos[6] a la inconmovible chapa[7] de la puerta por medio de imanes,[8] sostienen una colección de fotografías de épocas y lugares diversos. Desde la puerta del frigorífico sonríen todos los amigos, todos los familiares, todos los conocidos ocasionales que pasaron rozando[9] nuestras existencias, los vivos y los muertos a los que vimos alguna vez. ¿Quiénes son aquellos jóvenes bulliciosos[10] que en grupo hacen el payaso[11] en una playa del Caribe? Tal vez nuestros hermanos, tal vez unos amigos de la infancia, tal vez unos conocidos que pasaron de largo[12] por nuestras vidas sin dejar siquiera su nombre ... Hay una postal del Empire State iluminado y una foto de las profundidades submarinas con un pez[13] fosforescente, tres adolescentes de excursión, una ceremonia de graduación en una Universidad del otro lado del continente. También estamos nosotros, en el último party en que nos pusimos a hacer el loco.[14] Jack lleva sombrero borsalino[15] y los labios pintados de azul, Susan luce unas gafas de bucear[16] incongruentes en el

---

1. pot-bellied
2. spill over
3. cookies
4. rubber
5. cork
6. fastened
7. metal plate
8. magnets
9. brushing (against)
10. wild
11. **hacen...**: act like clowns
12. through (a long time ago)
13. fish
14. **nos...**: we acted crazy
15. hat material
16. scuba diving

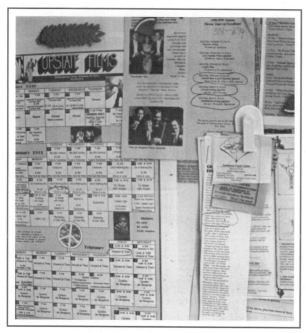

«¿Dónde está la puerta de la nevera?»

salón sembrado de platos de papel con restos de comida, Carlos y Alicia se habían pintado coloretes y Eliot brinda con Coca-Cola, vestido de mujer y con una braga de blondas en la cabeza.

Nunca he sabido por qué en todos los frigoríficos hay alguna foto por el estilo, una secuela de fiesta loca en la que la máxima locura que se hace es pintarse los labios de azul o ponerse unas bragas en la cabeza. Mis amigos suelen enseñarlas con orgullo y risa, contemplarlas con un poco de alegre nostalgia, como diciendo: «Qué bien nos lo pasamos aquella vez.»

4. Please

Mi amiga Elizabeth tiene uno de esos perros hirsutos[1] y canosos[2] que parecen un abuelo despeinado.[3] Para mayor abundamiento[4] en la humanización del bicho, se llama Sam y su dueña se dirige a él con exquisita cortesía:

—Sam, go ahead, please.

O bien:

—Sit down, please, Sam.

---

1. hairy   3. uncombed
2. grey-haired   4. **Para...:** moreover

A mi me enternece[5] ese *please* que Elizabeth, generosa de su amabilidad, emplea para dirigirse a su perro. En mi tierra a los animales se les habla con imperiosa sequedad,[6] convencidos como estamos de que es la mejor manera de que entiendan:

—¡Siéntate!

—¡No!

—¡Aquí!

—¡Vamos!

—¡Arriba!

O tal vez lo que suceda[7] sea que somos más avaros de nuestra cortesía, como si una palabra amable fuese muy cara y no mereciese la pena desperdiciarla[8] con un ser que, al fin y al cabo,[9] no está en condiciones de apreciar las fórmulas de urbanidad. El problema es que a veces ese trato seco, cortante y desabrido[10] se hace extensivo a los demás miembros de la familia:

—¡Abuela, siéntese!

—Madre, dame de comer.

—¡Cállate!

No dudo que mis amigos anglosajones, tan corteses con sus perros, serán capaces de descuartizar[11] a su madre con un hacha.[12] Pero, mientras ese momento llega, le habrán hecho la vida más amable con una guirnalda[13] de *please* y *sorry* todos los días. Habrá que plantearse[14] qué es mejor: si morir descuartizados después de una existencia de trato exquisito o vivir una larga vida apedreado[15] cotidianamente por el maltrato verbal de una convivencia áspera, en la que nunca se dice *lo siento, gracias,* ni *por favor* porque, al fin y al cabo, estamos en confianza y a qué desperdiciar esas perlas de amabilidad con el abuelo o con el gato, con la tía soltera o con su canario.

---

5. moves

6. dryness

7. occurs

8. to waste it

9. **al fin...:** when all is said and done

10. surly

11. carving up

12. ax

13. garland

14. establish

15. stoned

Aplicación

1. Si se siente Ud. discriminado, venga a vernos

A *Definiciones.* En grupos de tres, invente frases completas para definir los siguientes conceptos.

1. documentación

2. europeo

3. discriminación

4. hispano

B *Las minorías étnicas.* Conteste.

1. ¿Cuántas hay?
2. ¿Cuáles son?
3. ¿De dónde proceden las personas que se identifican con esas etnias?

C *La preocupación universitaria con la discriminación.* Organice debates entre diferentes grupos de estudiantes a base de las siguientes preguntas interpretativas.

1. ¿Cómo combaten la discriminación las universidades?
2. ¿Qué grupos universitarios hay para combatirla?
3. ¿Por qué se preocupan tanto por las etnias?
4. ¿Llevan en sí algún peligro las preocupaciones "políticamente correctas"? ¿Qué cree Ud.?
5. ¿Cree Ud. que es importante, necesario o conveniente identificarse con una etnia? ¿Con cierto género? ¿Por qué (no)?
6. ¿Se siente Ud. discriminado/a? Describa las circunstancias.

2. El nombre y la cosa

D *Definiciones.* ¿Sabe Ud. definir o explicar qué significan estos términos?

1. nombre de pila
2. aire presidiario
3. varón
4. apellido

E *Conversaciones.* ¿Qué puede Ud. decir sobre las siguientes ideas de la autora? Prepare minidiálogos con un/a amigo/a.

1. "Esa lejanía entre el origen de un apellido y el individuo..."
2. "...rasgos físicos típicamente norteamericanos..."
3. "...la procedencia del apellido y la del individuo no suelen coincidir..."

F *El significado de su nombre.* Conteste las preguntas.

1. ¿Por qué le dieron sus padres a Ud. el nombre que tiene?
2. ¿Significa algo especial? ¿Es nombre de familia? ¿O sólo suena bien?
3. Compare los nombres de ahora con los de la generación de sus padres o sus abuelos. ¿Cuáles eran los nombres favoritos de antes?

3. Recuerdos de familia

G *Explicaciones.* ¿Qué quieren decir las siguientes frases?

1. "Los frigoríficos son panzudos como submarinos y sólidos como búnkeres del bienestar".
2. "Por fuera son un mosaico de recuerdos..."
3. "Desde la puerta del frigorífico sonríen todos los amigos".

H *Preguntas personales.*

1. ¿Cómo es el frigorífico de su familia? ¿Qué tiene por fuera?
2. ¿Por qué cree Ud. que muchas familias norteamericanas adornan su frigorífico de esta manera?
3. ¿Cuáles son los distintos objetos que Ud. tiene en el suyo? ¿Hay cosas de plástico, de goma? ¿Qué forma tienen los imanes?
4. ¿Qué diferentes fotos hay de su familia? ¿De sus conocidos? Descríbalas, por favor.
5. ¿Qué conclusiones puede Ud. sacar de los varios objetos que adornan su frigorífico?

4. Please

I *El trato cortés.* Conteste.

1. ¿Dice Ud. "*please*" y "*thank you*" muy a menudo? ¿Cuándo?
2. ¿Habla así a su perro o gato? Explique.
3. ¿Cree Ud. que la autora tiene razón al sugerir que nuestra civilidad o cortesía es bastante superficial?
4. Según ella, ¿cómo es el modo hispano de hablar a los animales?

J *¿El modo anglosajón o el modo hispánico?* Examine Ud. el último párrafo de esta selección y diga si la autora parece favorecer el modo anglosajón o el hispánico. ¿Por qué dice Ud. eso?

Conclusiones culturales

A través de estas páginas la autora expresa su sorpresa ante diferentes aspectos de nuestra vida. En vista de esas "sorpresas", es posible llegar a ciertas conclusiones sobre la vida hispánica que ella conoce (la de España). Aquí tiene Ud. varias conclusiones posibles. ¿Qué piensa de ellas? Explique sus reacciones.

1. La sociedad española es más homogénea que la norteamericana.
2. El español/La española busca el significado de todo; por eso, los nombres norteamericanos tanto como los frigoríficos adornados resultan extraños y no muy comprensibles.

3. El español/La española no puede aceptar fácilmente costumbres que sean muy diferentes de las suyas.

4. Esta autora ve al norteamericano como más civil que el español, pero también más cruel. Es decir, nuestra cortesía resulta muy superficial para ella. (*Have a nice day!*)

5. La imagen que la autora tiene del "hispano" es muy diferente de la que tenemos en las Américas.

Unidad dos

VIDA DE CIUDAD Y VIDA DE CAMPO

Capítulo 5

LA CIUDAD

Presentación

Tenochtitlán, Nueva York y Barcelona

La ciudad es una acumulación de calles y casas, de tiendas y teatros, de escuelas y estaciones, de monumentos y ... más, mucho más. A veces es un laberinto gigantesco en donde algunos se encuentran* totalmente a gusto° mientras otros se pierden irremediablemente°. A aquéllos les animan° el bullicio° y el tráfico, pero a éstos les dan miedo la rapidez y el anonimato° de la vida urbana*.

    En este capítulo presentamos lecturas sobre tres ciudades de tres épocas y lugares: Tenochtitlán, la ciudad de Nueva York y Barcelona. La primera se fundó° mucho antes del dominio° español en el Nuevo Mundo. Es ahora, por supuesto*, la Ciudad de México, el centro urbano más grande del mundo. La segunda no fue hispánica, en un principio°, pero lo es cada vez más ahora, gracias a su numerosísima población puertorriqueña, cubana y centroamericana, la que asciende*, según algunos, a casi dos millones. La tercera ciudad, antigua pero también modernísima, es Barcelona, esa perla° del Mediterráneo.

a...: at home
hopelessly / enliven / hubbub
anonymity

se...: was founded / dominance

en...: at the outset

pearl

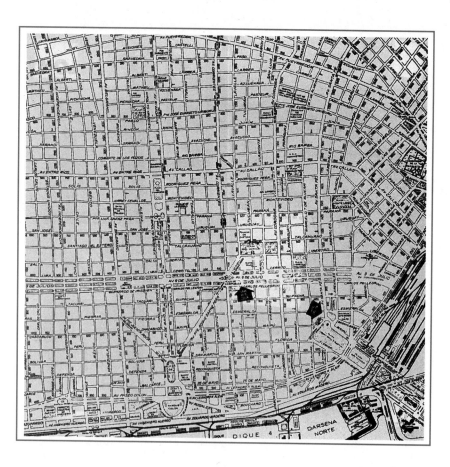

La primera lectura viene de *Las cartas de relación,* de Hernán Cortés. Contiene las primeras impresiones del conquistador español de la gran capital de los aztecas. La segunda es de José Martí, padre de la revolución cubana, quien pasó unos quince años en Nueva York. Sus palabras presentan otra perspectiva de esta gran ciudad norteamericana, la de hace cien años. Para la gente de esa época, el tranvía° era una novedad* extraordinaria. Y a pesar de que ha transcurrido° más de un siglo*, el Puente* de Brooklyn sigue usándose. Presentamos a Nueva York como otra ciudad "hispánica" porque en ella, como en muchos otros lugares de la América del Norte, el español sencillamente ya no es un idioma extranjero°. Y la tercera lectura es una breve evocación de Barcelona, sacada del libro de Eduardo Mendoza, *La ciudad de los prodigios.* Gracias a los juegos olímpicos de 1992, Barcelona ha podido establecerse como una de las primerísimas ciudades del mundo moderno.

> streetcar
> transpired
>
> **idioma...:** foreign language

Estrategias para leer

Descriptive, Dramatic and Poetic Prose

Hernán Cortés's account of his entry into Tenochtitlán and his reception by the Aztec king is couched in the terse prose of a soldier's report. It is a simple chronicle in which the narration of past actions alternates with the description of present realities. The second reading is more dramatic than descriptive. Verbs abound as the various "actors" busily fulfill their roles. The *dama* who takes center stage is a personified locomotive, one that receives the "guests," the streetcars that cross the Brooklyn Bridge from New York. Note the many human qualities ascribed to the locomotive:

"una linda locomotora en traje negro" (7–8)

"Avanza, recibe, saluda..." (8)

"Dan deseos... de ir a darle la mano." (11–12)

"...se la ve tan avisada (*prudent*) y diligente...se siente amistad humana..." (12–13)

In order to get a clear notion of the many repeated actions in this reading, focus on the following lines; complete them and repeat the series begun in them until you can say them quickly.

19–20—los carros: atraviesan... / vienen traídos...

19–21—la cuerda: se desliza... / desde...jamás para...

22—el carro: suelta... / y se detiene...

23–25—la locomotora: parte a... / mueve... / llega... / unce... / arranca... / lleva... / va en busca...

The third selection emphasizes imperfect verbs that evoke the repeated actions of an unending past for this mythical and mysterious city. Moreover, their repetition pulls the reader's attention forward in what seems to be an unending sentence (lines 3–18), in a sense uniting content and form as it blurs the boundaries between prose and poetry.

Lectura I

«Cartas de relación»

Hernán Cortes

A   Otro día después que llegué a esta ciudad, me partí* y, a media legua° andada, entré por una calzada° que va por medio de esta dicha° laguna dos leguas, hasta llegar a la gran ciudad de Tenochtitlán, que está fundada° en medio de la dicha laguna. Esta calzada es tan ancha como dos lanzas° y muy bien
5   obrada°; pueden ir por toda ella ocho de caballo a la par°. En estas dos leguas de la una parte y de la otra de la dicha calzada están tres ciudades. Una de ellas, que se llama Mexicaltzingo, está fundada, la mayor parte de ella, dentro de la dicha laguna; las otras dos, que se llaman, la una Mixiuacán y la otra Huitzilopocho, están en la costa* de ella, y muchas casas de ellas están dentro del agua.

10   **B**   La primera ciudad de éstas tendrá tres mil vecinos°, la segunda más de seis mil, y la tercera otro cuatro o cinco mil vecinos; y en todas hay muy buenos edificios de casas y torres°, en especial las casas de los señores y personas principales, y las casas de sus mezquitas° u oratorios° donde ellos tienen sus ídolos. En estas ciudades hay mucho trato de sal*, que hacen del agua de la
15   dicha laguna y de la superficie* que está en la tierra que baña* la laguna; la cuecen° en cierta manera y hacen panes de la dicha sal, que venden para los naturales y para fuera de la comarca°.

(glosses, right margin)
league (about three miles)
road / aforementioned
built
lances
constructed / **a...:** jointly

inhabitants

towers
mosques / churches

cook
territory

Pirámide del Sol, templo azteca, en Teotihuacán (México).

C   Así seguí la dicha calzada y, a media legua antes de llegar al cuerpo de la
ciudad de Tenochtitlán, a la entrada de otra calzada que viene a dar de la tierra
20 firme a esta otra, está un muy fuerte baluarte° con dos torres, cercado de muro°   bulwark / surrounded (by a) wall
de dos estados[1], con su pretil almenado° por toda la cerca que toma con ambas   **pretil...:** crenelated railing
calzadas, y no tiene más de dos puertas, una por donde entran y otra por donde
salen.

D   Aquí me salieron a ver y a hablar hasta mil hombres principales, ciudada-
25 nos* de la dicha ciudad, todos vestidos de la misma manera y hábito° y, según   dress (robes)
su costumbre, bien rico. Cuando habían llegado para hablarme, cada uno por sí,
en llegando a mí, hacía una ceremonia que entre ellos se usa mucho; ponía cada
uno la mano en la tierra y la besaba. Así estuve esperando casi una hora hasta
que cada uno hiciese su ceremonia.

30 **E**   Ya junto a* la ciudad está una puente°[2] de madera, de diez pasos de anchu-   bridge
ra°, y por allí está abierta la calzada para que tenga lugar el agua de entrar y   width
salir, porque crece° y mengua°, y también para fortaleza° de la ciudad, porque   it rises / falls / fortress
quitan y ponen unas vigas° muy luengas° y anchas, de que la dicha puente está   beams / long
hecha, todas las veces que quieren. De éstas hay muchas por toda la ciudad
35 como adelante, en la relación que haré de las cosas de ella, vuestra alteza° verá.   your highness

F   Pasada esta puente, nos salió a recibir aquel señor Moctezuma con hasta
doscientos señores...

Aplicación

A   *Tenochtitlán.* Conteste las siguientes preguntas y, luego, prepare una descripción completa de esta gran ciudad sin referirse a ellas.

1. ¿Dónde está fundada Tenochtitlán? ¿Cómo es la calzada que va hacia allí?

2. ¿Cómo se llaman las otras tres ciudades y dónde están? ¿Cuál es la población
de cada una? ¿Qué edificios contienen? ¿Qué hacen aquí con la sal?

3. Para entrar en Tenochtitlán, Cortés tiene que pasar por cierto baluarte. ¿Cómo
es? ¿Para qué sirve?

4. ¿Quiénes salieron a verle? ¿Cómo estaban vestidos? ¿Qué ceremonia hacía
cada persona?

5. Describa el puente que está junto a la ciudad de Tenochtitlán. ¿Cuáles son sus
diversas funciones? ¿Quién salió allí a recibir a Cortés?

---

1. **Estado** = 1.85 yards.

2. **El** puente hoy día.

B *La civilización azteca.* En grupos de tres o cuatro, prepare una lista de evidencias para probar que la cultura azteca era muy sofisticada y que su sociedad estaba bien organizada. Considere estos temas generales.

1. el sistema de transporte
2. la defensa militar
3. la religión
4. el comercio
5. la jerarquia social

C *El agua de Tenochtitlán.* La laguna en que se fundó la ciudad era muy importante. ¿Por qué? ¿Cómo se relaciona la laguna con algunos de los temas esenciales mencionados en el ejercicio B? Prepare un breve monólogo sobre este tema, para presentar a la clase. A propósito, ¿podría Ud. hacer un mapa a base del párrafo A?

Repaso de vocabulario

A *Identificaciones.* Dé el vocabulario indicado por los números en el dibujo.

B *Asociaciones.*

_____ 1. una calzada   **a)** con su pretil almenado
_____ 2. un baluarte   **b)** crece y mengua
_____ 3. un puente   **c)** la cuecen en cierta manera
_____ 4. la sal   **d)** que quitan y ponen
_____ 5. el agua   **e)** con dos torres
_____ 6. un muro   **f)** que va por medio de la laguna
_____ 7. unas vigas   **g)** de madera

C *Sinónimos.*

_____ 1. vecinos   **a)** fortaleza
_____ 2. obrada   **b)** cerca
_____ 3. baluarte   **c)** habitantes
_____ 4. muro   **d)** oratorios
_____ 5. mezquitas   **e)** fundada

Lectura II

«Escena neoyorquina»

José Martí

A   Es mañana de otoño, clara y alegre. El sol amable calienta* y conforta. Agólpase° la gente a la puerta del tranvía del puente de Brooklyn: que ya corre el tranvía y toda la ciudad quiere ir por él.

crowds (against)

B   Suben a saltos° la escalera de granito y repletan° de masa humana los andenes°. ¡Parece como que se ha entrado en casa de gigantes y que se ve ir y venir por todas partes a la dueña de la casa!

5

a...: in leaps and bounds / fill
platforms

C   Bajo el amplio techado° se canta este poema. La dama es una linda loco-motora en traje negro. Avanza*, recibe, saluda, lleva a su asiento* al huésped°, corre a buscar otro, déjalo en nuevo sitio, adelántase° a saludar a aquel que llega. No pasa de los dinteles° de la puerta. Gira*: torna: entrega°: va a diestra y a siniestra: no reposa* un instante. Dan deseos, al verla venir, de ir a darle la mano°. Como que se la ve tan avisada° y diligente, tan útil y animosa*, tan pizpireta° y gentil, se siente amistad humana por la linda locomotora. Viendo a tantas cabecillas° menudas° de hombres asomados al borde° del ancho salón donde la dama colosal deja y toma carros, y revolotea°, como rabelaisiana[3] mariposa°, entre rieles°, andenes y casillas—díjerase que los tiempos se han trocado° y que los liliputienses han venido a hacer visita a *Gulliver*.[4]

10

15

roof
guest
she steps forward
threshold / she delivers

darle...: shake her hand /
    prudent
lively
little heads / small /
    asomados...: appear at the
    edge of / flutters
butterfly / rails
changed (reversed)

D   Los carros que atraviesan° el puente de Brooklyn vienen de New York, traídos por la cuerda* movible que entre los rieles se desliza° velozmente° por sobre ruedas° de hierro°, y, desde las seis de la mañana hasta la una de la madrugada* del día siguiente, jamás para*. Pero donde empieza la colosal es-tación, el carro suelta° la cuerda que ha venido arrastrándolo°, y se detiene. La locomotora, que va y viene como ardilla° de hierro, parte a buscarlo. Como que mueve al andar° su campana° sonora*, parece que habla. Llega el carro, lo unce° a su zaga°; arranca° con él, estación adentro, hasta el vecino chucho°, llévalo, ya sobre otros rieles, con gran son de campana vocinglera°, hasta la salida de la estación, donde abordan* el carro, ganosos° de contar el nuevo viaje, centena-res* de pasajeros*. Y allá va la coqueta° de la casa en busca de otro carro, que del lado contiguo deja su carga de transeúntes neoyorquinos. [*Después Martí evoca la gran altura° del puente, diciendo que los edificios y carros, vistos desde arriba, parecen ser juguetes° de niños. Termina su ensayo con las siguien-tes palabras.*]

20

25

30

cross
slides / quickly
wheels / steel

releases / dragging it
squirrel
al...: upon functioning / bell /
    connects
rear / pulls / (rail) switch
vociferous
eager
flirt

height
toys

---

3. Se refiere al escritor francés Rabelais cuyas obras manifiestan un humor robusto y unas carica-turas extravagantes.

4. En *Gulliver's Travels,* de Jonathan Swift, Gulliver visita la isla de Lilliput, cuyos habitantes pequeñitos le ven como un gigante.

E   Y cuando se sale al fin al nivel* de las calzadas del puente, del lado de New York, no se siente que se llega, sino que se desciende*.

35   **F**   Y se cierran involuntariamente los ojos, como si no quisiera dejarse de ver la maravilla.

El Puente de Brooklyn, el más grande del mundo cuando fue construido hace más de cien años.

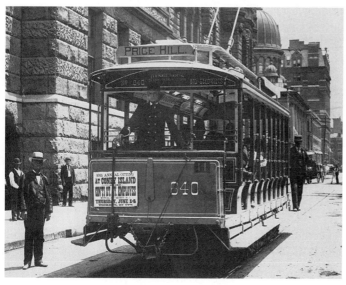

Un antiguo tranvía del tipo visto por José Martí cuando vivía en Nueva York.

Caja Savings and Loans
patrocinador sponsor
a tu alcance within your reach

1. ¿Qué ciudad fue la Capital Europea de la Cultura en 1992?
2. ¿Por qué supone Ud. que se hizo esta selección en 1992?
3. ¿Por qué es su principal patrocinador la Fundación Caja de Madrid?
4. ¿Cuáles son diferentes manifestaciones de la cultura?

Aplicación

A ***¿Sí o no?*** Decida Ud. si estas afirmaciones son ciertas o falsas sin mirar el texto.

1. Es una mañana de otoño.
2. Hay poca gente en los andenes del tranvía.
3. La locomotora funciona dentro de la colosal estación.
4. Los carros que atraviesan el puente vienen traídos por una cuerda movible.
5. La cuerda se desliza velozmente por sobre ruedas de hierro.
6. La cuerda funciona veinticuatro horas al día.
7. La locomotora unce un carro a su zaga.
8. Lleva el carro hasta la salida de la estación.
9. Desde el puente los edificios parecen ser más grandes que nunca.
10. Los carros del tranvía vencen al agua, gracias al maravilloso puente.

Nota: Sólo 2, 6 y 9 son falsas. ¿Puede Ud. corregirlas?

B ***Asociaciones.*** Asocie las palabras y frases de la lectura con las palabras dadas a la izquierda.

1. el tranvía
2. la cuerda
3. la locomotora

_____ **a)** se desliza
_____ **b)** atraviesa
_____ **c)** arrebata
_____ **d)** ha venido arrastrando
_____ **e)** avanza, recibe, saluda

_____ **f)** campanea
_____ **g)** jamás para
_____ **h)** mueve su campana
_____ **i)** unce
_____ **j)** una linda dama

C ***Un repaso rápido.*** Use las siguientes preguntas rápidas para repasar el contenido de los párrafos A, B, C, y D.

1. ¿Cómo es la mañana? ¿Qué hace el sol? ¿Dónde se agolpa la gente? ¿Qué corre ya? ¿Qué quiere hacer toda la ciudad?
2. ¿Qué suben todos? ¿Cómo lo suben? ¿Qué repletan? ¿En dónde parece que han entrado?
3. ¿Quién es la dama? ¿Qué hace? ¿Cómo se la ve? ¿Y qué parecen las cabezas de los hombres asomadas al borde del ancho salón? ¿Por qué se diría que los tiempos se han trocado?
4. ¿De dónde vienen los carros que atraviesan el puente? ¿Qué se desliza sobre ruedas de hierro? ¿Qué suelta el carro en la colosal estación? ¿Qué parte a buscarlo? ¿Adónde lo lleva?

D *Más preguntas.* Ahora invente Ud. preguntas rápidas sobre el párrafo C y hágaselas a dos o tres compañeros de clase.

E *Un resumen.* En grupos de tres, prepare un resumen del párrafo D, de cuatro o cinco frases, para presentar a la clase.

F *Realidad y fantasía.* Comente los siguientes temas con varios compañeros de clase.

1. El autor hace alusión a los liliputienses y a Gulliver (17). ¿Por qué? Considere Ud. las líneas 5 ("casa de gigantes"), 14 ("tantas cabecillas menudas de hombres"), 15 ("la dama colosal"), 21 ("la colosal estación"), etc.
2. El autor también emplea, extensamente, la personificación. Dé Ud. ejemplos de la lectura. ¿Para qué usa la personificación?
3. ¿Cómo describe Martí el puente mismo? ¿Qué analogías emplea?
4. Esta experiencia —la de cruzar el enorme puente en el tranvía— es muy positiva para Martí. ¿Qué palabras indican su gusto y placer ante las maravillas de la tecnología "moderna"? ¿Por qué dice en la línea 7 que "bajo el amplio techado se canta este *poema*"?

Repaso de vocabulario

A *Acciones sin palabras.* ¿Puede Ud. hacer todas las siguientes acciones sin decir una palabra?

1. primero, ponerse en pie
2. adelantarse deslizándose por el suelo
3. arrastrar algo (¿su chaqueta?) por detrás
4. atravesar toda la sala de clase
5. entregar un papel al profesor/a la profesora
6. entonces, girar
7. volver a su silla

Ahora, ¿puede Ud. inventar una lista de acciones silenciosas para otro miembro de la clase?

B *Definiciones.* Explique la función o el uso de las siguientes cosas. Si es posible, añada Ud. varios detalles.

1. andén
2. puente
3. campana
4. dueña
5. cuerda movible
6. huésped

C *Preguntas personales.* En grupos de tres o cuatro, contesten estas preguntas y comparen sus respuestas.

1. ¿En qué diferentes clases de transportes ha viajado Ud.? ¿Le ha(n) gustado? ¿Por qué (no)?

2. Describa cómo abordó Ud. el transporte. ¿Subió o descendió a un andén? ¿Por escaleras o ascensores? ¿Atravesó algún puente?

3. ¿Dónde y cuándo compró el billete? ¿A quién se lo entregó? ¿Cómo sabía Ud. que estaba para partir?

D *Traducciones.* Exprese en español.

1. scene   **3.** vocabulary   **5.** fabulous
2. space   **4.** station   **6.** dictionary

Lectura III

«Ciudad de los prodigios»

EDUARDO MENDOZA

Aunque a finales* del siglo XIX ya era un lugar común* decir que Barcelona vivía "de espaldas al mar"°, la realidad cotidiana° no corroboraba* esta afirmación. Barcelona había sido siempre y era entonces aún una ciudad portuaria°:

de...: with its back to the sea / everyday / **ciudad...:** (a) port city

Barcelona (España), desde el puerto, subiendo por Las Ramblas (a la izquierda) hacia las montañas.

Kiosko de periódicos en Las Ramblas de Barcelona (España).

La Sagrada Familia, la enorme catedral construida en parte por el arquitecto catalán Antoni Gaudí.

había vivido del mar y para el mar; se alimentaba° del mar y entregaba° al mar   it fed itself / gave
5 el fruto de sus esfuerzos; las calles de Barcelona llevaban los pasos del caminante al mar y por el mar se comunicaba con el resto del mundo; del mar
provenían el aire y el clima*, el aroma no siempre placentero° y la humedad* y   pleasant
la sal que corroían° los muros; el ruido del mar arrullaba° las siestas de los   corroded / lulled
barceloneses, las sirenas de los barcos marcaban el paso del tiempo y el graz-
10 nido° de las gaviotas°, triste y avinagrado°, advertía que la dulzura° de la soli-   squawk / seagulls / soured / sweetness
sombra que proyectaban los árboles en las avenidas era sólo una ilusión; el mar
poblaba los callejones° de personajes torcidos° de idioma extranjero, andar in-   narrow streets / twisted
cierto y pasado oscuro, propensos a° tirar de° navaja°, pistola y cachiporra°; el   **propensos...:** inclined (to) / to draw / knife / club
mar encubría° a los que hurtaban el cuerpo° a la justicia, a los que huían* por   concealed / **hurtaban...:** fled / heart-rending
15 mar dejando a sus espaldas gritos desgarradores° en la noche y crímenes impu-
nes°; el color de las casas y las plazas de Barcelona era el color blanco y   unpunished
cegador° del mar en los días claros o el color gris y opaco de los días de   blinding
borrasca°. Todo esto por fuerza había de atraer a Onofre Bouvila, que era hom-   storm
bre de tierra adentro. Lo primero que hizo aquella mañana fue acudir° al puerto   to go
20 a buscar trabajo como estibador°. [*Las demás cuatro cientas páginas de la*   stevedore (dock worker)
novela constituyen la historia de Onofre y de Barcelona.]

Aplicación

A *Barcelona y el mar.* Complete y aprenda de memoria, para poder presentar como un monólogo.

1. Barcelona había vivido...
    se alimentaba...
    entregaba...
    se comunicaba...
2. Las calles de Barcelona llevaban...
3. El mar poblaba...
    encubría...
4. El ruido del mar arrullaba...
5. Las sirenas de los barcos...

B   *Perfil de una ciudad.* ¿Cómo es Barcelona como ciudad? Examine otra vez las varias acciones evocadas en este pasaje y prepare, a base de ellas, una descripción de la ciudad. Considere estos temas: su clima, sus colores, su gente, etc.

Repaso de vocabulario

Asociaciones. Dé la letra de la palabra o expresión a la derecha que corresponde a las palabras a la izquierda, según su significado en la lectura.

_____ **1.** aroma	**a.** ir
_____ **2.** puerto	**b.** corroía los muros
_____ **3.** sal	**c.** gaviotas
_____ **4.** sirenas	**d.** arrullaba
_____ **5.** graznido	**e.** caminante
_____ **6.** ruido	**f.** cachiporra
_____ **7.** pasos	**g.** placentero
_____ **8.** acudir	**h.** de todos los días
_____ **9.** cotidiano	**i.** barcos
_____ **10.** navaja	**j.** portuaria

Contrastes culturales

La ciudad moderna

Durante los últimos cien años la ciudad ha cambiado muchísimo. Las grandes ciudades de antes son las "megaciudades" o las "monstruociudades" de ahora. La Ciudad de México, por ejemplo, ya cuenta con 22.000.000 de habitantes y, según las proyecciones oficiales, tendrá unos 32.000.000 al terminar el siglo. La capital tendrá casi un tercio de la población de todo el país. El escritor Juan José

Edificios, carros, y flores llenan el Paseo de la Reforma, en la Ciudad de México.

Arreola, quien vive en la capital, hace la maleta y se queda en un hotel cuando tiene que ir al centro, porque es tan difícil ir allá. Mientras muchos norteamericanos han abandonado la ciudad, para residir en las afueras (*outskirts*), muchos mexicanos han abandonado el campo, para buscar su fortuna en la gran ciudad.

A ¿Dónde prefiere Ud. vivir? ¿En la ciudad o en el campo? ¿Por qué? ¿Qué problemas especiales se encuentran en uno u otro lugar? Haga listas de las ventajas (*advantages*) y las desventajas de vivir en la ciudad y, luego, coméntelas con dos o tres compañeros de clase.

B Escoja una ciudad precisa (Los Angeles, Nueva York, Toronto, Chicago, Nuevo Orleáns, Montreal, Houston, Atlanta, etc.) y describa sus problemas específicos. ¿Cómo pueden solucionarse? ¿Cómo se debe hacer la ciudad del futuro?

Gramática selecta

Verbos con cambios ortográficos, demostrativos y pronombres posesivos

A *Verbos con cambios en la ortografía.* Complete con la forma correcta del verbo entre paréntesis. (El número se refiere a la línea de la lectura II.)

1. El sol amable (calentar)_____ y conforta. (1)
2. Ya corre el tranvía y toda la ciudad (querer) _____ ir por él. (2–3)
3. Tan útil y animosa, tan pizpireta y gentil, se (sentir) _____ amistad humana por la linda locomotora. (12–13)
4. Los carros que (atravesar) _____ el puente de Brooklyn vienen de New York. (18)
5. Pero donde (empezar) _____ la colosal estación... (21–22)
6. ...el carro (soltar) _____ la cuerda que ha venido arrastrándolo... (22)
7. Como que (mover) _____ al andar su campana sonora, parece que habla. (23–24)

B *Los demostrativos.* Repase estas frases sacadas de las lecturas. ¿Las puede traducir al inglés?

1. Otro día llegué a esta ciudad... (I, 1)
2. En estas dos leguas... (I, 5)
3. En estas ciudades hay mucho trato de sal... (I, 14)
4. De éstas hay muchas por toda la ciudad... (I, 34)
5. Nos salió a recibir aquel señor Moctezuma... (I, 36)
6. Bajo el amplio techado se canta este poema. (II, 7)
7. ...adelántase a saludar a aquel que llega. (II, 9–10)
8. Todo esto por fuerza había de atraer a Onofre... (III, 18)

Ahora, dé Ud. la forma correcta (este / esta / estos / estas) para las siguientes palabras.

9. _____ parte		**13.** _____ costumbre		**17.** _____ tranvía	
10. _____ torres		**14.** _____ viaje		**18.** _____ relación	
11. _____ juguetes		**15.** _____ poema		**19.** _____ panes	
12. _____ baluarte		**16.** _____ días		**20.** _____ callejones	

C *Los pronombres posesivos.* Repase estos usos sacados de las tres lecturas.

1. Las casas de *sus* mezquitas u oratorios... (I, 13)
2. Hay muchas por toda la ciudad..., como *vuestra* alteza verá. (I, 34–35)
3. Avanza, recibe, saluda, lleva a *su* asiento al huésped... (II, 8)
4. Como que mueve al andar *su* campana sonora... (II, 23–24)
5. Llega el carro, lo unce a *su* zaga... (II, 24–25)
6. ...va en busca de otro carro, que ... deja *su* carga de transeúntes neoyorquinos. (II, 28–29)
7. ...los que huían por mar dejando a *sus* espaldas gritos desgarradores... (III, 14–15)

Ahora exprese en español.

8. our climate   **12.** their level

9. its humidity   **13.** her land

10. my latest poem   **14.** this color

11. this crime   **15.** these shouts

D *Verbos de moción.* Los siguientes verbos de moción aparecen en estas lecturas. Se agrupan en tres categorías, según su nivel de dificultad, para facilitar el repaso de ellos.

Categoría I	Categoría II	Categoría III
1. correr	**1.** agolparse	**1.** revolotear
2. ir	**2.** adelantarse	**2.** deslizarse
3. subir	**3.** girar	**3.** arrastrar
4. entrar	**4.** tornar	**4.** arrancar
5. venir	**5.** entregar	**5.** acudir
6. llevar	**6.** atravesar	
7. avanzar	**7.** partir	
8. pasar	**8.** abordar	
9. mover	**9.** huir	
10. llegar	**10.** provenir	
11. salir		
12. descender		

Ahora, refiérase a la lista de verbos y haga lo siguiente.

a) Traduzca al inglés los verbos de la categoría III.

b) Invente frases originales para los números impares (*uneven*) de la categoría I y los pares (*even*) de la categoría II.

 Estrategias para escribir

Accumulation and Personification

Lectura I offers what could be called a horizontal description of Tenochtitlán. The numerous sentences, more narrative than descriptive, correspond to Cortés's entry into the city: first he singles out the roadway that goes through the middle of the lagoon; then he states its width and fine quality; finally, he enumerates the three cities found along the way. Subsequent sentences divulge three other key components: the population of each city, the principal buildings in them, and their production and sale of salt.

Lectura III consists of virtually one sentence. While its many clauses suggest different aspects of Barcelona, they do not provide a sense of the city's horizontal expanse; rather, the dozen repetitions of **mar**, evoking the sights, sounds, smells and even tastes of the city, lend a poetic intensity to this characterization, one that ends up seeming more vertical than horizontal. Mendoza is interested in the essential qualities and identity of Barcelona, in contrast to Cortés who underscores the physical appearance of Tenochtitlán. Mendoza is the insider who experiences the totality of a city (final impressions) while Cortés is the outsider who appraises what he sees (first impressions).

In *Lectura II,* by contrast, Martí builds his depiction of New York City around the personified image of one of its central "characters," the locomotive that positions streetcars before and after their journey across the Brooklyn Bridge. Verbs of motion abound as this **dama** flits here and there, the perfect society "hostess" determined to attend to all her guests' needs and desires. Despite its narrative style, Martí's prose achieves a lighthearted, descriptive quality precisely because of this personification. For this reason, we can view his evocation of the locomotive and the city as both horizontal and vertical. Martí is neither an insider nor an outsider but a mixture of both; his approach assesses and esteems but also permits him to immerse himself in the vivid hubbub around him.

1. Write three paragraphs in which you compare two or three cities according to the following categories:

I	II	II
a) their names	location	population
b) their stores	homes	churches
c) their leaders	clothes	peculiarities

The first paragraph (a) is the easiest while the last one (c), relating primarily to people, is more personal and ambiguous.

2. Select a city with a characteristic that sets it apart from all others. Describe that essential trait in several clauses or short sentences, in order to suggest a certain poetic intensity in your evocation of the city.

3. Finally, write a paragraph around the personification of an important feature of one of your favorite towns or cities. That key characteristic may be a special building, a bridge, a ferry, a tower, a waterway, etc. Aim to mix movement with feeling, reality as it seems to be objectively and as it is mirrored in your subjective reactions to it. You are, in effect, trying to blend the horizontal and the vertical elements in the same passage.

Escritura I

Protección de «la ciudad perdida»

Cada año más de 100.000 visitantes de distintas partes del mundo hacen el viaje de tres horas en tren desde el Cuzco hasta Machu Picchu, "la ciudad perdida de los incas". Unos 5.000 más hacen el recorrido° a pie por el antiguo Camino Inca que lleva a las ruinas, caminata° que dura entre tres y cinco días. Machu Picchu, situado en una hondonada° entre dos picos, a 2.395 metros de altura, es un hermosísimo lugar que por su gran importancia arqueológica fue designado por las Naciones Unidas como parte del patrimonio° cultural mundial.

journey
hike
ravine

endowment (heritage)

Machu Picchu, ciudad secreta de los incas, se esconde entre los picos de los Andes peruanos.

A *Machu Picchu.* Examine las fotografías de este espléndido lugar, una pequeña ciudad "horizontal" en medio de unos picos extremadamente "verticales". Haga dos listas de cualidades que corresponden a estos dos aspectos de la ciudad. Luego, escriba una descripción de ella a base de las dos listas. Debe evocar su importancia como refugio secreto para los incas, pero, también, su valor espiritual o emocional para ellos.

B *Investigaciones.* Busque un libro sobre los incas que revele otras instalaciones suyas a lo largo de los Andes. Escriba un breve informe sobre esto para la clase.

Escritura II

Barcelona, una ciudad bien promocionada

Barcelona recibió muchísima publicidad de los juegos olímpicos de 1992. Y, durante casi todo 1993, fue la ciudad europea que, según 500 ejecutivos, mejor se había promocionado. Mejoró notablemente su imagen y, por tanto°, pasó del puesto° 13 en el ranking general de 1992 al 10 en el de 1993, realizando una de las mayores subidas°.

por...: therefore
place
increases

ES LA CIUDAD EUROPEA QUE MEJOR SE HA PROMOCIONADO EL ULTIMO AÑO

BARCELONA, LA CIUDAD MEJOR VENDIDA

Barcelona sigue recogiendo frutos de las Olimpiadas. El último de ellos ha sido el resultado de una encuesta entre más de 500 ejecutivos europeos, que la han señalado como la ciudad europea que mejor se ha promocionado desde finales del año pasado.

LONDRES, LA CIUDAD PREFERIDA

(Ciudades más valoradas por los directivos para de instalar un negocio, computando todos los factores incluidos en la encuesta)

1	LONDRES	11	GINEBRA
2	PARIS	12	MILAN
3	FRANCFORT	13	ESTOCOLMO
4	BRUSELAS	14	BERLIN
5	AMSTERDAM	15	LISBOA
6	ZURICH	16	HAMBURGO
7	DUSSELDORF	17	MUNICH
8	GLASGOW	18	MADRID
9	MANCHESTER	19	BUDAPEST
10	BARCELONA	20	PRAGA

LOS FACTORES DECISIVOS

(Factores esenciales a la hora de instalar un negocio y porcentaje de respuestas que lo señalan)

1	Fácil acceso a mercados y clientes	67
2	Calidad en las telecomunicaciones	53
3	Enlace de transportes nacional e internacionales	50
4	Coste de personal y capacidad de los empleados	45
5	Política de incentivos del Gobierno	34
6	Facilidad de viajar dentro de la ciudad	27
7	Valor económico en espacios para oficinas	23
8	Espacio libre para oficinas	21
9	Idiomas hablados	15
10	Grado de contaminación	14
11	Calidad de vida para los empleados	10

ADUANA

EL EFECTO OLIMPICO

(Ciudades que mejor se han promocionado a sí mismas desde finales de 1992)

1	BARCELONA
2	BERLIN
3	LYON
4	PARIS
5	PRAGA
6	LEIPZIG
7	LONDRES
8	AMSTERDAM
9	BRUSELAS
10	GLASGOW
15	MADRID

BARCELONA

La auténtica revelación. Barcelona cuenta con un personal bien preparado, con una buena relación calidad/precio en el suelo y ha mejorado sensiblemente sus infraestructuras. Como elementos negativos, destacan dos: el personal sigue sin hablar idiomas y sus comunicaciones con otros países no son buenas.

A   *Una encuesta.* Examine las listas de las ciudades preferidas, las que mejor se han promocionado y los factores decisivos. Luego, lea los párrafos sobre Barcelona que aparecen en las últimas páginas de este capítulo. Escriba un párrafo en que justifica la subida de Barcelona en el *ranking* europeo. ¿Por qué es tan atractiva Barcelona?

B   *Su propia ciudad.* Ahora, usando los criterios señalados en estas páginas, dé una evaluación de su propia ciudad. Hable con diferentes oficiales y otros habitantes para destacar los factores que favorecen su ciudad. Luego, escriba dos o tres párrafos sobre el estado actual de esos componentes claves.

En conclusión

En muchas ciudades hispánicas (Madrid, Barcelona, la Ciudad de México, Buenos Aires, Caracas etc.) hay sistemas muy extensivos de trenes subterráneos. Algunos de estos trenes metropolitanos (metros) son muy modernos, mientras otros tienen sus orígenes en el siglo XIX. Pero, incluso éstos se mantienen bien y pueden transportar a miles y miles de personas todos los días. El tráfico de estos centros urbanos sería absolutamente imposible si no fuera por estos trenes.

A   *El metro.* Conteste, en forma escrita, las siguientes preguntas.

1. ¿Por qué cree Ud. que pocas ciudades norteamericanas tienen redes (*networks*) de tales trenes?
2. ¿Qué valores refleja eso?
3. ¿Es importante cambiar? ¿Por qué?
4. ¿Conoce Ud. alguna ciudad enorme que ya empieza a construir un metro o, por lo menos, un sistema de trenes rápidos? Explique.

El tren metropolitano (Metro) de la Ciudad de México: moderno y rápido.

B *Modos de transportes.* Haga una encuesta (*opinion poll*) escrita en que averigua qué modos de transportes prefieren sus amigos y parientes. Incluya algunas formas antiguas —el tranvía, el trolibús— para los abuelos e invente una escala de valores (por ejemplo 1–5) para medir la popularidad de uno y otro modo. Por fin, dé un resumen general de sus resultados.

Capítulo 6

DE COMPRAS

Presentación

La compra diaria

A lo largo de° la historia la compra ha sido una tarea diaria en la sociedad hispana. Como en el pasado no había refrigeradores, la gente acostumbraba° ir al mercado* todos los días en busca de comida. El mismo patrón° caracterizaba* otras facetas de su vida también, pues como no había grandes almacenes°, una persona tenía que ir a numerosas tiendas para satisfacer* sus muchas necesidades. Esta práctica ha cambiado algo en nuestros días, porque hay ahora por todas partes* grandes almacenes y centros comerciales que venden de todo°.

    La lectura de esta lección viene de *La camisa*, un drama de 1962 escrito por Lauro Olmo, un gran dramaturgo español. Esta obra presenta el dilema de Juan, un obrero* pobre sin trabajo. Su mujer Lola le compra una camisa blanca en el Rastro° para que se vista bien cuando hable con su jefe, para implorarle° trabajo. Esa ocasión nunca llega, sin embargo, y al final del drama Lola deja su hogar para ir a Alemania en busca de trabajo.

    En *Escrituras* presentamos diferentes anuncios° e informes sobre el consumo.* Y en las varias páginas del capítulo incluímos descripciones de los efectos que tienen los colores. Los estudiosos° del mercado conocen muy bien la impresión de los colores en los consumidores°.

A...: throughout
grew accustomed to
pattern
department stores

everything

Madrid's famous Flea Market
/ implore (beg)

ads

Los...: those who study
consumers

 Estrategias para leer

Character Study

The following scenes are from Acts I and II of *La camisa.* The first opens the play and the second comes shortly after the beginning of Act II. To a great extent, the dramatic action follows the history of the shirt named in the title. First it is noticeable by its absence; later Lola carefully irons and sets aside the old white shirt she has bought in the Flea Market, and she points it out explicitly to her daughter. At the beginning of Act III Juan, slightly intoxicated, angrily rips it into two pieces.

    The interaction of the characters—with numerous psychological subtleties—is the primary focus of the play. Note that most of the characters are women. As they relate to each other, each one reveals key aspects of her personality. As you read and reread their exchanges of dialogue, consider the following questions: Who are these women? How many generations do they represent? Do you think this is intentional? How do they signify, respectively, the past, present, and future?

    1. *La abuela:* Which of her character traits and physical conditions seem typical of an old person? Why is she impatient or angry with Agustinillo? Why do you think she vacillates between present and imperfect tense verbs in her monologue?

2. *Lola:* What is Lola's attitude toward her husband Juan? Why is she fed up? Do you think she still loves him? How does Lola treat her daughter? Why doesn't she approve of Lolita's friendship with Nacho?

3. *Lolita:* Do you think Lolita really loves Nacho?

Dialogue is, of course, the key ingredient in any play, since there usually can be no narration or description (except for the stage directions). The purpose of the characters' speech, therefore, is twofold, to reveal character and advance the plot. Also remember that dramatic dialogue is to be *heard* rather than read. Human conflicts and confrontations are the heart and soul of drama. For this reason, try to visualize the characters' actions as the scene develops.

In a realistic play the characters' speech tends to be colloquial. Indeed, the language in *La camisa* is filled with popular forms and expressions. Here are some examples:

too → todo	estao → estado	demasiaos → demasiados
tos → todos	pasao → pasado	jorobás → jorobadas

As for the various idiomatic expressions, you should be able to grasp the gist of most of them without looking them up.

Lectura

«La camisa»

LAURO OLMO

I

(En escena se ve a la Abuela tendiendo° ropa en una cuerda que hay en el solar°. Las prendas° que tiende son: unos calzonzillos°, un par de calcetines*, un pañuelo* y un pantalón*. En el solar, sentados en el suelo, están Agustinillo y Nacho. Durante la escena éste fuma*. Luego, según la marcha° de la acción,
5 *tira la colilla°, la coge* Agustinillo, le da una chupada° y la tira* a su vez°.)*

    ABUELA.   *(Tendiendo.)* —¿Qué pensará hacer este hombre sin camisa? ¿Qué tiempos éste! ¡Tiempos de boquilla!°...

  AGUSTINILLO.   —Abuela.

    ABUELA.   *(Sin hacer caso°, sigue monologando.)* —Hasta tres cuerdas de
10   ropa llenaba* yo. Y es que había brazo°, tajo° y ganas de arremeterle° al mundo.

  AGUSTINILLO.   —Abuela.

Margin glosses:
hanging
vacant lot / pieces (of clothing) / shorts
course
cigarette butt / puff / **a...:** in turn

¡Tiempos...: Times of hunger!

hacer...: paying attention
toughness / desire to work
ganas...: eagerness to attack

ABUELA.	*(Igual.)* —Sus malos ratos costaba, claro está°. Pero los hombres se han hecho pa eso: pa los buenos y pa los malos ratos. Y el que no sea hombre que estire la pata° y no nos haga vivir jorobás°.	claro...: of course que...: let him stretch his leg (die) / no...: don't make us live bent over (humiliated)
AGUSTINILLO.	*(Levantándose*.)* —Abuela.	
ABUELA.	*(Acabando de tender.)* —¡Abuela! ¡Abuela! ¿Qué quieres?	
AGUSTINILLO.	—Sólo dos perrillas°, abuela.	(small) coins
ABUELA.	—¿Y de dónde quieres que las saque°?	que...: to get them
AGUSTINILLO.	—¿Te lo digo?	
ABUELA.	—¡Condenao!° ¡Ya has vuelto a* espiarme°!	(You) rascal! / spied on me
AGUSTINILLO.	—No se lo he dicho a nadie. Y si me das las dos perrillas...	
ABUELA.	*(Furiosa.)* —¡Dos mordiscos° en las entrañas° te voy a dar yo a ti! *(Hace que se va°.)*	bites / heart hace...: starts to go
AGUSTINILLO.	Escucha, abuela. Sólo nos faltan° dos perrillas, pa...	nos...: we only need
ABUELA.	*(Enfrentándose°.)* —¿Pa qué?	confronting him
AGUSTINILLO.	—Pa comprar unos petardos°.	firecrackers
ABUELA.	*(Indignada*.)* —¿Petardos? ¿Es que no sabes que tu padre anda sin camisa? Mira, mamarracho° *(Le señala, una por una, todas las prendas.)*: calzoncillos, calcetines, pañuelo y pantalón; pero ¿y la camisa?, ¿dónde está la camisa? ¡Y tú, pensando en comprar petardos!... Reúne°, reúne pa la camisa de tu padre, que pueda° presentarse ante el capitoste° ese. ¡Y déjate de° petardos!	(you) cuss / shows him Get together que...: so that he can / foreman / déjate...: forget about

(Coge el cubo° donde tenía la ropa y se mete° en la chabola°.) — bucket / enters / shack

II

(Lolita ha descolgado° de la cuerda la ropa tendida en el primer acto. Con ella en las manos, aprovecha° un descuido° de Nacho y le da un precipitado° beso*. Luego, muy rápida, se mete en la chabola. Nacho da una zapateta° en el aire, y con un grito de júbilo, "¡Yuipii!", sale corriendo por el fondo° de la calle. Ricardo, tambaleante°, grita a su vez* de la misma forma que Nacho, y, acto seguido°, intenta* dar otra zapateta y pierde el equilibrio°, yendo de lado° a caer* dentro de la tasca°. Se oyen risas. En la chabola.) — taken down / takes advantage of / lack of attention / hurried / leap / back / staggering / right away / balance / de...: sideways / bar

LOLA.	—¿Está seca?	
LOLITA.	*(Que ha dejado la ropa encima de la cama.)* —Está buena pa la plancha°.	iron (for ironing)
LOLA.	—Mira a ver cuántos arenques° hay. ¿De dónde vienes?	sardines
LOLITA.	*(Abriendo una pequeña alacena°, saca un plato con sardinas arenques.)* —He estao con Rosita. Hay doce arenques, madre.	cupboard

(Deja el plato donde estaba y cierra la alacena.)

LOLA.　—No me gusta que salgas con Nacho. Tú no estás pa° novios toavía.　　　**Tú...:** You're not ready for

LOLITA.　—Pero, madre, ¡si no. . .!

LOLA.　—¡Lo dicho! Anda *(Echándole unos calcetines.)*, zúrcele° los calce-　　**darn**
tines a tu padre.

55　*(Termina de planchar la camisa y la deja sobre una silla. Se dispone a° plan-*　　**Se...:** She gets ready to
char los pantalones.)

LOLITA.　*(Se sienta. Ha cogido una caja* de costura°. Enhebra° una aguja°,*　　**caja de...:** sewing box / threads
disponiéndose a zurcir los calcetines.) Nacho quiere irse a Alemania　　　　　／ needle
a trabajar y ganar mucho dinero.

60　LOLA.　—Tos queremos irnos a alguna parte. Tos menos el estúpido de tu
padre, que no sé qué espera. "Juan, hay que tomar una decisión. No
podemos seguir así". "Espera, Lola, espera". Y siempre igual: espera, espera.

(Va al fogón° y cambia la plancha. Regresa°.)　　　　　　　　　　　　　stove / She returns

65　LOLITA.　—¿Hablaste con la señora Balbina?

LOLA.　—¿A qué viene eso°?　　　　　　　　　　　　　　　　　　　　**¿A...:** Why do you bring that up?

LOLITA.　—Preguntó por ti. Se me ha olvidado decírtelo.

LOLA.　—*(Después de una breve pausa.)* Ni con Nacho ni con ningún
muerto de hambre° del barrio, ¿me oyes?　　　　　　　　　　　　**muerto...:** starving (man)

70　LOLITA.　*(Tímidamente.)* —Nacho es bueno.

LOLA.　—Y tu padre, ¿qué? ¿Es un ogro? Tos son lo que tú quieras: buenos,
generosos, trabajadores. Y qué... Mira, hija, cuando me casé con tu
padre vinimos a vivir "provisionalmente" a esta chabola. En ella
naciste tú y el Agustinillo. Y seguimos aguantando*. Era "provisio-
75　nalmente". ¿Tú sabes lo que es ver llorar a un hombre? Yo he visto　　　fists / **a...:** alone
llorar a tu padre, ¡lágrimas* como puños°, hija! Y a solas° cuando
creía que nadie le veía. Pero pronto le renacía° el ánimo°, porque la　　would be reborn / spirit
cosa era "provisionalmente". Las goteras°, los días sin carbón, los　　　leaks
remiendos°, el contener el aliento° cuando suenan* en la puerta los　　　repairs / **contener...:** holding our
80　golpes del cobrador° de la luz, o del de los plazos°, o las papeletas°　　　breath / bill collector / rent /
del Monte[1] que cumplen, to, to era "provisionalmente". Y hasta　　　　tickets
vuestras enfermedades —tú estuviste a punto de* dejarnos, hija—
llegaron a parecernos lo mismo. Y estoy harta°, harta de sufrir*,　　　　**estoy...:** I'm fed up
harta de amar, harta de vivir "provisionalmente". *(Pausa.)* El tres de
85　agosto de mil novecientos cuarenta y cuatro nos casamos* tu padre y
yo. Estamos en septiembre del sesenta. Han pasao dieciséis años.
Demasiaos, hija. Y los mejores. En ellos se ha quedao toa nuestra
juventud*. ¡No, no salgas con Nacho!

---

1. "Monte de Piedad" (España) = *pawn shop.*

LOLITA. —¿Qué culpa* tie padre o Nacho?

90   LOLA. —Nadie dice que... ¡No es eso, hija! ¡No es eso! Es el fracaso°, es el   failure
ver al hombre que quieres... *(Señalando la camisa.)* Mira esa camisa.
¡Contémplala*! Es la historia de tu casa.

Aplicación

A   *Preguntas de repaso.* Practique varias veces con las siguientes preguntas,
para poder resumir, con facilidad y rapidez, el contenido de cada escena.

Escena I

¿Por qué desea dinero Agustinillo? ¿A quién se lo pide? ¿Cuánto? ¿Cómo
sabe él que lo tiene ella? ¿Dónde lo guarda ella? ¿Cómo se pone ella cuando
se da cuenta de que él lo sabe? ¿Qué prenda de ropa le falta al padre de
Agustinillo? ¿Por qué la necesita?

Escena II

¿Cuánto tiempo ha pasado desde la primera escena? ¿Qué hace Lolita?
¿Quién es Nacho? ¿Por qué da una zapateta en el aire él? ¿Quién le imita?
¿Qué le pasa entonces? ¿Qué va a comer la familia hoy? ¿De qué le habla
Lola a su hija? ¿Cómo ha sido la historia de su familia?

B   *Los personajes.* La abuela y Agustinillo aparecen en la primera escena y
Lola y Lolita en la segunda. En grupos de tres o cuatro, dé un resumen de qué
hablan. Considere estas preguntas: ¿Cuáles son sus preocupaciones? ¿Cómo se
ocupan? ¿Cómo se relacionan unas con otras? Luego, diga algo de sus respectivas personalidades. ¿Cómo son estos personajes?

No olvide estos adjetivos: fuerte, débil, harto, resignado, enojado, deprimido,
impaciente, inocente, serio, triste, frustrado, precipitado, mandón, obediente,
indignado, furioso.

C   *La camisa, como "personaje".* En cierto sentido, la camisa también
puede verse como un personaje. En la primera escena Lola ha ido al Rastro para
comprarla. En la segunda, Lola la plancha y le dice a Lolita que es la "historia
de tu casa". ¿Qué quiere decir ella? Las siguientes palabras terminan el tercer
acto del drama:

(Lola arranca de prisa° y siguiendo a Juan, sale por el fondo derecha. Sobre la   **arranca...:** takes off hurriedly
camisa, que queda como ahorcada°, cae el telón°.)   **como...:** as if hung / curtain

¿Cómo queda la camisa al final? ¿Qué simboliza?

D   *Temas de discusión.*

1. *Hombres y mujeres:* En esta obra aquéllos parecen débiles mientras éstas son
fuertes. ¿Qué cree Ud.? ¿Qué actitudes tienen unos frente a otras?

2. *Jóvenes y viejos:* ¿Qué diferencias hay entre las actitudes de la Abuela, Lola y Lolita (es decir, tres generaciones)? ¿En cuanto a hombres?

3. *Jefes y empleados:* La economía es el gran dilema de este drama. ¿Qué pueden hacer estos pobres para vivir? ¿Qué hacen para intentar encontrar empleo?

E *Preguntas interpretativas.*

1. Esta gente es pobre, pero muy limpia. ¿Cómo se indica esto?
2. ¿Quién mira hacia el pasado, el presente o el futuro? ¿Por qué?
3. La abuela se habla a sí misma. ¿Por qué? ¿Qué se dice?
4. Lola y Lolita hablan de Juan y de Nacho. ¿Qué dicen? ¿Qué consejos (órdenes) le da Lola a Lolita? ¿Cree Ud. que Lolita le hará caso?
5. ¿Por qué está harta Lola?
6. ¿Qué quiere decir Lola cuando exclama a Lolita: "Mira esa camisa. ¡Contémplala! Es la historia de tu casa."?

YA ES PRIMAVERA,

Algo está pasando.

En El Corte Inglés nace una nueva primavera.

Nuevas sensaciones en tu cuerpo.

Nuevas expresiones en tu estilo.

Nuevos colores, nuevos tejidos sobre tu piel.

Es la primavera.

Es vivir. Otra vez.

Se trata de moda.

1. ¿Dónde nace una nueva primavera?
2. ¿Qué "cosas" son nuevas en la primavera?
3. ¿Por qué se dice, al final, que "es vivir"?
4. ¿Sabe Ud. qué es el Corte Inglés y qué se vende allí?

F *Dramatizaciones.* En grupos de dos, lea los siguientes segmentos varias veces, para presentar una dramatización a la clase: 6–35, 44–63, 65–88.

Repaso de vocabulario

A *Asociaciones de palabras.* En grupos de dos, diga por turno qué dibujo se relaciona con qué objeto o acción. Invente su propio vocabulario activo a base de este ejercicio.

1. petardos	**5.** tender	**9.** secar	**13.** aguja
2. zurcir	**6.** calzoncillos	**10.** descolgar	**14.** colillas
3. caja de costura	**7.** calcetines	**11.** arenques	**15.** pantalones
4. cubo	**8.** planchar	**12.** cuerda	**16.** enhebrar

a

b
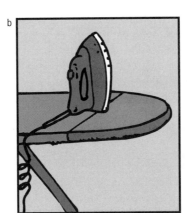

c
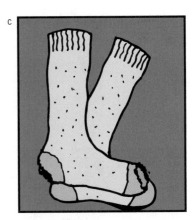

d

e

f

B *Una historia.* Invente una breve historia en que emplea algunos de los siguientes verbos.

1. lavar   **4.** planchar
2. secar (tender)   **5.** enhebrar
3. descolgar   **6.** zurcir

C *¿Para qué se usa?* Describa, en frases completas, los usos de estos objetos.

Objetos concretos:

1. petardos   **3.** pantalones   **5.** calcetines
2. cuerda   **4.** camisa

"Objetos" más abstractos:

6. beso   **8.** fracaso
7. grito   **9.** ganas

D *Prendas de ropa.* En grupos de tres o cuatro, dé el nombre de las prendas de ropa llevadas por los miembros del grupo.

E *Acciones.* En grupos de tres o cuatro, haga las siguientes acciones.

1. coger algo   **9.** gritar "¡Yupii!"
2. dar una chupada   **10.** tambalear
3. tirar algo   **11.** ir de lado
4. llenar algo   **12.** llorar
5. estirar la pata   **13.** hacer un puño
6. espiar a alguien   **14.** contener el aliento
7. dar un mordisco   **15.** hacer sonar golpes en la puerta
8. dar una zapateta en el aire

F *Frases originales.* Invente frases para ilustrar el uso de estas expresiones.

1. de la misma forma   **3.** tener la culpa   **5.** acabar de
2. hacer caso   **4.** volver a   **6.** a su vez

G *Preguntas sobre ropa.*

1. ¿Cuántos pares tiene Ud.? (calcetines / pantalones / zapatos / calzoncillos) ¿Son suficientes? ¿Por qué (no)? ¿De qué marca son? ¿Cuánto cuestan? ¿Dónde los compra? ¿Aprovecha Ud. las ventas especiales? ¿Ha llenado sus armarios por completo?

Ropa deportiva de venta en la Ciudad de   Un almacén super moderno en Monterrey
México. ¿Quieres ir a la playa?   (México).

2. ¿Quién limpia su ropa? (lava / tiende (seca) / plancha) ¿Dónde? ¿Cuándo?
(¿una vez por semana?) ¿Qué hace Ud. con la ropa vieja? ¿La tira? ¿Se la da
a otras personas?

3. ¿Va Ud. de compras con frecuencia? ¿Por qué (no)? ¿Es una terapia? (Es
decir, ¿va Ud. de compras para sentirse mejor?) ¿Hace Ud. mucho caso de lo
que dicen los dependientes? ¿Vuelve Ud. a comprar en las mismas tiendas?
¿Por qué (no)?

Contrastes culturales

La importancia de la familia

La camisa destaca la importancia de la familia en la sociedad hispánica, aun
entre los sectores más pobres. Esta familia incluye, por ejemplo, a la abuela, así
pues tres generaciones viven juntas. Esto es una ayuda importante para la
abuela, pero también para la familia, porque ella ayuda a criar *(to raise)* a los
nietos.

Todas las mujeres son responsables y muy trabajadoras: la abuela limpia la casa y plancha la ropa; Lolita zurce calcetines y prepara los arenques para la comida; y Lola hace las compras y, al final cuando su marido no puede decidirse, ella se va a Alemania para trabajar como sirvienta.

A *Hombres y mujeres.* Casi no hay hombres en los segmentos de esta lectura. Sin embargo, son muy importantes en la vida de estas mujeres. Basándose en los comentarios de las tres mujeres, diga quiénes eran (son) esos hombres y cómo eran (son). ¿Puede Ud. decir, en general, que esta lectura y estos comentarios le han dado a Ud. más comprensión de las relaciones entre hombres y mujeres? ¿Cuál considera Ud. más fuerte? Explique y dé ejemplos precisos.

B *Sus abuelos.* ¿Dónde viven sus abuelos? ¿En una residencia para mayores? Ya no es nuestra tradición tener a muchos parientes en la misma casa. Y nuestros jóvenes generalmente se van de casa antes que los jóvenes hispánicos. Explique a varios compañeros de clase dónde viven sus abuelos. ¿En su propia casa o en la de Ud.? ¿Ud. les hace mucho caso o...? ¿Cómo son las relaciones entre su familia y los abuelos? ¿Vive Ud. todavía con sus padres? Explique.

Gramática selecta

El reflexivo, "*Unplanned Occurrences*", verbos y preposiciones, por y para, dejar y salir

A *El reflexivo.* Complete con el pronombre reflexivo correcto. Refiérase al contexto, si es necesario.

1. Pero los hombres _____ han hecho pa eso... (14)
2. (Ella) hace que _____ va. (25)
3. Reúne...para la camisa de tu padre, que pueda presentar_____ ante el capitoste ese. (33–34)
4. ¡Y déja_____ de petardos! (34)
5. (Ella) _____ mete en la chabola. (36)
6. (Ella) _____ dispone a planchar los pantalones. (55)
7. Nacho quiere ir_____ a Alemania... (58–59)
8. ...cuando (yo) _____ casé con tu padre... (72)
9. El tres de agosto de mil novecientos cuarenta y cuatro _____ casamos tu padre y yo. (85–86)

B *«Se me ha olvidado...»* Invente siete frases, usando el reflexivo para indicar "*unplanned occurrences*".

1. él / olvidarse / ...
2. ellas / caerse / ...
3. nosotros / perderse / ...
4. ella / romperse / ...
5. ...
6. ...
7. ...

C *Verbos y preposiciones.* Complete con la preposición correcta.

1. Coge... la colilla, le da una chupada y la tira _____ su vez. (5)
2. Grita _____ la misma forma que Nacho... (41)
3. Ha dejado la ropa encima _____ la cama. (45)
4. Zúrcele los calcetines _____ tu padre. (53–54)
5. Y _____ solas cuando creía que nadie le veía. (76)
6. Estuviste _____ punto de dejarnos. (82)
7. Estoy harta _____ sufrir... (83–84)
8. Acabando _____ tender. (18)
9. Ya has vuelto _____ espiarme. (22)
10. ¡Y tú, pensando _____ comprar petardos! (32–33)
11. Termina _____ planchar la camisa... (55)
12. Se dispone _____ planchar los pantalones. (55)

D *¿Por o para?* Complete las siguientes frases con **por** o **para**.

1. _____ los buenos y _____ los malos ratos. (14)
2. _____ comprar unos petardos. (28)
3. Le señala, una _____ una, todas las prendas. (30)
4. Reúne _____ la camisa de tu padre. (33)
5. Sale corriendo _____ el fondo de la calle... (40)
6. Tú no estás _____ novios todavía. (51)

E *Dejar y salir.* Compare estos ejemplos; **dejar** requiere un objeto (complemento), pero **salir**, no. Luego, invente preguntas sobre **dejar** y **salir**, para hacer a dos compañeros.

1. ...ha dejado la ropa encima de la cama. (45)
2. Deja el plato donde estaba. (50)
3. ...tú estuviste a punto de dejarnos, hija. (82)
4. No quiero que salgas con Nacho. (88)
5. ¿A qué hora piensan salir?

F   *Traducciones. Exprese en español.*

1. He is sitting down.
2. They are getting ready to sew.
3. For whom? For you? Why?
4. When do you intend to leave?
5. How much money have you left with us?
6. Don't leave us alone!
7. Don't leave the house yet!
8. Have you just returned?

G   *Sus compras recientes.* En grupos de tres, conteste las siguientes preguntas. (Invente respuestas, si es necesario.)

1. **Ropa**: ¿Qué prenda(s) has comprado recientemente? ¿Dónde lo/la has comprado? ¿Cuánto dinero te han pedido? ¿Cuánto has pagado? ¿Cuánto habrías pagado en otra tienda? ¿El año pasado?
2. **La opinión de tu madre/padre**: ¿Qué te ha dicho sobre tu(s) compra(s)? ¿Le ha(n) gustado? ¿Se ha quejado? ¿Ha tenido otra reacción? Sabiendo su reacción de antemano, ¿lo/la habrías comprado? ¿Por qué (no)?

 Estrategias para escribir

Synthesizing Lists

The two scenes presented in this lesson are conversations between two people, the abuela and Agustinillo in I and Lola and Lolita in II. Both conversations portray minor conflicts between the two speakers, while at the same time they provide important background information on other characters and on the family's major problems. Examine, especially, Lola's long speech in II (lines 71–88). In seventeen short, dramatic sentences she sketches for her daughter the sixteen-year history of the family: the marriage, coming to live in the shanty where they currently reside, the birth of their two children, the various shortages due to a lack of money, illnesses, and, finally, the irrevocable loss of their youth . . . and their hope.

Throughout several chapters this book has provided exercises involving lists. Now it is time to synthesize a long list into a cohesive paragraph. Make a list of 12 to 15 items about your family, covering some of the same points mentioned by Lola. (Make them up, if need be.) Arrange them according to their historical chronology and write your paragraph. If possible, employ some of Lola's stylistic traits: use short sentences, try to build in intensity and seriousness so that your most important point comes near or at the end of the paragraph.

Escritura I is an ad that is, in effect, a one-sided conversation. It speaks directly to the reader and tries to persuade him or her to come to the store in question. Note how the accompanying photograph shows several people in conversation in the background while the young man in the foreground looks directly at you, as if engaging you in the conversation offered in the narrative. You will be shown how to analyze the structure of the ad and asked to create one with a similar organization.

Escritura II presents the opportunity to analyze colors, a key factor for merchants to consider as they arrange displays, since colors can influence shoppers in many subtle ways. The exercise there blends list-making and synthesis in short but provocative descriptions.

Rojo Es excitante. Se asocia con el fuego, el vigor, la actividad, el poder, la energía. Se puede traducir por alegría, risa, vitalidad. (Se debe usar con moderación.)

Azul Reservado, parece que se aleja. Es el color de la inteligencia, de la riqueza espiritual, del infinito. Suele expresar una cierta frialdad, pero también armonía, amor, fidelidad.

Verde Es el nexo entre hombre y naturaleza. Expresa generalmente juventud, deseo, vegetación, humedad, frescor, esperanza, primavera. Cuando es un verde con mucho azul, es frío. Si tiene mucho amarillo es cálido.

Escritura I

En mangas de camisa se nota la diferencia

mangas   sleeves
al menos   at least
a medida   custom-made
a que le tomemos...   so we can take (your) measurements
Elija   Select
muestrario   selection (sample)

En Mangas de Camisa se nota la diferencia

Al menos una vez al día, nos quedamos en mangas de camisa. Es entonces cuando una camisa a medida marca claramente las diferencias. Y en Mangas de Camisa entendemos mucho de diferencias. Venga a que le tomemos medidas. Con una sola vez basta. Elija entre todas las posibilidades que le ofrecemos en nuestro muestrario de otoño invierno. Y comience a notar la diferencia de vestir a medida en Mangas de Camisa.

CAMISA 3.475 Ptas.

BARCELONA Capitán Arenas, 68   ZARAGOZA C. Com. Independencia   MURCIA Avda. Libertad, 6   PAMPLONA Monasterio Urdax, 21   POZUELO DE ALARCON C. Com. Estación   BILBAO Rodríguez Arias, 23   MADRID Río Rosas, 49   VALENCIA Cirilo Amorós, 13

CAMISERIA A MEDIDA

Todas las frases de este anuncio son cortas y proceden de lo general a lo individual, de "mangas de camisa" a "Mangas de Camisa", de "nosotros" a "usted". Observe la simetría estructural de las siete frases del anuncio:

1. (a)

2. (b)

3. (c) "Y..."

4. Mensaje central: "Venga a que le tomemos medidas".

5. (a)

6. (b)

7. (c) "Y..."

El motivo que aparece varias veces en el anuncio es la "diferencia". El mensaje está claro: si Ud. compra esta camisa, se distinguirá de los demás. Ahora, elija una prenda de ropa favorita e invente un anuncio que siga las líneas generales de éste: siete frases que proceden de lo general a lo individual con el mensaje principal justamente en medio. Inténtelo más de una vez y no olvide hablar directamente al lector como si estuviesen los dos en conversación.

Escritura II

Cómo se nos dirige hacia el consumo

COMO SE NOS DIRIGE HACIA EL CONSUMO
Una planificación de los colores nos atrae o nos aleja de los productos

No cabe duda de que la disposición de los objetos dentro de unos grandes almacenes no es casual. Los estudiosos del mercado conocen cómo deben situarse en cada estantería. Saben, y el consumidor no, que cuando un producto está a mano obedece a un porqué y que cuando hay que solicitarlo también tiene su razón. Saben que de vez en cuando hay que cambiar la disposición de los mostradores y analizan los pasos que el consumidor da hasta llegar al lugar deseado. Y hasta el número de miradas —y a qué altura— realiza.

El consumidor, generalmente, no repara en estas cuestiones. Resulta interesante transcribir la impresión de los colores.

consumo   consumption

atrae   attracts

aleja   distances

no cabe duda   there is no doubt

disposición   arrangement

estantería   bookcase

consumidor   consumer

obedece   obeys

solicitar   to request

mostradores   display counters

no repara   doesn't notice

Este breve artículo viene de una revista actual que se ocupa de diversas cuestiones comerciales. Después de este párrafo inicial, el artículo ofrece análisis de las impresiones que los colores evocan en los consumidores. Esos análisis los presentamos en las últimas páginas de este capítulo. Escoja Ud. tres o cuatro colores, haga una lista de los valores o emociones que Ud. relaciona con ellos y, por fin, escriba varias frases cortas, a base de esa lista, para evocar el efecto especial de esos colores. Luego, compare sus ideas con las de sus compañeros de clase. (Y, por último, busque en el capítulo, los análisis hechos por la revista.)

Amarillo Es el color de la luz. Representa el oro, la fuerza bruta y la voluntad. Es también el color de la ira, de la envidia y de la cobardía. Puede significar risa y placer, pero también celos y egoísmo.

Violeta Misticismo, misterio. Indica ausencia de tensión, calma, autocontrol, dignidad, aristocracia. El exceso de azul en su composición lo enfría y el de rojo lo hace más cálido. Es el color más profundo y más silencioso.

Blanco Inocencia, paz, infancia, calma, armonía. Es la luz que se difunde. Es delicado y tranquilo. Sugiere afirmación categórica.

En conclusión

El tema de la muerte aparece en este capítulo por dos razones: el color negro, además de sugerir gran dignidad y formalidad, también es el símbolo tradicional de la muerte; y la abuela de *La camisa* piensa a menudo en su marido muerto (él es todavía una "presencia" viva para ella).

Los hispanos suelen tener un sentido histórico bastante más marcado que el nuestro, ya que una generación se responsabiliza por la anterior, confirmando así el valor tradicional de la familia. En la lectura de este capítulo, por ejemplo, se refiere al nacimiento de los hijos de Lola y, también, a la muerte de su padre. La

En un cementerio para niños en Costa Rica.

vida se presenta como algo continuo que va desde el nacimiento hasta la muerte. Hay que decir que los hispanos tradicionalmente aceptan la muerte mucho más directa y fácilmente que nosotros.

A *¿Qué piensa Ud. de la muerte?* (Le parece una pregunta rara, ¿no?) En grupos de tres o cuatro, explique sus experiencias personales con respecto a la muerte. ¿Se ha muerto algún pariente suyo recientemente? ¿Quién? ¿A cuántos funerales ha asistido Ud.? ¿Qué le parece lo más interesante (deprimente) de ellos? Al hablar de un muerto, ¿dice Ud. *died* o *passed away*? ¿Cuál es la diferencia entre esas dos expresiones, en su opinión?

B *La camisa "muerta".* ¿Por qué cree Ud. que al final del drama la camisa se presenta como "ahorcada"? ¿Cuál es el simbolismo de esto? ¿Hacer "morir" a la camisa es una manera de evitar la muerte de algún ser humano? En su opinión, ¿qué pasará a Juan y a su familia? Explique.

Negro Como opuesto, tristeza, duelo, luto, desesperación. Tiene también una expresión de nobleza y elegancia. Armoniza con colores cálidos. Cuando está aislado sugiere la negación categórica.

Gris Color catalogado como neutro. Combina bien con los colores cálidos. Puede expresar aburrimiento, vejez, desánimo...

Capítulo 7

¡VAMOS A COMER!

Presentación

Paella, ceviche y ...

La comida ha sido siempre muy importante en el mundo hispánico. El plato favorito de España quizá sea la paella, del Perú el ceviche°, de la Argentina la parrillada°, de Cuba los frijoles negros° y de México el mole°. La riqueza* y la variedad de la cocina hispánica es, sencillamente, increíble. [raw fish in lemon juice / grilled meats / **frijoles...:** black beans / turkey in spicy chocolate]

En la literatura hispánica de todas las épocas encontramos muchas referencias interesantes a la importancia del comer. Al principio° de *Don Quijote de la Mancha*, por ejemplo, Cervantes revela* que el viejo hidalgo° gastaba tres cuartos de su hacienda° en comida. [**Al...:** At the beginning / nobleman / income]

La lectura de este capítulo viene de *Las bicicletas son para el verano*, drama de 1982, escrito por Fernando Fernán-Gómez, actor, dramaturgo° y escritor* español. Tiene que ver con las experiencias de varias familias madrileñas durante la guerra civil española. En la escena presentada aquí, los miembros de la familia de don Luis intentan comprender por qué hay en la mesa cada vez menos° lentejas°, su alimentación° básica durante los tres largos años de la guerra (1936–1939). Es una de las escenas más interesantes y patéticas de la obra, una escena en que el buen humor de los personajes se contrasta con su creciente° desesperación*. [playwright / **cada...:** fewer and fewer / lentils / nutrition / increasing]

En *Escrituras* le damos instrucciones, con dibujos, sobre la etiqueta de comer tacos. ¡Cuidado° con ellos! También ofrecemos* consejos° sobre la táctica y estrategia de perder peso. En diversas páginas del capítulo ofrecemos una receta°, y, también, consejos sobre varios trucos* culinarios°. [Careful / advice / recipe / **trucos...:** culinary tricks]

Truco culinario 1

Añada una cucharadita de aceite al agua donde hierven los espaguetis o la pasta. Así no se le pegarán.

 Estrategias para leer

Idioms and Colloquial Expressions

As in the previous reading, this one is a scene from a recent play. Its language is modern and colloquial; it is filled with idioms. Study the following list several times before beginning the reading; knowing many of the idioms in advance will greatly facilitate your initial comprehension of this scene. They are grouped here according to common words (prepositions, negatives, verbs). Creating such groupings—even though artificial in nature—can help you learn them faster. Can you think of other groupings?

a	da	no	... + de + ...	de + ...
al mediodía	da vergüenza	no faltaba más	acabar de + *inf.*	de vez en
a propósito	se da golpes	no me importa	echar de menos	cuando
a punto de	¿qué más da?	no pasa nada		de verdad[1]
al tiempo de		no sirve para nada		

As you read, relate the following forms—nouns with their diminutive or augmentative forms, and nouns and verbs—to help you learn them all rapidly:

Sustantivos	Verbos
cuchara → cucharada	
cucharada → cucharadita	
taza → tacilla (91–92)	
sollozo (56) ————————→	sollozando (94)
trabajo (39) ————————→	trabajar

Pay special attention to the stage directions given in parentheses. They are the playwright's indications for specific movements and actions by the characters. Pick a segment for specific analysis. What emotions do the stage directions (**acotaciones**) reveal there? For example, why does don Luis raise his voice in the final lines of the scene? What is doña Dolores's state of mind as the scene closes?

Each segment of the *Lectura* is followed by questions in a shaded box, designed to focus your attention on the details you have just read. Go over them quickly once or twice; your goal is to answer them without hesitation in complete sentences. Once you have completed all segments in this manner, review the entire reading with the help of the cues given in shaded boldface to the right of the questions. The objective here is twofold: the questions have a *micro* aim since they help you master specific details, and the cues have a

1. English equivalents:

at noon	*it's shameful*	*that's all we*	*to have just*	*from time*
by the way	*he hits himself*	*needed*	*to miss*	*to time*
about to	*what's the*	*I don't care*		*truly*
at the same	*difference?*	*nothing's (going)*		
time		*wrong*		
		it's useless		

macro purpose, to help you retrieve and reconstruct the overall thrust of the reading.

Truco culinario 2

Derrita azúcar a fuego bajo o medio bajo para hacer caramelo. Si lo pone a fuego alto se le quemará y obtendrá un sabor amargo que arruinará por completo el postre.

Lectura

«Las bicicletas son para el verano»

Fernando Fernán-Gómez

I

DON LUIS.	—A propósito de alimento°, ¿planteamos° eso que me has dicho?	**A...**: With regard to food / do we state
DOÑA DOLORES.	—Me da vergüenza°, Luis.	**Me...**: It embarrasses me
DON LUIS.	—Pues no te la ha dado decírmelo a mí.	
5 DOÑA DOLORES.	—(*A Manolita y a Luis.*) Veréis, hijos, ahora que no está Julio... Y perdóname, Manolita... No sé si habréis notado que hoy casi no había lentejas.	
LUIS.	—A mí sí me ha parecido que había pocas, pero no me ha chocado°: cada vez hay menos.	**no...**: it didn't surprise me
10 DON LUIS.	—Pero hace meses que la ración que dan con la cartilla° es casi la misma. Y tu madre pone en la cacerola* la misma cantidad.* Y, como tú acabas de decir, en la sopera° cada vez hay menos.	ration book soup tureen
LUIS.	—¡Ah!	
15 MANOLITA.	—¿Y qué quieres decir, mamá? ¿Qué quieres decir con eso de que no está Julio?	
DOÑA DOLORES.	—Que como su madre entra y sale constantemente en casa, yo no sé si la pobre mujer, que está, como todos, muerta de hambre°, de vez en cuando° mete° la cuchara° en la cacerola.	**muerta...**: starving / **de...**: from time to time / sticks / (her) spoon
20 MANOLITA.	—Mamá ...	
DOÑA DOLORES.	—Hija, el hambre ... Pero, en fin°, yo lo único que quería era preguntaros. Preguntaros a todos, porque la verdad es que las lentejas desaparecen.	**en...**: in short
DON LUIS.	—Decid de verdad° lo que creáis sin miedo alguno, porque a	**de...**: frankly
25	mí no me importa nada soltarle a la pelma cuatro frescas°.	**soltarle...**: tell the old bat off

1. ¿De qué alimento hablan estos personajes?	**1.** plantear...
2. ¿Qué le da vergüenza a doña Dolores?	**2.** dar vergüenza
3. ¿Qué le ha parecido hoy a Luis? ¿Por qué no le ha chocado?	**3.** hoy casi no haber lentejas
4. ¿Qué pasa en casa ahora, a pesar de recibir la misma cantidad de lentejas como de costumbre?	**4.** no chocar
5. ¿Por qué plantean este problema precisamente ahora, cuando Julio no está en casa?	**5.** en la sopera..., en la cacerola
6. ¿Qué sospecha doña Dolores de la madre de Julio? ¿Por qué haría ella eso?	**6.** meter la cuchara
7. ¿Cuál fue lo único que quería hacer doña Dolores?	**7.** lo único...
8. ¿Qué no le importa a don Luis?	**8.** soltarle cuatro frescas...

II

MANOLITA. —Pero, papá, tendríamos que estar seguros*.

DON LUIS. —Yo creo que seguros estamos. Porque la única que entra aquí es ella. Y ya está bien que la sentemos° a la mesa todos los días... **ya...:** it's enough that we seat her

30 MANOLITA. —Pero aporta° lo de su cartilla. *she contributes*

DOÑA DOLORES. —No faltaba más°. **No...:** That's the least (she could do)

DON LUIS. —Pero nosotros tenemos lo de las cartillas y lo de los suministros° de Luisito y yo de la oficina.* (*A Manolita.*) Tú al mediodía* comes con los vales° que te han dado en el tea-35 tro... *provisions / vouchers*

MANOLITA. —Sí.

DON LUIS. —Por eso digo que la pelma se beneficia*, y si encima° mete la cuchara en la cacerola ... *on top of it (all)*

LUIS. —Mamá..., yo, uno o dos días, al volver del trabajo, he ido a 40 la cocina... tenía tanta hambre que, en lo que tú ponías la mesa°, me he comido una cucharada° de lentejas ... Pero una cucharada pequeña. **en...:** while you set the table / spoonful

DON LUIS. —¡Ah! ¿Eras tú?

DOÑA DOLORES. —¿Por qué no lo habías dicho, Luis?

45 LUIS. —Pero sólo uno o dos días, y una cucharada pequeña. No creí que se echara de menos°. **se...:** it would be missed

DOÑA DOLORES. —Tiene razón, Luis. Una sola cucharada no puede notarse. No puede ser eso.

DON LUIS. —(*A Doña Dolores.*) Y tú, al probar° las lentejas, cuando las 50 estás haciendo, ¿no te tomas otra cucharada? *tasting*

DOÑA DOLORES. —¿Eso qué tiene que ver? Tú mismo lo has dicho: tengo que probarlas ... Y lo hago con una cucharadita° de las de café.　　teaspoon

DON LUIS. —Claro, como ésas ya no sirven para nada° ...　　ya...: aren't good for anything anymore

1.	¿Por qué está seguro don Luis que la madre de Julio roba las lentejas?	1. estar seguros
2.	Pero, ¿qué aporta ella a la mesa?	2. lo de su cartilla
3.	¿Cómo come Manolita al mediodía?	3. suministros
4.	¿Qué confiesa Luis?	4. vales
5.	¿Cuándo se ha comido él una cucharada de lentejas?	5. Luis: tener tanta hambre
6.	¿Por qué no lo había dicho él?	6. no echarse de menos
7.	¿Cuántas cucharadas se toma doña Dolores al probar las lentejas?	7. doña Dolores: al probar las lentejas
8.	¿Por qué dice don Luis que las cucharaditas de café ya no sirven para nada?	8. una cucharadita de las de café

III

(*Manolita ha empezado a llorar.*)

55　DOÑA DOLORES. —¿Qué te pasa, Manolita?

MANOLITA. —(*Entre sollozos°.*) Soy yo, soy yo. No le echéis la culpa° a esa infeliz°. Soy yo ... Todos los días, antes de irme a comer ... voy a la cocina y me como una o dos cucharadas ... Sólo una o dos ..., pero nunca creí que se notase... No lo hago por
60　mí, os lo juro°, no lo hago por mí, lo hago por este hijo. Tú lo sabes, mamá, estoy seca°, estoy seca...　　sobbing / **No...**: Don't blame　harmless (woman)　　os...: I swear it (to you)　dry

DOÑA DOLORES. —(*Ha ido junto a° ella, la abraza°.*) ¡Hija, Manolita!　　junto...: next to / la...: embraces her

MANOLITA. —Y el otro día, en el restorán donde comemos con los vales, le robé* el pan al que comía a mi lado ... Y era un compa-
65　ñero, un compañero ... Menuda bronca se armó° entre el camarero* y él.　　Menuda...: Talk about the row that was started ...

DOÑA DOLORES. —¡Hija mía, hija mía!

DON LUIS. —(*Dándose golpes de pecho°.*) Mea culpa, mea culpa, mea culpa...　　de pecho...: in the chest

70　(*Los demás° le miran.*)　　Los...: The others

IV

DON LUIS. —Como soy el ser más inteligente de esta casa, prerrogativa de mi sexo y de mi edad, hace tiempo comprendí que una

1. ¿Quién ha empezado a llorar?	1. **Manolita: sollozos**
2. ¿Qué confiesa ella?	2. **"estoy seca"**
3. ¿Cuántas cucharadas come ella todos los días? ¿Para quién las come?	3. **en el restorán**
4. ¿Qué hizo el otro día en el restorán?	4. **golpes**
5. ¿Qué se armó entonces? ¿Entre quiénes?	5. **"mea culpa"**
6. ¿Quién se da golpes de pecho? ¿Y qué dice?	

75	cucharada de lentejas menos entre seis platos no podía perjudicar° a nadie. Y que, recayendo sobre mí° la mayor parte de las responsabilidades de este hogar, tenía perfecto derecho* a esta sobrealimentación°. Así, desde hace aproximadamente un mes, ya sea lo que haya° en la cacerola: lentejas, garbanzos mondos y lirondos°, arroz con chirlas° o agua con sospechas de bacalao°, yo, con la disculpa° de ir a hacer mis necesidades°, me meto en la cocina, invisible y fugaz° como Arsenio Lupin,[2] y me tomo una cucharada.	hurt / **recayendo...:** falling on me overfeeding **ya...:** whatever there may be **garbanzos...:** chickpeas pure and simple / small clams / codfish / excuse / **ir...:** to go to the toilet / fleeting
80		
	DOÑA DOLORES. —(*Escandalizada°*.) Pero... ¿no os dais cuenta de que tres cucharadas...?	shocked
85	DON LUIS. —Y la tuya, cuatro.	
	DOÑA DOLORES. —Que cuatro cucharadas...	
	DON LUIS. —Y dos de Julio y su madre.	
	DOÑA DOLORES. —¿Julio y su madre?	
90	DON LUIS. —Claro; parecen tontos, pero el hambre aguza° el ingenio°. Contabiliza° seis cucharadas. Y a veces, siete, porque Manolita se toma también la del niño.	sharpens / wits Calculate
	DOÑA DOLORES. —¡Siete cucharadas! Pero si es todo lo que pongo en la tacilla°... (*Está a punto de llorar.*) Todo lo que pongo. Si no dan más.	teacup

1. ¿Por qué habla don Luis de ser "el más inteligente de esta casa" y de la "prerrogativa" de su sexo y de su edad?	1. **"el más inteligente"**
2. ¿Por qué otra razón tenía él perfecto derecho a una sobrealimentación?	2. **"prerrogativa de mi sexo"**
3. ¿Desde hace cuándo se mete él en la cocina. ¿Bajo qué pretexto?	3. **lo que haya en la cacerola**
4. ¿Cuántas cucharadas se toma él?	4. **"mis necesidades"**
5. ¿Cuántas otras cucharadas contabilizan ellos?	5. **¡siete cucharadas!**

---

2. Detective popular de una novela española de 1930.

V

(Manolita sigue sollozando.)

95   DON LUIS.   —No lloréis, por favor, no lloréis...

           LUIS.   —Yo, papá, ya te digo, sólo...

    MANOLITA.   —*(Hablando al tiempo de Luis.)* Por este hijo, ha sido por este hijo.

    DON LUIS.   —*(Sobreponiéndose° a las voces de los otros.)* Pero, ¿qué   raising (his voice) above
100   más da°? Ya lo dice la radio: "no pasa nada". ¿Qué más da   **Qué...:** What's the difference
                  que lo comamos en la cocina o en la mesa? Nosotros somos
                  los mismos, las cucharadas son las mismas ...

    MANOLITA.   —¡Qué vergüenza, qué vergüenza!

    DON LUIS.   —No, Manolita: qué hambre.

105   DOÑA DOLORES.   —*(Desesperada.)* ¡Que llegue la paz! ¡Que llegue la paz! Si no, vamos a comernos unos a otros.

1. ¿Qué sigue haciendo Manolita?	**1.** sollozando
2. ¿Quiénes hablan al mismo tiempo?	**2.** sobreponiéndose
3. ¿Quién se sobrepone a las voces de los otros?	**3.** "no pasa nada"
4. ¿Qué explica él?	**4.** "¡Qué vergüenza!"
5. ¿Quién siente vergüenza?	**5.** Doña Dolores: "comernos unos a otros"
6. ¿Por qué quiere doña Dolores que llegue la paz?	

Aplicación

A   *Preguntas sobre los detalles.* ¿Recuerda Ud.?

1. ¿Cuál es el alimento principal de estas gentes?
2. ¿Qué es la cartilla y qué importancia tiene?
3. ¿Para qué sirvieron los vales?
4. ¿Por qué dice Manolita "estoy seca, estoy seca"?
5. Hacia el final de la escena don Luis reconoce su propia culpabilidad, pero habla irónicamente, exagerando ciertas cosas. ¿Qué cosas exagera? ¿Por qué cree Ud. que hace eso?

B   *Personajes y personalidades.*

1. Don Luis, doña Dolores, Manolita y Luis aparecen en esta escena. ¿Cómo es cada uno? Busque Ud. palabras y frases en el texto que indican diferentes

aspectos de la personalidad de cada uno. ¿Ve Ud. diferencias especiales entre jóvenes (hijos) y viejos (padres)? ¿entre mujeres y hombres? ¿Quién es agresivo? ¿compasivo? ¿Quién llora? ¿Quién tiene vergüenza? ¿Por qué? ¿Por qué se preocupa Manolita especialmente?

2. Doña Antonia, la suegra de Manolita, es mencionada aquí, pero ella no entra en escena. ¿Qué piensan los otros de ella? ¿Quién la critica, en general? ¿Quién la defiende? ¿Por qué?

C *Temas.* Comente los siguientes temas a base de las preguntas dadas.

1. *El hambre:* ¿Por qué existe? ¿Qué se hace en general para evitarla? ¿Qué se hace en esta casa?

2. *La guerra:* ¿Cuáles son sus efectos físicos y psicológicos en la gente? ¿Qué quiere decir al final doña Dolores cuando grita "¡Que llegue la paz! ¡Que llegue la paz! Si no, vamos a comernos unos a otros"?

3. *La familia:* Esta escena es una de las más patéticas de todo el drama. ¿Por qué cree Ud. eso? ¿Qué muestra esta escena de las relaciones entre los miembros de esta familia?

NUTRICION

Un alimento alto en grasas es también alto en calorías. Si quiere cuidar su dieta es importante que al hacer la compra revise las etiquetas de los productos para saber el número de calorías que le aportarán y para evitar aquellos que contienen grasas saturadas como el aceite de coco, aceite de palma, manteca, grasa de res, manteca vegetal hidrogenada, mantequilla, crema o mantequilla de cocoa.

◆ Las vitaminas de las frutas se concentran en la piel, en las semillas y en las raíces. Así que, siempre que pueda cómalas con piel y todo.

◆ Cocinar los alimentos reduce sus vitaminas. Utilice el agua de la cocción para hacer sopas o para agregar a otros platos, de esta forma estará aprovechando al máximo todas las vitaminas.

Nutrición

1. ¿Qué alimento es alto en calorías?
2. ¿Qué es importante hacer al comprar la comida?
3. ¿Qué alimentos contienen muchas grasas saturadas?
4. ¿Por qué es importante comer la piel de las frutas, siempre que sea posible?
5. ¿Por qué es mejor comer alimentos crudos que cocinados?

D *Dramatizaciones.* En grupos de tres o cuatro, escoja una de las selecciones (I–V) y dramatícela. ¿Hay tiempo para presentársela a la clase? Después, podría inventar preguntas para hacer a los compañeros.

E *Los efectos del hambre.* ¿Ha pasado Ud. hambre alguna vez? ¿Cómo nos afecta el hambre? Presente un breve discurso (*speech*) o diálogo (con otro compañero o compañera) en que explica(n) sus efectos. Considere las siguientes ideas: lo secreto (lo que hacemos a escondidas); diversos conflictos; nuestras varias emociones. ¿Qué más puede Ud. decir?

Repaso de vocabulario

A *Vocabulario activo.* Haga una lista de palabras activas a base de estas categorías: (1) lo que comemos, (2) los instrumentos con los que comemos, (3) las reacciones emocionales que sentimos, y (4) los insultos que les damos a otros.

B *Descripciones.* Describa lo que pasa en estos dibujos.

C *Repaso de modismos.* Invente frases originales para las siguientes expresiones.

1. a punto de   4. a la vez   7. la mayor parte
2. echar de menos   5. de verdad   8. a propósito de
3. echar la culpa   6. en fin

D *Preposiciones.* Complete las expresiones con la preposición más apropiada.

1. de vez _____ cuando   6. a punto _____
2. echar _____ menos   7. _____ verdad
3. tiene que ver _____   8. _____ fin
4. no sirve _____ nada   9. junto _____
5. _____ propósito   10. _____ veces

E *Exprese en español.*

1. I don't care.
2. What's the difference?
3. It caused me much embarrassment.
4. By the way, that's all we needed!
5. Nothing's wrong.

F *Preguntas personales.* Conteste las preguntas usando estos modismos.

1. ¿Se da golpes? ¿Cuándo?
2. ¿A quién echa de menos?
3. ¿Qué le da vergüenza?
4. ¿Cómo saluda a los amigos? ¿Los abraza?
5. ¿Qué es lo que más le importa ahora? ¿Por qué?
6. ¿Qué mete Ud. en una sopera?
7. ¿Ha robado Ud. algo alguna vez? Explique.
8. ¿Para qué sirven las disculpas?
9. ¿Le gustan la mayor parte de sus clases? ¿Por qué (no)?

Truco culinario 3

Utilice un tenedor para revolver el arroz recién cocinado. Si emplea una cuchara no quedará tan suelto y desgranado.

Truco culinario 4

Para eliminar de sus manos el fuerte olor de la cebolla y el ajo, fróteselas enérgicamente con una mezcla de jugo de limón (o vinagre) y sal; lávelas luego con agua y jabón y ya está.

 # Contrastes culturales

La variedad culinaria

Hay una gran variedad culinaria en el mundo hispánico. En Uruguay y Argentina la carne de res (*beef*) es famosa. En el Perú, el Caribe y España se come muchísimo pescado. Y, claro está, las frutas y las vegetales son populares en muchos países hispánicos, por encontrarse éstos en el trópico. Las piñas de México, las papayas de Colombia y los mangos de Nicaragua. ¡Qué maravilla! ¡Y los melones y naranjas de España!

Hoy en día, sin embargo, las costumbres cambian y la dieta de muchos jóvenes va pareciéndose cada vez más a la norteamericana. Lea, por ejemplo, este breve artículo sacado de una revista española:

Piñas, plátanos y otras frutas tropicales, de venta en Puerto Rico.

A *¿Qué come Ud.?* En grupos de tres, describa el desayuno, el almuerzo y la cena que Ud. toma normalmente. ¿Busca Ud. siempre un balance en lo que come? ¿Cuáles son sus frutas y vegetales favoritas? ¿Prefiere comer pescado o carne? ¿Qué carne? ¿Le gustan las lentejas? ¿Las ha probado alguna vez? ¿Se considera vegetariano/a?

B *La comida rápida.* ¿Le gustan las hamburguesas y los helados? (¡Contienen mucha grasa!) ¿Y la pizza? ¿Cómo se explica la presencia en este país de tantas personas gordas (pero realmente gordas)? No es así en otros países.

ALIMENTACION Y COLESTEROL

● *La elevación del colesterol en los jóvenes es debida en gran parte a los modernos hábitos alimenticios implantados por la comida americana que potencian las multinacionales: hamburguesas, «hot-dogs», madalenas, golosinas, helados, sopicaldos...*

ESTO TE AYUDA		ESTO NO
Respetar todas las comidas, y seguir un horario regular.	**1**	Saltarte las comidas (tendrás más hambre y acabarás comiendo más).
Beber agua.	**2**	El alcohol.
Comer despacio y masticando bien.	**3**	La ansiedad.
Respirar y relajarte antes de empezar a comer.	**4**	Los nervios, el stress.
El deporte. El ejercicio.	**5**	Las confortables sillas de oficina.
La continuidad, los sistemas progresivos.	**6**	La impaciencia, los métodos drásticos.
Controlar lo que comes en situaciones de compromiso (ya sabes: no pan, no fritos...)	**7**	Los menús hipercalóricos.
Hacer vida normal.	**8**	Cambiar tu vida a causa de tu dieta.

La Comida rápida se encuentra ahora en muchos países. Se vende esta hamburguesa en Madrid (España).

Adelgazar

Lea las dos columnas (lo que te ayuda y lo que no). Luego, organice los ocho consejos de cada columna en orden (de 1 a 8) de importancia. Es decir, de todos los consejos positivos, ¿cuáles son los mejores? Y, de los negativos, ¿cuáles son los peores? Escriba una justificación de su organización personal, para presentar a la clase.

Gramática selecta

El futuro, el condicional, *ir a* + infinitivo, la construcción con *se*

A *Del presente al futuro.* Cambie los verbos indicados al futuro.

1. ¿*Planteamos* eso que me has dicho?
2. Me *da* vergüenza, Luis.
3. *Veis*, hijos, ahora que no está Julio ...
4. No sé si *habéis* notado que hoy casi no había lentejas.
5. Y tu madre *pone* en la cacerola la misma cantidad.
6. Su madre *entra* y *sale* constantemente en casa ...
7. No me *importa* nada soltarle a la pelma cuatro frescas.
8. Pero *aporta* lo de su cartilla.
9. Una sola cucharada no *puede* notarse.
10. ¿Eso qué *tiene* que ver?

B *En resumen.* Las frases del ejercicio A constituyen, en parte, un resumen de la lectura. ¿Podrá Ud. explicar tres o cuatro frases de ese resumen, usando el futuro?

C *Del pasado al condicional.* Cambie los verbos indicados al condicional.

1. Pero, papá, *teníamos* que estar seguros ...
2. No *faltaba* más.
3. ...le *robé* el pan al que comía a mi lado ...
4. Comprendí que una cucharada de lentejas menos ... no *podía* perjudicar a nadie.
5. *Tenía* perfecto derecho a esta sobrealimentación.

Ahora, cambie los verbos en plural al singular y vice versa.

D *El futuro en el presente.* A veces un verbo en el presente puede expresar un futuro inmediato. Exprese estas frases en español, de memoria, usando el presente del infinitivo dado. (Se dan entre paréntesis las líneas de la lectura donde se encuentran estas frases, si Ud. necesita referirse al contexto.)

1. (plantear) *Shall we state what you've told me?* (1–2)
2. (importar) *It won't matter to me to tell the old bat off.* (25)
3. (decir) *For that reason I'll say that the old bat is benefiting herself...* (37)
4. (no poder) *Only one spoonful won't (can't) be noticed.* (47)

5. (meterse) *With the excuse of taking care of my personal needs, I'll go to the kitchen...* (79–80)

Ahora, dé los verbos anteriores en el futuro o el condicional.

E **Ir a + *infinitivo*.** Practique con estas frases y los sujetos indicados.

1. Antes de irme a comer... (nosotros / Uds. / él)

2. Voy a sentarme aquí. (vosotras / Ud. / tú)

3. Vamos a comer ahora. (yo / tú / ellas)

F *Repaso del reflexivo.* Estudie las siguientes frases, sacadas de la lectura, para repasar los usos diferentes de la construcción reflexiva. A veces un pronombre reflexivo subraya la importancia especial que cierta acción tiene para la persona que habla. Invente frases similares que revelen acciones importantes para Ud.

1. ... me he comido una cucharada de lentejas ... (41)
   ...I ate (up) a tablespoonful of lentils...

2. ¿... no te tomas otra cucharada? (50)
   ...don't you take (for yourself) another tablespoonful?

3. ... porque Manolita se toma también la del niño. (89–90)
   ...because Manolita also takes (for herself) that (the spoonful) of the child.

G *La construcción con* **se.** A veces el uso de **se** indica la voz pasiva. Exprese las siguientes frases en inglés, refiriéndose, si es necesario, al contexto.

1. No creí que se echara de menos. (45–46)

2. Una sola cucharada no puede notarse. (47)

3. ... pero nunca creí que se notase... (59)

¿Sabe Ud. inventar frases que incluyan las siguientes ideas?

4. *can't / be understood*

5. *shouldn't / be eaten*

6. *not / be done*

7. *never / be cooked*

Truco culinario 5

El sabor de las especias como el ajo y la cebolla aumenta si se cortan finamente y disminuye a medida que aumenta el grado de cocción.

Estrategias para escribir

Analyzing Character Motives

This reading shows the process of searching for and arriving at the truth. It begins with a basic question—why are there increasingly fewer lentils? Suspicions are expressed and deductions made until the characters confess, one by one, that each is responsible. Their emotions run the gamut: surprise is replaced by indignation, if not anger, and finally gives way to embarrassment, guilt, and desperation.

The thematic importance of this process is that self-revelation leads to group revelation and, as a result, the family is more united than ever. There is despair among them but there is also strength through communication. Finally, the good of the group is balanced with the needs of the individual. In this sense, this family becomes a metaphor of the larger society.

The previous paragraphs offer a general analysis of this scene. The following questions are designed to help you analyze individual characters. Select a character, create your own questions (selecting some from the following), formulate answers that pinpoint motives, and order your responses in a logical, coherent paragraph.

Character questions:

1. Who was suspicious first? Why? Who started the questioning? Why?
2. Who questions the motives for accusing doña Antonia? Why? Who is ironic? Aggressive? Compassionate?
3. Who seeks to lay blame? Who jumps to conclusions? Who begins to cry? Who is especially forgiving?
4. Who openly admits his/her faults? Is there a difference between men and women?
5. Who seems to be the family's main spokesperson? Is this important? Who pieces the deductions together one by one?
6. Who reconciles everyone at the end? How? What desperate hope is expressed then? By whom?

In *Escritura I* you will be asked to apply this method to analyze your own friends and relatives.

Truco culinario 6

El arroz cocinado se congela bien y puede aprovecharse. Se descongela dejándolo una hora a temperatura ambiente o calentándolo ligeramente.

Gazpacho

Mezcle los siguientes ingredientes—todos en pedazos pequeños—en una licuadora eléctrica; luego, páselos por un colador; sirva el líquido muy frío con pedacitos de tomate, pepinos (*cucumbers*), pimiento y pan tostado.

3 tazas de tomates
1½ tazas de pepinos
1 pimiento verde
1 diente de ajo
½ taza de agua
5 cucharadas de aceite de oliva
¼ taza de vino en vinagre
un poco de sal
2 pedazos de pan

Para seis personas

Escritura I

Táctica y estrategia de la pérdida de peso

grasa fat
verduras green vegetables (Spain)
aderezos seasonings
bocadillos snacks, sandwiches
tentempiés snacks
a la parrilla grilled
al vapor steamed
derretir to melt
toronja grapefruit
ayunos fasts
a largo plazo in the long term
cera wax
almidones starches

Táctica y Estrategia de la Pérdida de Peso

Es mejor que

• Coma despacio.
• Evite tentaciones. Saque los alimentos de alto contenido calórico del refrigerador y de la despensa. Tenga en casa únicamente lo que se propone comer en su dieta.
• Coma menos grasa. Use azúcares naturales de granos, frutas y verduras.
• Coma menos helado, queso, aderezos para ensaladas y aceites.

• Evite los bocadillos o tentenpiés de paquete, las galletas y los postres con alto contenido en grasas.
• Use utensilios de teflón.
• Prepare las carnes al horno o a la parrilla, y las verduras al vapor, en lugar de freírlas en grasa o aceite.

Cuidado con

• Las píldoras o productos que prometen "derretir la grasa".
• Las píldoras que quitan el apetito

• Coma productos lácteos desgrasados ("skim milk" en vez de leche entera).
• Haga ejercicio regularmente.
• Busque hacer actividades divertidas que no incluyan el comer (deportes, cultivar el jardín, etc).
• Acuda a terapia individual o de grupo si tiene dificultad para mantener su peso.

• Las dietas que "matan de hambre". No se pueden seguir indefinidamente. (Como el caballo de Napoleón que se acostumbró a no

(tienen efectos indeseables y cuanto más se usan menos eficaces son).
• Los suplementos de fibra.
• Cualquier plan que prometa "quemar la grasa".
• Las dietas o píldoras de toronja.

comer, y se murió).
• Ayunos de más de tres días son peligrosos; los de menos tiempo no son efectivos a largo plazo.
• Los tratamientos en donde cubren el cuerpo con cera y otros materiales.
• Los estimulantes musculares.
• Los substitutos de azúcar (y el azúcar). No promueven la pérdida de peso a menos que se acompañen de una dieta baja en calorías.
• Los panes, papas, pastas, cereales y harinas en general. Los almidones en cantidades razonables son parte de una dieta balanceada.

Primero, examine las tácticas y estrategias. Luego, analice a un pariente suyo que sigue algunas de estas tácticas. ¿Cuáles? ¿Las sigue siempre? ¿Qué efecto han tenido? ¿Qué revela todo esto de ese pariente? Escriba un análisis de su personalidad en un párrafo.

Escritura II

La etiqueta del taco

se desarmen   come undone
manchas   stains
relleno   filling
doble   fold
sobrepóngale   overlap (the left one on it)

El taco es una comida muy importante en México y en los Estados Unidos. Se consumen millones de ellos todos los días. Estudie los siguientes dibujos y aprenda las instrucciones. Luego, escriba las instrucciones (de 1 á 5) para comer una comida favorita suya (la hamburguesa, el hotdog, etc.) y preséntelas en clase.

La etiqueta del taco

El arte de comer tacos es tan importante como el de hacerlos. Evite que se desarmen, y que las manchas le arruinen esta deliciosa experiencia

por Regina Córdova

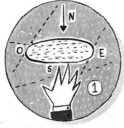

Extienda bien la tortilla sobre la mano izquierda

Distribuya bien el relleno con la mano derecha, sin llenarla demasiado

Doble primero el borde derecho por el medio y sobrepóngale el izquierdo

Asegúrese de que el lado más delgado de la tortilla está para arriba

Tome el taco entre los dedos y elévelo un poco para que no se salga la salsa

Inclínese hacia adelante, extendiendo la mano más allá de los hombros

En conclusión

A   *La cocina azteca.* Lea el párrafo de un artículo sobre la cocina (*cuisine*) azteca y conteste las preguntas.

pato   duck

langostino   crayfish, prawns

hongos de maíz   corn mushrooms

hormigas   ants

escarabajos   beetles

colas   tails

crudos   raw

fondas   inns

gusanos   worms

LA COCINA AZTECA

ESCARABAJOS Y OTRAS DELICIAS

La cocina azteca está haciendo furor en el México moderno. Ya no es solamente el siempre popular pato salvaje y langostinos, sino también hongos de maíz, hormigas y escarabajos fritos en miel, colas y huevos crudos de iguana.

Tantos los restaurantes caros como las fondas baratas ofrecen tales platos a precios siempre altos.

El encargado del comedor en el restaurante Bellinghausen, en la elegante Zona Rosa de la capital, se llama a sí mismo don Celsio y asegura que la tendencia a los platos aztecas comenzó hace unos 20 años. Su establecimiento vende un plato de gusanos de palo de maguey, fritos, con salsa de guacamole, por $31.

¿Por qué la gente quiere comer tales platos? "Supuestamente contienen muchas vitaminas, o tal cosa, o tal otra...", dice don Celsio, "pero sobre todo, se supone que este plato sea un potente afrodisíaco. Todo es una tontería", agrega.

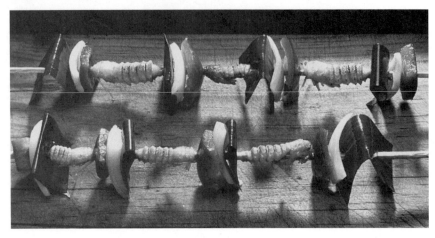

¿La cocina azteca? Estas "Brochetas Karikai" ofrecen mucha proteína.

1. ¿Le gustaría a Ud. comer hormigas y escarabajos fritos en miel? ¿Y huevos de iguana crudos? ¿Por qué no?

2. ¿Por qué cree Ud. que los aztecas comían tales cosas?

3. ¿Por qué las come la gente moderna?

4. ¿Por qué cree Ud. que estos platos son tan caros?

5. ¿Qué comida "diferente" conoce Ud.? Describa cómo es.

B *La comida de la semana.* Haga una lista, para los siete días de la semana, de lo que Ud. come. Incluya el costo de cada comida para calcular el costo total. Después, haga un análisis escrito de esas comidas. ¿Son saludables? ¿Contienen demasiado colesterol? ¿Grasas? ¿Cuántas frutas y vegetales come Ud. a la semana? Haga también un análisis de sus costos. ¿Cuántas partes de su salario consume la comida?

Capítulo 8

EL CAMPO

Presentación

El Niño y los caballos

Tierra, aire, agua, y fuego—los cuatro elementos tradicionales que forman la base de...todo. Es el "campo" en el sentido más amplio° de la palabra. Hoy día este "campo" tiene una importancia especial, ya que° nos damos cuenta cada vez más de la necesidad de cuidar bien todo lo que nos rodea°, es decir, la tierra, el aire, el agua y el fuego.

La *Lectura I* tiene que ver con El Niño, ese fenómeno natural del calentamiento° de las aguas del Pacífico, frente a° las costas del Perú. Se cree que es una de las principales causas del aumento* de temperaturas registradas* globalmente por el llamado efecto invernadero°.

La *Lectura II* es un ensayo sobre los caballos. Siempre han tenido un lugar muy importante en la cultura española. Numerosas pinturas prehistóricas del caballo aparecen en cuevas de la Península Ibérica. Fueron los españoles quienes introdujeron* el caballo en el Nuevo Mundo. Y todavía hoy los hermosos caballos de Andalucía impresionan* por su belleza y su calidad. No debemos olvidar tampoco los dos famosos caballos de la literatura española: Babieca, el gran caballo del Cid (el héroe épico español), y Rocinante, el igualmente famoso —aunque no tan fuerte— caballo de don Quijote de la Mancha.

más...: widest
ya...: since
surrounds

warning / facing

efecto...: greenhouse effect

Bisontes, ciervos y caballos pintados en la Cueva de Altamira (España) hace unos 14.000 años.

Los caballos tienen fama de poder presentir° eventos* peligrosos del futuro. Hace poco en California, por ejemplo, un caballo pareció presentir un inminente terremoto°.

En *Escrituras* ofrecemos una representación gráfica para explicar los intercambios° atmosféricos, y, también, un poema que relaciona los cuatro elementos con el ser humano.

Y en las diversas páginas de este capítulo presentamos descripciones de los principales problemas ecológicos de nuestra época y de las posibles soluciones.

foretel
l
earthquake

exchanges

Estrategias para leer

Reading a Newspaper

Newspaper writing, as shown in *Lectura I*, has a very rigid style and structure. Important information is repeated several times. For example, this article has two long, descriptive titles and an initial paragraph in boldface that summarizes the basic information of the article. Some readers, satisfied with the essentials, will discontinue reading at this point. For those who continue, there is substantial repetition throughout the article since each paragraph tends to be somewhat autonomous. Such an arrangement allows an editor to omit a final paragraph or two if the article is too long. This repetition is an advantage for students since it reinforces concepts and constructions more than once. For this reason, it is important to read beyond a difficult word before looking it up. In contrast to our format here, newspaper articles generally appear in narrow columns.

To guess the meanings of as many new words as possible in a reading, it is important to get an overall grasp of an article quickly. To achieve this, first examine its complete context with accompanying photos, drawings, titles, and subtitles. Note that the title of *Lectura II* is built on a simile. Now read the first couple of lines of each paragraph. This will provide you a good preliminary appreciation of the content.

A: "¿Qué pasa que la gente anda tan nerviosa?" (*the basic question*)

B: "Hay en el aire ... algo parecido a lo que ocurre en los establos ..." (*introduction of the animal simile*)

C: "¿Y qué sentido ...?" (*human application of the simile*) Continue to the end of the second reading.

Now read each paragraph, to flesh out your first impressions; fix them in your mind by focusing on the key phrases highlighted in boldface. Complete the unfinished phrases at the bottom of the page; then go over the highlighted phrases several times for review.

Don Quijote y Sancho en la Plaza de España, en Madrid (España). Está cansado Rocinante, ¿no?

Lectura I

"El Niño" hizo que los ochenta registraran los años más calurosos° del siglo (Esta cálida° corriente° marina puede ser una de las causas del "efecto invernadero°.")

hottest / hot / current

greenhouse effect

Caridad Reixa

A   Científicos británicos han coincidido en señalar a "El Niño", nombre con que se denomina al **fenómeno natural** del calentamiento de las aguas del Pacífico, frente a las costas del Perú, como **una de las principales causas** del aumento de temperaturas registrados globalmente por el llamado° efecto inver-
5 nadero ...

so-called

B   **En los ochenta se registraron** las temperaturas más altas desde el siglo XIX, momento en que se comenzó a registrar y a medir° los cambios de temperatura anuales a nivel global. Así, seis de los diez años más calurosos de todo un siglo han ocurrido en la década* recién* terminada. Según las comparaciones
10 establecidas en un estudio presentado ayer por un equipo° de investigadores° de la oficina meteorológica de la Universidad de East Anglo, en Londres, **1988 fue el año** más caluroso a nivel global de todos los que existen en récord.

to measure

team / researchers

C   Las mismas cifras° también demuestran que en los últimos veinte años **la temperatura global del mundo** ha aumentado en una media° de 0, 23 grados°
15 centígrados. Aunque todos los científicos parecen estar de acuerdo en que **la actividad humana** es altamente responsable de este calentamiento progresivo en la Tierra que comenzó con un crecimiento° moderado a principios de° este siglo, se ha comprobado° ahora que el fenómeno de El Niño incide° directa y mayoritariamente° en el calentamiento de la Tierra o el efecto invernadero.

numbers
mean / degrees

growth / at the beginning of
it has been proved / relates to / principally

D   Según expuso° David Parker, científico de la oficina meteorológica inglesa,
20 el fenómeno natural que produce el calentamiento de las aguas del Pacífico occidental, y al que **los pescadores° de Perú** pusieron el nombre de El Niño ya que este fenómeno ocurre irregularmente alrededor de° la época de Navidades°, ha coincidido con los años en que se han registrado las temperaturas más altas.

expounded (stated)

fishermen
around / Christmas

E   El mismo científico añadió* que, pese a que° este fenómeno era conocido
25 desde hace varios siglos, sólo ha sido en la última década cuando los científicos han comenzado a tomarlo en serio°.

pese...: despite the fact that

tomarlo...: to take it seriously

---

1. El fenómeno natural del ...
2. Una de las principales causas del ...
3. En los ochenta se registraron ...
4. 1988 fue el año ...
5. La temperatura global del mundo ...
6. La actividad humana es ...
7. Los pescadores de Perú ...

F De acuerdo con° el mismo científico, El Niño ocurre cuando la combinación del viento y del océano, concertados° de manera todavía desconocida° para los científicos, ocasiona° **un rápido aumento** de las aguas en esta zona del Pacífico.

De...: In agreement with
harmonized / unknown
causes

G Los años 1983, 1987 y 1988 fueron los más calurosos registrados en más de un siglo, y **estos años coincidieron*** en las fechas° en que se produjo° el fenómeno de El Niño también con las lluvias y vientos torrenciales en los trópicos y la sequía° sufrida en Australia durante esta misma década. Pese a que los efectos de El Niño no son muy regulares y no tienen consecuencia directa con Europa, este estudio confirma que se sabe que **El Niño añade°** calor a toda la superficie del mundo.

dates / was produced
drought
adds

H Los responsables de este estudio también advirtieron° que **los cambios en las temperaturas globales** no se dan° ni en la misma forma ni en densidad en todas las áreas del globo, y mientras que en una zona se registra un aumento de la temperatura, este hecho° no significa que todas las áreas registren el mismo cambio. Así, de acuerdo con el mapa de temperaturas preparado por este grupo de investigación, se demuestra que mientras más de la mitad° del planeta, incluyendo Europa, se ha mantenido más o menos con un cuarto de grado de variación con las mismas temperaturas que en 1950, **en grandes áreas del Amazonas,** por el contrario°, la temperatura media ha descendido en más de medio grado en el mismo período de tiempo.

warned
no...: aren't produced
fact
más...: more than half
por...: on the contrary

I **El mismo equipo de científicos señala** en el informe° recientemente publicado que todavía no se pueden predecir° los nuevos climas que se derivarán° del general aumento de la temperatura que se está registrando en la superficie global, ya que **el mismo proceso de calentamiento distorsiona°** los patrones de circulación que se siguen en la atmósfera y en los océanos, parámetros que juegan un papel° fundamental en la determinación de los climas locales.

report
predict / **se...:** will derive
distorts
role

Ya, 15 de enero de 1990, pág. 18.

1. Un rápido aumento de ...
2. Estos años coincidieron en ...
3. El Niño añade ...
4. Los cambios en las temperaturas globales ...
5. En grandes áreas del Amazonas ...
6. El mismo grupo de científicos señala ...
7. El mismo proceso de calentamiento distorsiona ...

DEL FUEGO Y DE LA TIERRA EMERGE, PARA TI, AGUA... Y UN SOPLO DE AIRE

VICHY CATALAN
Quien la prueba, la distingue.

Se calcula que en cuarenta años volverá a doblarse la población mundial, hasta alcanzar los 11.000 millones de personas. La producción de bienes tendrá que ajustarse a ese mercado.

La mayoría de la población joven estará situada en los países en vías de desarrollo, donde la presión por destruir los recursos naturales será fuerte. La eliminación de esos recursos retrasará el desarrollo económico, ampliando la distancia entre los países ricos y los pobres.

El 25 por ciento de la población mundial vive en los países industrializados y consume el 70 por ciento de los recursos del planeta. A medida que las naciones desarrolladas aceleren su crecimiento económico, la demanda de recursos se dispara aún más.

Aplicación

A   *Preguntas rápidas.* Conteste según los diferentes párrafos.

A: ¿Qué es El Niño? ¿Dónde ocurre? ¿Qué ha causado?

B: ¿Qué se registraron en los ochenta? ¿Qué importancia tuvo 1988?

C: ¿Qué demuestran las mismas cifras en cuanto a los últimos veinte años? ¿Qué es altamente responsable de este calentamiento progresivo? ¿Qué se ha comprobado recientemente?

D: ¿Quiénes le pusieron el nombre al fenómeno natural que produce este calentamiento? ¿Por qué? ¿Con qué ha coincidido El Niño?

E: ¿Desde cuándo era conocido este fenómeno? ¿Cuándo han comenzado a tomarlo en serio los científicos?

F: ¿Cuándo ocurre El Niño? ¿Se sabe por qué se conciertan el viento y el océano?

G: ¿Por qué son importantes los años 1983, 1987 y 1988? ¿Qué otros fenómenos naturales parecen estar relacionados con El Niño? ¿Son regulares los efectos de El Niño? En general, ¿qué añade El Niño a la superficie del mundo?

H: ¿Se dan los cambios en las temperaturas globales en la misma forma y densidad en todas las áreas del globo? ¿Cómo se ha mantenido Europa en este respecto? ¿Y grandes áreas del Amazonas?

I: ¿Se pueden predecir los nuevos climas que se derivarán del general aumento de la temperatura? ¿Por qué no?

B *Definiciones.* Defina los siguientes términos en español (o describa sus efectos o actividades).

1. pescadores   **3.** lluvias torrenciales   **5.** sequía
2. Navidades   **4.** a nivel global

C *Preguntas históricas y geográficas.*

1. ¿Qué importancia tiene, históricamente, la década de los ochenta?

2. ¿Cómo ha cambiado la temperatura global en los últimos veinte años? ¿Causas? ¿Efectos?

3. ¿Desde cuándo era conocido el fenómeno llamado El Niño? ¿Cuándo han empezado a tomarlo en serio los científicos?

4. En los años en que se produjo El Niño, ¿qué tiempo hizo en los trópicos? ¿En Australia, durante la misma época?

5. ¿Qué añade El Niño a toda la superficie del mundo?

6. A base del mapa de temperaturas, ¿cómo se comparan las temperaturas actuales de diferentes partes del planeta con las de 1950?

D *Comentarios en síntesis.* En grupos de tres, presente comentarios para explicar, en detalle, los siguientes temas o fenómenos.

1. el efecto invernadero
2. El Niño
3. ¿Qué podemos hacer nosotros para disminuir el efecto invernadero? Prepare una lista de acciones posibles, a nivel personal y global.

Repaso de vocabulario

A *Vocabulario activo.* Invente una lista de palabras activas a base de las siguientes categorías: (1) palabras que quieren decir *calor*, (2) diversos fenómenos meteorológicos, (3) palabras relacionadas con el paso del tiempo.

B *¿Qué muestra un ...*

1. termómetro?   **2.** barómetro?   **3.** calendario?

C *Antónimos.*

1. esconder   **3.** desconectar   **5.** omitir
2. ascender   **4.** disminuir   **6.** dudar

D *Exprese en español*. (Dos palabras por cada término.)

1. increase _____   _____

2. hot _____   _____

3. half _____   _____

E *Centígrados y Fahrenheit.* Aprenda el siguiente dibujo y complete las correspondencias que se dan a continuación:

Fahrenheit: 34, 61, 104, −10

Centígrados: −5, 33, 12, 28

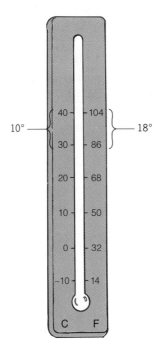

El Gobierno de Estados Unidos pide periódicamente a todas las industrias los niveles de sus vertidos contaminantes al agua, al aire y al subsuelo. Un par de veces al año, el Ejecutivo hace públicas esas listas para el que quiera consultarlas. Las empresas que no resultan bien paradas tienen un coste considerable en imagen...y en ventas.

Lectura II

«Como animales ante la tormenta°»   storm

JOSÉ LUIS MARTÍN DESCALZO

A   ¿Qué pasa que la gente anda tan nerviosa? ¿Qué le ocurre al hombre del siglo
XX que parece estar comido por un remusguillo° que no le deja ser feliz, que le   foreboding
vuelve° inquieto e impaciente? Y no me estoy refiriendo a esas cortas alteraciones   makes (him)
que nos produce tal o cual hecho, a esa especie° de temblor° colectivo que nos   kind / tremor
5   sacude a todos ante un asesinato, ante una catástrofe. Hablo de algo más ancho,
de una especie de malestar° colectivo que hace que los hombres de nuestra   uneasiness
generación tengamos siempre los nervios afilados°, con la extraña sensación de   sharpened
que algo no funciona, pero sin saber muy bien qué es lo que no funciona.

B   Hay en el aire, efectivamente, algo parecido a lo que ocurre en los establos
10   cuando se aproxima* una tormenta: los caballos bufan° y relinchan°, agitan°   snort / whinney / shake
nerviosos sus colas°, golpean° con sus cascos° el suelo, presienten que algo va   tails / strike / hooves
a ocurrir, tal vez un enemigo, quizá un peligro para ellos y, para defenderse y
alejarlo°, sacuden sus crines°, giran° bruscamente sus cuellos, hacen temblar°   distance it / mane / turn / tremble
sus lomos°.   flanks

15   C   ¿Y qué sentido tiene esta ciega° expectación de la humanidad? ¿Hay, real-   blind
mente, un peligro acechándonos°?   stalking us

D   Me obliga a plantearme todas estas preguntas un texto que acabo de leer de
Jean Guitton y que, no sé muy bien por qué, me parece que tiene algo de
profético. Hélo aquí°:   **Hélo...:** Here it is
20   "Lo mismo que animales antes de la tormenta, es decir, de una manera
confusa, estamos notando que la humanidad no resistirá mucho tiempo sobre el
camino que ahora lleva, que corre el riesgo° de ser destruida por su propio   risk
progreso. Ha llegado la hora de cambiar. Ni el súper-armamento atómico, ni el
desenfreno° erótico, podrán mantener el ritmo actual durante mucho tiempo.   wantonness
25   Acabarán por poner en evidencia, con esa deslumbrante° claridad que propor-   brilliant
ciona° el abismo, la necesidad de elegir° entre la nada° y el ser; agotarse° a   provides / choosing / nothingness / exhaust
través del sexo y la droga o redescubrir el amor."

E   Pido al lector que tome absolutamente en serio las líneas que acaba de leer.
Lo más dramático de todos los cambios históricos es que quienes los vivieron no
30   lograron enterarse de ellos. La historia puede girar° bajo nuestras plantas° mien-   turn / feet
tras seguimos dormidos. Y hoy, efectivamente, asistimos a un giro°, a un cambio   turn
de civilización que está poniendo en juego todos nuestros valores.

F   Por de pronto° uno de los grandes factores a los que aludía° Guitton está ya   **Por...:** Suddenly / alluded
en su agonía. Hoy no hay un solo ser humano serio que siga creyendo que el
35   súper-armamento atómico es la base para la paz. Por fortuna las grandes poten-
cias° (con miedos, con vacilaciones°, con tartamudeos°) empiezan a reconocer   powers / hesitations / stammerings

que ése era un camino equivocado°. Si el hombre del siglo XXI tiene un poco de suerte, su mundo no conocerá ya (al menos en las dimensiones actuales) esa locura°.

° mistaken

° madness

40 G   No es tan seguro que el mundo haya descubierto° ya hasta qué punto está y ha estado destruyéndonos, pero por dentro, esa otra doble fuerza atómica del erotismo combinado con la droga. El siglo XX, que hubiera podido tener la fortuna de entender todo lo positivo del erotismo como forma de expresión de amor, ha invertido° frívolamente las cartas dejando al erotismo como centro de 45 todo, como supervalor en sí mismo. Y pocos vaciamientos° mayores puede conocer un ser humano. El placer* por el placer se ha convertido en el arte de mondar° las almas, desposeerlas° de su raíz, dejarlas en la más desoladora° orfandad°. El "Vive como quieras" se ha convertido en "muérete ya, muérete cuanto antes". Y así, mientras el mundo se reía* de los "viejos" valores, se 50 entronizaba° el egoísmo. ¡Pobres jóvenes, de cuántas atrocidades° les han llenado la cabeza! Para combatir* viejos tabúes° (cosa que hubiera podido ser hasta buena y liberadora) se les canonizaba° la frivolidad, la devaluación de sus cuerpos y de sus personas.

° discovered

° inverted

° emptyings

° pruning / dispossessing / desolate
° orphanhood

° enthroned / atrocities

° taboos

se...: they were praised for

H   Todo esto empezamos hoy a descubrirlo "con esa deslumbrante claridad que 55 proporciona el abismo". Y lo que a esa luz vemos es que la opción que se le ofrece al hombre contemporáneo no es ya "vivir un poco mejor o un poco peor", sino "vivir o estar muerto", "agotarse a través de* la droga o el sexo o redescubrir°" y apostar° de una buena vez° por el amor".

° rediscover / wager on / **de...:** once
  and for all

I   Efectivamente: ésta es la gran apuesta°. O seguir viviendo con la morfina del 60 aburrimiento° o atrevernos° a vivir en plenitud°. Ese dilema que se plantea a los catorce o quince años a todo adolescente, es el que ahora se le presenta a esta gran adolescente: la humanidad.

° wager

° boredom / dare to / fullness

Blanco y negro, 11 de junio de 1989, pág. 119.

Aplicación

A   *Los caballos ante la tormenta.* Estudie el párrafo B y, luego, complete una columna y otra (cúbralas, alternativamente, con un papel).

Los caballos:

1. bufan	**1.** y relinchan,
2. agitan nerviosos	**2.** sus colas,
3. golpean con	**3.** sus cascos el suelo,
4. sacuden	**4.** sus crines,
5. giran bruscamente	**5.** sus cuellos,
6. hacen temblar	**6.** sus lomos.

B *Una encuesta.* ¿Está Ud. de acuerdo con las siguientes afirmaciones sacadas del artículo? (Véanse las líneas entre paréntesis.) Indique sí o no (√), y compare sus respuestas con las de otros estudiantes.

Sí   No

_____   _____   **1.** El hombre del siglo XX parece estar comido por un remusguillo que no le deja ser feliz. (1–2)

_____   _____   **2.** Hay una especie de malestar colectivo. (6)

_____   _____   **3.** La humanidad corre el riesgo de ser destruida por su propio progreso. (22–23)

_____   _____   **4.** Ni el súper-armamento atómico, ni el desenfreno erótico podrán mantener el ritmo actual durante mucho tiempo. (23–24)

_____   _____   **5.** Lo más dramático de todos los cambios históricos es que quienes los vivieron no lograron enterarse de ellos. (29–30)

_____   _____   **6.** Hoy asistimos a un giro, a un cambio de civilización que está poniendo en juego todos nuestros valores. (31–32)

_____   _____   **7.** El siglo XX... ha invertido frívolamente las cartas dejando al erotismo como centro de todo, como supervalor en sí mismo. (44–45)

_____   _____   **8.** El placer por el placer se ha convertido en el arte de mondar las almas, desposeerlas de su raíz, dejarlas en la más desoladora orfandad. (46–48)

_____   _____   **9.** La opción que se le ofrece al hombre contemporáneo no es ya "vivir un poco mejor o un poco peor", sino "vivir o estar muerto"... (55–57)

_____   _____   **10.** El dilema que se plantea a los catorce o quince años a todo adolescente, es el que ahora se le presenta a esta gran adolescente: la humanidad. (60–62)

_____   _____   TOTAL

C *Pares e impares.* En grupos de tres estudiantes, comenten y expliquen qué significan o a qué se refieren las frases pares (2, 4, 6, 8, 10) o las impares (1, 3, 5, 7, 9) del ejercicio B. Hablen por turno y traten de decir algo cada vez. Si necesitan ayuda, refiéranse al texto mismo (los números de las líneas están entre paréntesis).

D *Temas de hoy: otra encuesta.* He aquí cinco problemas urgentes de hoy. ¿Qué peligro cree Ud. que ofrecen para nuestra sociedad? Usando la escala 1–10

(1 = muy poco peligro; 10 = muchísimo peligro), dé un número para cada dilema. Luego, compare sus resultados con los de otros estudiantes.

1. Las drogas _____

2. El SIDA (AIDS) _____

3. La bomba atómica _____

4. El alcohol _____

5. El erotismo desenfrenado _____

TOTAL _____

E *El tema más urgente.* En grupos de tres, escojan el tema del ejercicio D que su grupo considere el más urgente de hoy. Den razones para justificar su decisión y preséntenselas a la clase.

Repaso de vocabulario

A *La anatomía del caballo.* ¿Cómo se llaman las siguientes partes de un caballo?

Ahora, ¿qué acciones corresponden a esas partes?

B *Sinónimos.*

_____	**1.** crisis	**a)**	inquieto
_____	**2.** subir	**b)**	golpear
_____	**3.** apuesta	**c)**	peligro

_____ **4.** pegar   **d)** cuando se juega dinero

_____ **5.** ciego   **e)** seguir

_____ **6.** saber   **f)** que no ve

_____ **7.** escoger   **g)** ascender

_____ **8.** continuar   **h)** elegir

_____ **9.** nervioso   **i)** catástrofe

_____ **10.** riesgo   **j)** enterarse

C *Antónimos.*

_____ **1.** paz   **a)** perder

_____ **2.** extraño   **b)** quitar

_____ **3.** tener razón   **c)** delgado

_____ **4.** ancho   **d)** oscuridad

_____ **5.** proporcionar   **e)** guerra

_____ **6.** lograr   **f)** alejarse

_____ **7.** claridad   **g)** diferente

_____ **8.** aproximarse   **h)** conocido

_____ **9.** parecido   **i)** estar equivocado

D *Peligros y placeres.* Conteste Ud., a base de su propia personalidad.

1. ¿Le gusta el peligro? ¿Toma Ud. riesgos? Dé ejemplos de los riesgos a que se refiere. ¿Por qué se atreve a hacer estas cosas? ¿Son "liberadoras", en cierto sentido? Explique.

2. ¿Cuáles son los placeres que más le gustan? ¿Por qué? ¿Cree Ud. que esos placeres le definen a Ud. como persona? ¿Incluyen el peligro? Explique.

Contrastes culturales

La migración a la ciudad

En muchas partes de Hispanoamérica la gente poco a poco va abandonando el campo; van a los grandes centros urbanos en busca de trabajo y seguridad. Estas migraciones ocasionan enormes problemas para las ciudades, ya que es cada vez más difícil mantener servicios públicos para los millones de personas que entran en ellas cada año. Estas migraciones también producen efectos adversos en el campo mismo: el abandono de ciertas tierras y pueblos que hace más difícil la vida para los individuos que se quedan en ellos. Este mismo fenómeno se ve, claro está, en nuestro país. Hay cada vez menos fincas (*farms*) familiares, fincas trabajadas por familias. La existencia de grandes corporaciones en su lugar da más énfasis a la producción, sin importar el costo a la tierra o al producto, que a la vida de la gente que habita esa tierra.

Una gran ironía es el hecho de que hay cada vez menos seguridad en los grandes centros urbanos. Antiguamente la ciudad se veía como la *civilización* frente a la *barbarie* de un campo ignorante y brutal. Eso ya no es verdad, pues al aglomerarse tanta gente en espacios tan reducidos, crecen inevitablemente los problemas sociales e, incluso, psicológicos. Uno de los retos del siglo XXI será equilibrar otra vez las ventajas y desventajas de vivir en uno y otro lugar.

Siete países industrializados son responsables del 45 por ciento de las emisiones de gases que producen el efecto invernadero. Según se industrialice el resto del mundo, aumentará la contaminación a escala mundial.

El desarrollo y multiplicación de actividades humanas destruye las reservas de suelos, bosques, pantanos y tierras verdes. Cada año desaparecen 17 millones de hectáreas de bosques tropicales. La capa de ozono está desapareciendo y existe la posibilidad de que se produzca un calentamiento general del planeta.

Los daños al medio ambiente cuestan actualmente a los países industrializados entre el uno y el cinco por ciento de su Producto Interior Bruto. Sólo en Europa Occidental se calcula en unos tres billones de pesetas anuales el coste de la deforestación.

PROTEGER

EL COCHE VERDE

Las tres principales razones por las que las grandes ciudades se ocultan bajo una oscura y densa nube de humo y contaminación son las calefacciones, las industrias y el tráfico. Acabar con la contaminación de un plumazo no parece tarea fácil, pero, poco a poco, se van encontrando soluciones, como la que presentó el otro día en Madrid la empresa de automoción INAUSA. Consiste en un nuevo vehículo no contaminante, denominado *bimodal*, que puede funcionar indistintamente con electricidad o con gasoil. El primer sistema es el más adecuado para la circulación por ciudad ya que no produce ruido y no contamina, mientras que el segundo es el indicado para la carretera. Burgos, Valladolid y Palencia han sido los primeros en utilizar estos vehículos aplicándolos a servicios públicos como la recogida de basura o el reparto de correo. El Ayuntamiento de Madrid ha recogido esta idea y está estudiando ahora la adquisición de estos vehículos *limpios* para la recogida de basura.

1. ¿Por qué se ocultan las grandes ciudades?

2. ¿Bajo qué se ocultan?

3. ¿Por qué tiene árbol este coche?

Gramática selecta

El participio pasado, el tiempo perfecto, la construcción con *se*

A *El participio pasado.* Dé los participios pasados para los siguientes infinitivos.

Lectura I *(formas regulares):*

1. coincidir (1)

2. llamar (4)

3. ocurrir (9)

4. presentar (10)

5. aumentar (14)

6. comprobar (18)

7. registrar (24)

8. conocer (25)

9. comenzar (27)

10. mantener (44)

11. descender (46)

Lectura II *(formas irregulares):*

12. hacer (4)   **14.** morir (57)
13. descubrir (40)

B   *El participio pasado como adjetivo.* Complete las siguientes frases con la forma correcta del infinitivo.

Lectura I:

1. (terminar) la década recién _____ (9)
2. (establecer) las comparaciones _____ (10)
3. (moderar) un crecimiento _____ (17)
4. (concertar) el viento y el océano _____ (29)
5. (desconocer) de manera _____ (29)
6. (registrar) los años más calurosos _____ (31)
7. (sufrir) la sequía _____ (34)
8. (preparar) el mapa de temperaturas _____ (42)

Lectura II:

9. (afilar) ...tengamos siempre los nervios _____ (7)
10. (destruir) la humanidad ... corre el riesgo de ser _____ (22)
11. (equivocar) era un camino _____ (37)
12. (morir) "vivir o estar _____" (57)

C   *El perfecto.* Examine estas frases y dé la forma correcta de *haber* en los espacios en blanco. (Entre paréntesis se dan las líneas del texto donde se encuentran.)

Lectura I:

1. Científicos británicos _____ coincidido en... (1)
2. Los diez años más calurosos _____ ocurrido en la década recién terminada. (9)
3. ...los años en que se _____ registrado las temperaturas más altas ... (24)
4. ...los científicos _____ comenzado a tomarlo en serio. (27)
5. ...la temperatura media _____ descendido en más de medio grado ... (46)

Lectura II:

6. _____ llegado la hora de cambiar. (23)
7. No es tan seguro que el mundo _____ descubierto ya hasta qué punto está ... (40)

8. ... y _____ estado destruyéndonos ... (41)

9. El siglo XX... _____ invertido frívolamente las cartas... (44)

10. El "Vive como quieras" se _____ convertido en "Muérete ya, cuanto antes". (48–49)

Ahora, cambie 1–5 al futuro y 6–10 al condicional, para expresar probabilidad en el presente y en el pasado.

D *Exprese en español.*

1. It had occurred near Peru at Christmas.

2. They will have registered the temperatures.

3. I wouldn't have taken it seriously.

4. The hour had not yet arrived.

5. We have been destroying ourselves.

E *Repaso de la construcción con* **se.** Exprese las palabras en cursiva en inglés.

1. ... nombre con que *se denomina* ... (2)

2. ... *se han registrado* las temperaturas más altas ... (24)

3. ... *se ha comprobado* ahora ... (18)

4. ... *se demuestra* que ... (43)

5. ... todavía *no se pueden predecir* los nuevos climas ... (49)

6. ... los nuevos climas que *se derivarán* ... (49)

7. ... los patrones de circulación que *se siguen* ... (52)

 Estrategias para escribir

Reportorial Writing

Reportorial writing is or purports to be factual, hence the reliance on logic. Such writing often follows chronological order or at least lists dates, sources, causes and effects, and similar data. In *El Niño* the reporter documents numerous aspects of natural phenomena as she defines, analyzes, and compares in order to arrive at her conclusions. This kind of analysis is also present in *Lectura II*, although it may appear to be much subtler. There the author makes use of a simile to probe major dilemmas that he believes humanity faces today.

   1. Write the first two paragraphs of a newspaper article. Focus your journalistic account on a major news event, one that is based on some quantitative data but is still open to interpretation. The first paragraph should offer a general summary. In the second paragraph repeat a principal idea but cite specific sources and data, to illustrate your point and make it as convincing as possible.

2. Write a descriptive analysis of a relative or friend through a comparison with an animal. As in *Lectura II*, select an animal that has special characteristics: telltale behavior (skittish, lumbering, slithery), striking physical features (flowing hair, large ears, big feet), a distinctive sound (whine, whistle, grunt).

The *Escrituras* provide additional opportunities for this type of analytical writing.

Escritura I

«Intercambios atmosféricos»

La interacción del aire con el suelo, las biomasas y los océanos conduce a intercambios de materia y energía, que modifican localmente la composición de la atmósfera. Al mismo tiempo, los océanos y las masas verdes absorben parte de los residuos industriales. Juegan así un papel de reguladores. En ciertos casos un exceso de vertidos industriales puede no ser eliminado, y dar lugar a unos niveles de contaminación que perturban los mecanismos que la naturaleza tiene para protegerse. Estudie la siguiente representación gráfica y escriba una explicación de algunas de las transformaciones que ocurren aquí. Después, conteste las preguntas que siguen.

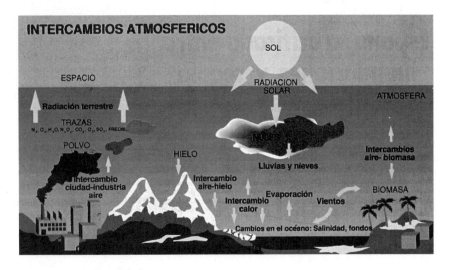

1. ¿Qué efecto produce la erupción de un volcán?

2. ¿Qué efecto produce, momentáneamente, un eclipse del sol?

3. ¿Qué efecto produjeron todos los fuegos en los pozos de petróleo (*oil wells*) en Kuwait hace unos años?

En el caso de las compañías que cotizan en los mercados de valores, se ha demostrado que las que más contaminan ven bajar casi automáticamente el precio de sus acciones. Las autoridades norteamericanas consiguen así, sin necesidad de multas, que las empresas se tomen en serio la conservación de la naturaleza.

Escritura II

«Las Rimas»

GUSTAVO ADOLFO BÉCQUER

Aquí tiene la segunda *Rima* de Gustavo Adolfo Bécquer, el gran poeta español del siglo XIX. Léala con cuidado, refiriéndose a las traducciones a la derecha. Entonces, conteste las preguntas por escrito.

II

Saeta° voladora°	arrow / flying
cruza, arrojada° al azar°,	hurled / at random
sin adivinarse° dónde	guessing
temblando se clavará°;	it will get lodged
hoja que del árbol seca	
arrebata° el vendaval°	tears loose / wind gust
sin que nadie acierte° el surco°	finds / furrow
donde a caer volverá;	
gigante ola que el viento	
riza° y empuja° en el mar,	curls / pushes
y rueda° y pasa, y no sabe	rolls
qué playa buscando va;	
luz que en cercos° temblorosos	circles
brilla°, próxima a expirar,	shines
ignorándose cuál de ellos	
el último brillará;	
eso soy yo, que al acaso°	sunset
cruzo el mundo, sin pensar	
de dónde vengo, ni a dónde	
mis pasos° me llevarán.	steps

1. ¿Cuál es la imagen poética principal de cada una de las primeras cuatro estrofas? (La luz se refiere a un fuego—llamas.)

2. ¿Qué tienen en común esas imágenes? Es decir, ¿qué significan? ¿Revela algo sobre eso la quinta estrofa?

3. Las cuatro imágenes, ¿tienen alguna relación con los cuatro elementos mencionados antes?

Los Gobiernos deberían revisar el cálculo del PIB en función de las transacciones ecológicas, incluir en las legislaciones impuestos y otros incentivos que graven las acciones destructoras de la naturaleza, incrementar la ayuda internacional para proteger los recursos naturales en las naciones en vías de desarrollo y liberalizar el comercio.

Es necesario fomentar un modo de vida que aligere la carga para el medio ambiente, especialmente en las naciones industrializadas: utilizar más los medios de transporte públicos en lugar de los vehículos particulares. Elegir bien los productos que se consumen, fomentando el consumo de productos ecológicos en todo el mundo.

Con la cooperación de las naciones industrializadas y de las que están en vías de desarrollo, el crecimiento económico mundial podría realizarse sin riesgo para el consumidor, sin temor a que se agoten los recursos naturales y sin producir una catástrofe ecológica; si no se consigue, el peligro será algo real.

En conclusión

Lo verde ya no es una moda, sino una cuestión de supervivencia. Como han señalado los breves comentarios ecológicos presentados en diversas páginas de este capítulo, la preocupación por el medio ambiente (*environment*) se vuelve cada vez más general y más urgente. Se calcula que la población mundial volverá a doblarse en cuarenta años y que la mayoría de esta población vivirá en los países en vías de desarrollo (*developing countries*), donde la presión por destruir muchos más recursos (*resources*) naturales, como en los países desarrollados, va a crecer notablemente. Muchos de los países hispanoamericanos se encontrarán en estas circunstancias. Los peligros son varios, pero en últimas instancias (*in the final analysis*), el crecimiento de sus respectivas poblaciones ejercerá más presión para explotar sus recursos naturales. Y la inevitable eliminación de éstos tenderá a frenar (*to stop*) el desarrollo económico, lo cual ampliará, a su vez, la distancia entre los países ricos y los pobres. ¿Qué hacer?

Sol y sombra en Caracas (Venezuela), uno de los grandes centros industriales de la
América del Sur.

A *Los problemas.* Con otros dos compañeros de clase, haga una lista de las
numerosas dificultades relacionadas con este problema general. Considere las
siguientes cuestiones: (1) el control de la natalidad, (2) el machismo, (3) el nivel
de educación, (4) la iglesia, (5) las tradiciones familiares. ¿Qué otras puede Ud.
añadir? Comente diferentes dimensiones de las cinco ya señaladas.

B *Las soluciones.* Ahora, con los mismos compañeros, hagan una lista de
soluciones: (1) limpiar la industria, (2) penalizar la contaminación, (3) cambiar
nuestro estilo de vida. ¿Qué otras puede Ud. añadir?

OTRO PUNTO DE VISTA II

Presentación

Otro punto de vista II presenta lecturas breves de *Una ciudad llamada Eugenio,* que se relacionan con los capítulos 5, 6, 7 y 8 (la ciudad, la ropa, la comida y el campo). En la primera selección la autora expresa su sorpresa ante el conductor cortés que esperaba, pacientemente, para que ella cruzara la calle, aunque ella no tenía intención alguna de cruzarla. En la segunda ella reacciona a la ropa extraña llevada —o no llevada— por los jóvenes universitarios. En *Un descubrimiento gastronómico* la ironía de la escritora se enfoca en la ingenuidad de sus amigos estadounidenses ante la comida "orgánica". Y, por fin, en los brevísimos párrafos agrupados bajo el título *Bosques* describe los contornos y colores delicados de los antiguos árboles oregonianos, algunos de ellos ya convertidos en piedra.

Esta vez añadimos a la derecha palabras en español asociadas a las palabras nuevas que aparecen en la lectura. Con un poco de imaginación Ud. podrá adivinar el significado de estas palabras.

1. Tráfico

Estoy parada al borde de la acera y de repente un coche que circulaba casi sin dejarse sentir se detiene suavemente junto a mí. El conductor me mira. Pienso que quiere preguntarme algo; pero él espera pacientemente. Un instante de miedo: la calle arbolada° está solitaria, se pierde la vista en un túnel de verdura°   **árbol / verde** que llega hasta el horizonte, no hay signos de vida en las casas circundantes.°   **círculo (circular)** ¿Bajará el conductor a molestarme, será uno de esos maníacos que salen de vez en cuando en los periódicos locales? El conductor sigue mirándome, cada vez con mayor extrañeza°. Me hace una seña.° Por fin comprendo: me había visto   **extraño / señal** parada al borde de la acera, ha pensado que quería cruzar y me está cediendo el paso, aunque ni yo tenía un pie en la calzada[1] ni aquí hay ninguna señalización de paso de peatones. Simplemente, mis deseos son órdenes para él y ha creído adivinar en mi un deseo —por tenue que fuera— de cruzar la calle.

Ya puedo andarme con cuidado cuando vuelva a España, porque si adquiero los modos de conducta del peatón oregoniano y los mantengo en mi país me atropellarán[2] al segundo día y, además, en un paso de peatones.

---

1 street

2 they'll run over me

2. El hábito y el monje

Llevaba a mano el abrigo y, puestos, un jersey de lana y pantalones gruesos y calcetines de invierno, pero el avión de San Francisco a Eugene iba lleno de

unas jovencitas bronceadas con pantalones cortos y camisetas de tirantes;[1] al
cuello, guirnaldas[2] de flores frescas blancas y amarillas. Cuando aterrizamos en
la pista abrillantada por la lluvia y una bocanada° de aire frío entró en la cabina, **boca**
ellas bajaron la escalerilla de dos saltos y atravesaron la oscuridad desapacible
de la noche impertérritas[3] y semidesnudas, como si todavía estuvieran en Hawai.

  La misma imagen se ve repetida todos los días, aunque sin guirnaldas de
flores. La ciudad es un desfile de piernas juveniles bronceadas y al aire —shorts,
faldas cortas y cortísimas— aunque la temperatura sea de cincuenta grados
Farenheit [sic], que son diez centígrados; a esa temperatura en que los europeos
solemos llevar jersey de lana y una prenda de abrigo más o menos ligera y los
mexicanos de la Universidad se envuelven en recios[4] chaquetones° de paño,[5] los **chaqueta**
muchachos estadounidenses se tumban[6] al sol —si lo hace— o se pasean bajo la
lluvia como si estuvieran en la playa...

  El desaliño indumentario[7] alcanza también a la combinación de colores y el
mismo estado de las prendas: los verdes y los rojos conviven en discorde armonía, los azules más diversos hermanan° a la fuerza con los amarillos y los **hermano**
granates, a los marrones no parece importarles cohabitar con el malva. De vez
en cuando, sobre la aspereza[8] de una prenda vaquera° destaca un delicado cuello **vaca**
de encaje o un suave lazo de seda.

  Algunos lucen ropa cuidadosamente estropeada:[9] el pantalón tejano con una
raja[10] deliberada en la rodilla o en el trasero,[11] la camiseta agujereada° con **agujero**
pulcro[12] esmero[13] y cuidadosamente limpia, la camisa de manga desgarrada.[14]
Un día vi a una jovencita que llevaba el más artificioso traje de mendiga que se
haya visto jamás ...

1 suspenders (straps)	8 roughness
2 garlands	9 damaged
3 impassive	10 slit
4 heavy	11 rear (rump)
5 wool	12 neat, tidy, clean
6 lie down (stretch out)	13 care
7 **desaliño...:** slovenly dress	14 **manga...:** torn sleeve

3. Un descubrimiento gastronómico

Sam habla de ello entusiasmado. ¿Lo he probado[1] alguna vez? Tengo que pro-
barlo: es delicioso, un auténtico hallazgo[2] gastronómico, y además una buena
fuente de proteínas vegetales. Comiéndolo no hace falta comer carne: con sus
deliciosas proteínas, facilísimas de asimilar, basta; y además aporta fibra e hi-
dratos de carbono. Un invento genial, mejor aún que el haba de soja[3] y con sabor

1 tried (tasted)	3 **haba...:** soybean
2 find (discovery)	

más agradable. Puede tomarse caliente, en una especie de sopa, o bien incorporarse, frío, a una ensalada, o también convertirse en un puré.

Me lleva a una tienda de productos vegetarianos para que lo vea, para que me anime a comprar. Aquí está, en este cajón de madera del cual los compradores se sirven con un cacillo° de hojalata porciones a granel[4] dentro de bolsas de papel marrón, en el más puro estilo ecologista que resulta ser idéntico al de los colmados[5] antiguos.

cazo

Aquí están, en efecto: un montón de legumbres con cara de vieja sobre las cuales campea un letrerito que dice «garbanzo beans».

* * * * * * * * * * * * * * * * * * * *

Andrea no lava nunca los champiñones: los limpia con un cepillito especial, de púas[6] de plástico flexibles y delicadas, y a continuación los corta a lonchas[7] y los añade crudos a la ensalada. Asegura que lavar los champiñones los priva de buena parte de sus vitaminas, y que por tanto es mejor no sumergirlos en agua, sino limpiarlos superficialmente. Yo me pregunto si de verdad Andrea cree que los champiñones —que, como todo el mundo sabe, se cultivan en estiércol[8]— vienen a nuestro poder sin lavar, si nacen con este blanco níveo° y con estos pedúnculos[9] impolutos que sólo unos días atrás estaban arraigados en mierda.[10]

nieve

---

4 **a...:** in bulk

5 grocery stores

6 prongs

7 **a...:** in slices

8 manure

9 peduncles (stalks)

10 **arraigados...:** rooted in dung

4. Bosques

Tienen una luz verdosa y casi nocturna incluso en los días de más brillante sol, y del humus fértil de su suelo—hecho de los sedimentos de tantos siglos de troncos muertos—emana un vaho[1] como neblina.°

niebla

Arboles caídos cubiertos de las barbas verdiblancas de los musgos,[2] mullidos senderos de viruta de madera y barro,[3] minúsculas setas de encaje crema en las ramas.

* * * * * * * * * * * * * * * * * * * *

Leer en los círculos de sus tocones[4] piadosamente aserrados[5] por el servicio forestal es como asomarse a un abismo: cientos, tal vez miles de líneas delicadas

---

1 steam

2 mosses

3 **mullidos...:** loosened pathways (made up) of wood and mud shavings (bits)

4 stumps

5 sawed

y concéntricas que encierran la sabiduría de un ser casi eterno. ¿Dónde estábamos nosotros cuando se formó la apretada médula de los círculos más interiores, cuando el árbol hoy caído era poco más que un junco,[6] que un vástago[7] incipiente y de incierto futuro? Faltaban siglos, tal vez milenios para que naciéramos.

* *

A veces, la piedra parece un error de la Naturaleza: no ha salido de los ardientes boquetes° volcánicos de los tiempos antiguos, ni es producto de la **boca** paciente sedimentación de detritus[8] de los grandes ríos, ni ha sido gestada a fuego y tiempo en los úteros enormes de los montes. Es un piedra con las estrías[9] de la madera, con los marrones círculos concéntricos de un tronco de árbol viejo; son árboles milenarios petrificados y fósiles, eternizados por un encantamiento de sales y siglos, convertidos en madera invencible que deja en la mano el desabrido[10] tacto frío de la roca. Arboles de piedra entre las piedras y los bosques de madera viva.

* *

---

6 reed
7 shoot (of a plant)
8 disintegration (wearing away)

9 grooves (striation)
10 unpleasant

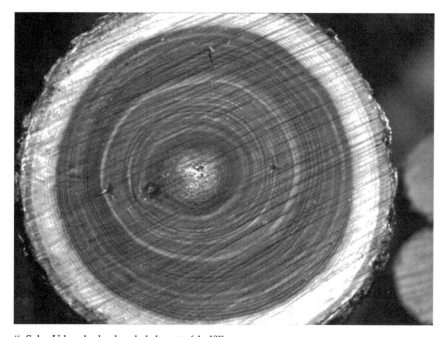

"¿Sabe Ud. calcular la edad de este árbol?"

Aplicación

1. Tráfico

A *Acciones en la calle.* Explique en otras palabras qué significan las siguientes expresiones.

1. un coche que circula

2. se detiene suavemente

3. un túnel de verdura

4. una seña

5. un paso de peatones

B *Un instante de miedo.* Conteste las preguntas para explicar por qué tiene miedo de repente la autora.

1. ¿Dónde se detiene el coche. ¿Cómo se detiene? ¿Con mucho ruido?

2. ¿Qué hace el conductor primero? ¿Dice algo?

3. ¿Cómo está la calle? ¿Hay otra gente cerca?

4. ¿Qué hace el conductor por fin? ¿Qué seña le hace?

5. ¿Qué comprende por fin la autora?

C *Una lucha psicológica.* El conductor *piensa* que la autora quiere cruzar la calle y su acción de detener el coche casi la *obliga* a cruzarla aunque, quizá, no quiera. ¿Ha tenido Ud. semejantes experiencias en que la suposición de otra persona casi le obliga a hacer algo? Explíqueselo a la clase.

2. El hábito y el monje

D *Ellas y yo.* Examine el dibujo con cuidado y describa la ropa que llevan todas. Ud. es el "yo" del dibujo (la autora).

E *Colores y telas.* Estudie los siguientes colores y telas, que aparecen en esta lectura, y refiérase a ellos, en grupos de tres o cuatro, para describir la ropa que llevan los varios miembros del grupo.

1. *colores:*

blanco / amarillo / verde / rojo / azul / granate / marrón / malva

2. *telas:*

lana / seda / algodón / poliester / paño / encaje

F   *La ropa estropeada.* A veces los jóvenes lucen ropa cuidadosamente estropeada. Prepare un párrafo, oral o escrito, para describir tal ropa, a base de las siguientes preguntas. ¿Qué prendas estropeadas prefieren? ¿Dónde llevan rajas generalmente? ¿Qué se agujerea? ¿Y qué se desgarra? ¿A Ud. le gusta tal ropa? ¿Por qué?

3. Un descubrimiento gastronómico

G   *El amigo Sam y los garbanzos.* Según Sam, los garbanzos tienen siete u ocho ventajas verdaderamente impresionantes. ¿Cuáles son? También, según él, pueden tomarse de distintas maneras. ¿Cuáles son? ¿Dónde los compra Sam? ¿A qué se refiere "el más puro estilo ecologista"?

H   *La amiga Andrea y los champiñones.* Explique, primero, cómo Andrea prepara los champiñones y, luego, por qué los prepara así. Según la autora, ¿cómo se cultivan los champiñones? ¿Qué cree Ud., es necesario lavarlos?

I   *Una fina ironía.* Estos dos segmentos son muy irónicos. ¿Puede Ud. explicar por qué? ¿Lava Ud. bien los champiñones? ¿Y le gustan los garbanzos? ¿Es comida "nueva" para Ud.?

4. Bosques

J *Tres segmentos y tres troncos.* Cada uno de estos segmentos se dedica a un tronco diferente. ¿Cuáles son? ¿Qué diferencias exhiben entre sí? En su opinión, ¿cuál es el segmento más interesante? ¿Por qué?

K *Más colores: verdosa, verdiblanco, crema.* ¿Qué objetos conoce Ud. en el bosque que tienen estos colores? Describa su forma también, si es posible.

L *El origen de los bosques.* Describa o explique los siguientes objetos o fenómenos. ¿Qué son? ¿Cómo son? ¿De qué se hacen? ¿Dónde se encuentran?

1. el humus fertil
2. un vaho
3. las barbas verdiblancas
4. mullidos senderos

5. setas de encaje crema
6. líneas delicadas y concéntricas
7. un error de la Naturaleza

Conclusiones culturales

En las selecciones anteriores la autora sigue expresando su sorpresa ante el *American way of life.* Examine las siguientes conclusiones posibles sobre la vida hispánica, que parecen formar la base de su punto de vista, y exprese una opinión sobre ellas.

1. Los conductores españoles no hacen mucho caso a los peatones (incluso en los pasos de peatones).
2. Los españoles (y las españolas) suelen vestirse de una manera más formal y cuidadosa que nosotros.
3. En la sociedad hispánica tradicional hay menos libertad en el uso de colores que en este país.
4. Para la sociedad hispánica, la ropa suele indicar cierto *status* social.
5. La dieta española es más variada que la nuestra.
6. Los españoles no son tan idealistas como nosotros.
7. Los grandes árboles —y los árboles petrificados— de nuestros bosques probablemente no existen en España.

Unidad tres

TRABAJO Y DIVERSONES

Capitulo 9   OFICIOS Y PROFESIONES
Capitulo 10   LOS DEPORTES
Capitulo 11   LOS ESPECTÁCULOS
Capitulo 12   VIAJANDO POR EL MUNDO HISPÁNICO
OTRO PUNTO DE VISTA III

Capítulo 9

OFICIOS Y PROFESIONES

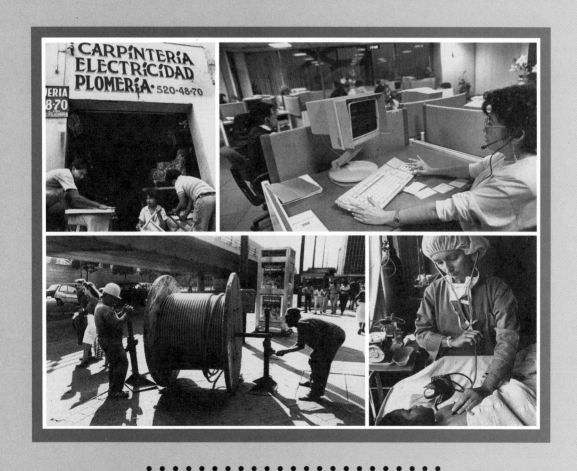

Presentación

Empleo internacional, desempleo local

"Déficit", "deuda nacional", "balance de pagos", "TLC" (Tratado de Libre Comercio° entre Canadá, México y Estados Unidos)... Estas palabras llenan los titulares° de las noticias. Todo parece ser internacional o global: David no tiene empleo en Detroit porque Javier lo tiene en Hermosillo, México; Elena ya no fabrica° guantes o zapatos porque los de la Argentina son más baratos; y los abrigos hechos en Corea son ...

Tratado...: North American Free Trade Agreement / headlines

doesn't manufacture

El desempleo (paro°) es un gran problema mundial. Pero, hay otro problema curioso ahora también: los que trabajan más que nunca hasta pueden tener dos, tres o cuatro empleos. En tales casos ni pueden pensar en diversiones.

unemployment

Semejante circunstancia es la de los técnicos (fontaneros, carpinteros, etc.) que tienen tanto trabajo que nunca pueden venir a nuestra casa. *Lectura I* presenta el caso de un fontanero "heroico".

En *Escrituras* presentamos noticias sobre dos industrias nuevas, la crianza° de avestruces° y " Multiasistencia", una compañía que presta 20.000 servicios al mes. Incluímos, al final del capítulo, los servicios de Multiasistencia descritos paso a paso.

raising
ostriches

 # *Estrategias para leer*

Contexts and Structural Patterns

Your comprehension of a series of words in a new context can often be facilitated by looking up just one or two key words. To know which words to look up, first try to recognize their grammatical function. For example, in the following sentences, what is the part of speech for each numbered word? Which endings indicate verbs?

Lectura I: 1–2

«Se nos había (1) *estropeado* un (2) *grifo* de la (3) *pila*, y desde hacía más de cuatro o cinco días nos veíamos obligados a (4) *fregar* los (5) *cacharros* en la (6) *ducha*.»

Lectura II: 21–23

«¿Dónde está la (1) *frontera* entre el (2) *deber* de realizar bien el trabajo y comenzar a usarlo como gran justificación de las frustraciones a las que (3) *sometemos* a los demás?»

Which of these unknown words may be the most important (i.e., they connect two clauses, they introduce a prepositional phrase or a series of nouns)? Consult the end glossary for one or two of them. If you still do not understand the gist of the sentence, look up additional words one at a time.

Your overall comprehension of a reading can often be enhanced by grasping the basic structural patterns of the selection. For example, *Lectura I* consists of six narrative paragraphs separated in the middle by a curt exchange of dialogue. Even the length and number of sentences in each paragraph seem to correspond, functionally, to each paragraph. The early, expository sentences are longer and more involved than later sentences which, by contrast, are shorter and more numerous (more dramatic and "nervous").

Relating new words to a particularly memorable character or action can be an effective way of learning and remembering new vocabulary. *Lectura I* is built around the romanticized figure of a plumber-hero: he speaks softly but carries a big wrench; he solves difficult problems with ease; his voice thunders throughout the bar; he wagers all his earnings in a final, flamboyant gesture; he wins the bet, kisses the bartender's daughter, and swaggers out, triumphant in and over all. Locate the text lines that reveal his character traits, list the new words contained there, and begin to learn them.

El servicio, paso a paso

1. El abonado telefonea a Multiasistencia e informa de la avería sufrida en su domicilio, especificando su gravedad y el plazo en el que desea que sea resuelta.

Lectura I

«Solos ante el fontanero°»

(GOMAESPUMA)

plumber

A   Se nos había estropeado° un grifo° de la pila° y desde hacía más de cuatro o cinco días nos veíamos obligados a fregar los cacharros° en la ducha*. En primera instancia intentamos arreglar nosotros mismos la avería°, mas si tenemos en cuenta que nuestros dedos son más bien un muestrario° de morcillas° de
5   Burgos, no resulta demasiado difícil averiguar° cuál fue el resultado de la intentona°. El grifo debió sufrir un ataque* de flojera° y comenzó a dejar escapar agua como si se tratara de unas cataratas°.

broken / faucet / water basin
fregar...: wash the dishes
damage
sample / sausages
to verify
attempt / weakness
waterfalls

B   Así pasaron más de seis horas. Gracias a unas clases de natación a las que mi padre me apuntó° en el Parque Sindical° pude llegar hasta el teléfono, que
10   flotaba en la superficie. Llamé a más de cien números, pero ninguno de ellos podía atender° nuestro problema. El agua seguía saliendo y el nivel subía tan

me...: signed me up (for) /
  Parque...: Labor Park

attend (to)

deprisa que en poco tiempo llegaría al techo. Conseguimos° romper una ventana   We managed
del cuarto de baño para que el agua cayera por ella hasta el patio interior de la
casa. Por fin estábamos salvados.

15   C   Preguntamos al portero° que si conocía a algún fontanero, nos dijo que sí,   doorman
pero que no creía que nos atendiera porque tenía ya encargos desde el año 88.   jobs
Así, vagamos por la ciudad en busca de algún profesional del grifo, durante
más de doce horas. En un bar, uno de los camareros nos dijo que él tenía un   brother-in-law / **hacía...:** was a
cuñado° que hacía chapuzas°, pero que vivía en Monforte de Lemos°. "No   handyman / **Monforte...:**
20   importa", dijimos, ya tan desesperados que nos daban ganas de cortarnos las   "Timbuktu" (far away)
uñas o algo peor. Nos pusimos en contacto con él. Quedó en° venir al día   **Quedó...:** He agreed to
siguiente en el tren. Fuimos a esperarle a la estación. Qué gran alivio° sentimos   relief
al ver llegar a nuestro salvador°, con su maletita de las herramientas°, su mono°   savior / **maletita...:** tool box /
azul, su gorra ... Desde luego era un profesional, hablaba lo justo, con una   coveralls
25   mirada dura, con una llave inglesa° entre el cinturón, con sus gafas oscuras y el   **llave..:** pipe wrench / **pitillo...:**
pitillo humeante° entre sus labios. Se apreciaba en su rostro curtido°, de rasgos   smoking cigarette / **rostro...:**
duros, que se había batido° ya con mil cisternas.   tanned face / clashed
        —¿Dónde está? —preguntó sin ni siquiera presentarse.
        —Síganos. —Contestamos un tanto* intimidados* por su carácter.
30   —¿Qué piso es? —dijo abriendo la comisura° derecha de los labios.   corner
        —El bajo C.
        —Bien, déjenme solo.

D   Así lo hicimos. Esperamos tomando un café en el bar de enfrente de casa.
Tres horas después alguien abrió la puerta del bar de una patada°. La silueta de   kick

1.204 fontaneros
504 electricistas
312 pintores
301 cerrajeros
220 albañiles
154 TV, vídeo y antenistas
140 cristaleros
126 electrodomésticos
119 carpinteros
420 otros especialistas
3.500 profesionales en total

35 un hombre con un mono azul, gorra de bisera°, maleta de cuero° en la mano, se   **gorra...:** (with a) visor / leather
dibujó° en el umbral° mientras un destello° de luz plateada° salía de la llave   **se...:** was drawn / doorway /
inglesa sujeta por* el cinturón. Despacio, resonando* sus pisadas° en el silencio   flicker / silvery / footsteps
cortante, caminó hacia la barra°. Todos le miraban, tan sólo se oyó a alguien   bar (counter)
murmurar* a otro alguien: "Es un fontanero".

40   —Un orujo°.   a drink

E   Su voz rebotó° en las paredes del bar como cien truenos*. Tomó el vaso. De   rebounded
un golpe fulminó° el orujo. Giró sobre sí mismo, clavó* su mirada en nosotros,   finished off
extendió* su brazo y moviendo su dedo índice nos llamó. Nadie se movía, nadie
se atrevía a respirar. Nos aproximamos hasta él. "Ha sido fácil"—dijo sin cam-

45 biar la expresión de su rostro impenetrable. Cuando intentamos preguntarle que
cuánto le debíamos la voz no nos salía. El se adelantó: "Dos millones". "Pero...
no podemos..." Se nos cortó la frase y el aliento° cuando se echó mano a° la   breath / **se...:** put his hand on
llave inglesa.

F   Vendimos el coche y la parcela* de la sierra* con lo que conseguimos sacar

50 dos millones ochocientas mil pesetas. Le entregamos* el dinero, pero no pareció
bastante. Nos hizo sentarnos con él en una mesa del fondo. Pidió unas cartas, un
tapete° y una botella de orujo. En media hora nos ganó al tute° las ochocientas   card table / game of cards
mil pesetas que nos quedaban. Cuando acabó la partida° se levantó, se dirigió   game
hacia la barra, dejó sobre el mostrador un billete de diez mil y llamó a la hija del

55 camarero, que ayudaba a servir de vez en cuando. Agarrándola° violentamente   Grabbing her
por la cintura la besó en la boca, soltándola° después con la misma violencia con   releasing her
la que la había cogido. Ella quedó apoyada° en una mesa con los ojos entre-   leaning
abiertos°, pero apretados°. El salió del bar sin ni siquiera volver la cara.   half-open / tightened

El semanal/Taller de Editores, S.A.-Madrid.

Aplicación

A   *Causas y efectos*. Complete las frases a la izquierda con la(s) palabra(s)
apropiada(s) a la derecha. Ponga las letras correctas en los espacios en blanco.
Los comienzos y las conclusiones se dan en grupos de tres. Refiérase a las líneas
del texto, dados entre paréntesis, si es necesario.

_____ **1.** (1) Se nos había estropeado ...   **a)** la avería

_____ **2.** (2) Nos veíamos obligados a fregar ...   **b)** un grifo

_____ **3.** (3) Intentamos arreglar ...   **c)** los cacharros en la
   ducha

_____ **4.** (6) El grifo debió sufrir ...   **d)** agua

_____ **5.** (6–7) Comenzó a dejar escapar ...   **e)** de unas cataratas

_____ **6.** (7) ...como si se tratara ...   **f)** un ataque de flojera

_____ **7.** (8) Gracias a unas clases ...

_____ **8.** (9) ...pude llegar ...

_____ **9.** (10) ...que flotaba ...

_____ **10.** (10) Llamé a más de cien números,

_____ **11.** (11–12) El agua seguía saliendo y el nivel subía tan deprisa que...

_____ **12.** (12–13) Conseguimos romper una ventana del cuarto de baño...

g) de natación

h) en la superficie

i) hasta el teléfono

j) en poco tiempo llegaría al techo

k) pero ninguno de ellos podrá atender nuestro problema.

l) para que el agua cayera por ella hasta el patio interior.

B *La llegada del fontanero*. Practique las siguientes preguntas con otro/a compañero/a para preparar una descripción del fontanero a base de las líneas 21–27.

1. ¿Cuándo quedó en venir?

2. ¿Dónde fuimos a esperarle?

3. ¿Dónde llevaba sus herramientas?

4. ¿Qué ropa llevaba?

5. ¿Cuánto hablaba?

6. ¿Cómo era su mirada?

7. ¿Qué llevaba entre el cinturón?

8. ¿Cómo eran sus gafas?

9. ¿Qué había entre sus labios?

10. ¿Qué se apreciaba en su rostro curtido?

C *La conquista del fontanero (párrafos D y E)*. Refiérase a las líneas indicadas y entonces haga una pantomima de la entrada del fontanero: 34–37, 37–38, 41–42, 42–43, 47–48.

D *La conclusión*. Complete para repasar el párrafo F. Después de un repaso rápido, ¿cuántas frases puede Ud. completar de memoria?

1. Vendimos ...

2. Conseguimos ...

3. Le entregamos ...

4. Nos hizo sentarnos ...

5. Pidió ...

6. En media hora nos ganó ...

7. Se dirigió ...

8. Dejó sobre el mostrador ...

9. Llamó ...

10. La besó ...

11. Ella quedó ...

12. Él salió del bar ...

2. La teleoperadora avisa al especialista, que debe trasladarse al domicilio del cliente en un plazo entre 3 y 24 horas.

Repaso de vocabulario

A   *Dibujos cómicos*. Prepare descripciones de las siguientes escenas, usando en ellas las palabras indicadas por los números.

B   *Pantomimas para adivinar*. En grupos de cuatro, demuestre, por turno y haciendo pantomimas, el significado de las siguientes palabras. Los compañeros deben adivinar la palabra que Ud. representa.

Verbos de acción

1. agarrar	**5.** dibujar		
2. apuntar	**6.** fregar		
3. batir	**7.** rebatir		
4. clavar			

Verbos de moción

8. adelantarse	**12.** girar
9. aproximarse	**13.** moverse
10. entregar	**14.** vagar
11. flotar	

C   *Sinónimos*. Ponga la letra de las palabras a la derecha en los espacios en blanco.

_____ **1.** platos   **a)** apreciar

_____ **2.** rasgos   **b)** hermano de mi marido

_____ **3.** cuñado   **c)** pelear

_____ **4.** estropear   **d)** destruir

_____ **5.** patada   **e)** ayudar

_____ **6.** resonar   **f)** cacharros

_____ **7.** atender   **g)** trater (de)

_____ **8.** valorar   **h)** hacer ruido

_____ **9.** intentar   **i)** características

_____ **10.** rebotar   **j)** golpe del pie

D *Preguntas de repaso* ¿Recuerda Ud.?

1. ¿Qué ropa llevan algunos fontaneros?

2. ¿Dónde trabaja un portero?

3. ¿Dónde fregamos los cacharros después de comer?

4. ¿Qué indica el trueno normalmente?

5. ¿Qué herramientas emplea un técnico (carpintero, fontanero, etc.)?

Lectura II

«El trabajo como adicción»

A ¿Dónde está el deseo de quienes se afanan° trabajando, viven con permanente ansiedad, y cuando por fin tienen un rato libre, se deprimen° y experimentan un vago malestar? El adicto al trabajo se miente° a sí mismo y les miente, por tanto*, a los demás. En realidad, hace todo lo posible por no tener un instante libre, por ser un esclavo° del trabajo: ocupando todo su tiempo tiene un pretexto perfecto para no preguntarse en realidad qué desea y para no satisfacer el deseo de los demás. Ocupando todo su tiempo disponible° no tiene que responder a ninguna pregunta compleja (el deseo es una pregunta inquietante) y a la vez se siente dispensado° de ofrecerse él mismo como objeto de placer a los demás. "No puede" tomar un café con el amigo porque hace horas extras°; "no puede" escuchar a sus hijos porque no dispone de° tiempo; "no puede" hacer el amor de manera relajada° y libre porque está cansado. Mientras él huye° de su insatisfacción tapándola° con la alienación de su entrega desmedida° al trabajo, se convierte, a su vez, en fuente° de insatisfacción para los otros: el amigo que quiere tomarse un café con él ve continuamente frustrada su demanda, sus hijos se sienten permanentemente relegados°, y su esposa (o su compañera, o su amante), decepcionada°. No es extraño, entonces, que a su vez, los amigos, los hijos y sus mujeres imiten el mecanismo y también traten ellos de estar siempre ocupados, para no hacerle reproches* y para ocultar su propia insatisfacción. La

se...: toil

se...: become depressed

lies

slave

available

excused

horas...: overtime

no...: he doesn't have

relaxed / flees

covering it / entrega...: excessive dedication / source

relegated (to a secondary position) / disappointed

20 adicción al trabajo cuenta con la mejor de las publicidades de este mundo. En
primer lugar, cumplir con° el trabajo es una virtud*. ¿Dónde está la frontera°   **cumplir...:** doing / border
entre el deber de realizar bien el trabajo y comenzar a usarlo como gran justi-
ficación de las frustraciones a las que sometemos° a los demás? "Trabaja dema-   we subject
siado" es una disculpa° que cuenta con* todo el beneplácito° social. Es más: excuse / consent
25 inspira ternura° y compasión. Es muy difícil desenmascarar° a alguien que se   tenderness / to unmask
está protegiendo* de cualquier demanda con el pretexto del trabajo, porque   protecting
nunca se sabe si él se lo cree o no. Antiguamente, el trabajo era la excusa del
marido infiel ante la santa esposa. Por lo menos, quien practicaba este encubri-
miento° era consciente de que en el mundo había dos cosas: el placer y el   concealment
30 trabajo, en ese orden. El trabajo era experimentado como el obstáculo al placer.
Ahora, la tendencia es a invertir los valores. Es más: para muchos, el trabajo se
convierte en el único, equívoco placer. Lo más probable, hoy día, es que cuando
un marido o un amante le dice a su esposa o a su ligue° que no puede ir a verla   significant other
porque tiene mucho trabajo en la oficina, no es que esté a punto de serle infiel:
35 es verdad.

B   Por supuesto, esto no sería grave si los adictos al trabajo, que aparentemente
renuncian* a cualquier otro deseo, no se sustrajeran°, de este modo, a ser fuentes   **no...:** didn't eliminate
de placer para los demás; el problema es que al esclavizarse ellos al trabajo   themselves
—para huir de la inquietud, de la incertidumbre° y de cualquier pregunta sobre   uncertainty
40 ellos mismos— crean insatisfacción a su alrededor, y nuevos insatisfechos tra-
tarán de encadenarse° al trabajo para no sentir ese vacío°, esa ausencia que es el   chain themselves to / emptiness
deseo que no sabe cuál es o el deseo postergado°.   deferred

Escritora de "La Vanguardia", periódico importante de Barcelona (España).

C   La adicción al trabajo es una coartada° difícil de desmontar°, porque en   alibi / to dismantle
sociedades donde todo gira sobre el consumo y el mercado, el ocio° (con todas   leisure
45   sus posibilidades teóricas) es temido. El ocio convoca muchos fantasmas: qué
soy, para qué sirvo, cuál es mi placer. Evitando el ocio, estas preguntas pueden
postergarse indefinidamente.

D   El adicto al trabajo ignora, sin embargo, que hay un momento de paro°   stop (end, "unemployment")
definitivo: el de la muerte, y que si ésta le da un rato de ocio (único momento en
50   que parará de trabajar) entonces, quizá, se haga esa terrible pregunta que tantas
veces se escucha a los moribundos°: "¿Para qué todo?"   those who are dying

Ya, 1990.

---

3. El profesional llega al domicilio del cliente e, inmediatamente, realiza
una llamada —a través de un número gratuito— para avisar a las ope-
radoras de su llegada.

Aplicación

A   *El adicto al trabajo y los otros.* Examine la relación del adicto con los
demás (líneas 7–17) y dé un resumen de esa relación a base de las siguientes
palabras y preguntas.

El adicto:

1. el adicto y el amigo: tomar un café
2. el adicto y los hijos: escuchar
3. el adicto y su esposa (amante): hacer el amor

Los demás:

4. ¿Qué hacen los otros para ocultar su propia insatisfacción y para no hacerle
reproches?

B   *Frases claves.* Explique qué significan las siguientes frases.

1. "El adicto al trabajo se miente a sí mismo y les miente, por tanto, a los
demás". (3-4)
2. "Ocupando todo su tiempo disponible [el adicto] no tiene que responder a
ninguna pregunta compleja ..." (7–8)
3. "[El adicto]... se convierte, a su vez, en fuente de insatisfacción para los
otros ..." (14)

4. "La adicción al trabajo cuenta con la mejor de las publicidades de este mundo". (19–20)

5. "[Antiguamente] el trabajo era experimentado como el obstáculo al placer. Ahora, la tendencia es a invertir los valores". (30–31)

6. "La adicción al trabajo es una coartada difícil de desmontar..." (43)

7. "El adicto al trabajo ignora, sin embargo, que hay un momento de paro definitivo..." (48–49)

C *El adicto y el otro.* Con un/a compañero/a de clase, prepare un diálogo en que la otra persona le hace a Ud. preguntas y comentarios muy directos y Ud. (el adicto) intenta justificarse.

La otra persona	*usted*
1. —¿Por qué no puede tomar un café conmigo?	**1.** —no poder / hacer horas extras
2. —¿Por qué tiene que volver a la oficina?	**2.** —deber / realizar bien el trabajo
3. —Creo que trabaja demasiado.	**3.** —...
4. —...	**4.** —...
5. —...	**5.** —...

4. Si el profesional no llega en el plazo establecido, se enciende el *chivato* —una pantalla controlada por ordenador con estadísticas de la situación de los servicios en tiempo real— y la teleoperadora se encarga de buscar a un especialista suplente.

Repaso de vocabulario

A *Asociaciones sutiles.* Ponga en los espacios en blanco la letra de la palabra que *no* corresponde a las otras dos.

_____ **1.**	**a)** divertirse	**b)** tapar	**c)** encubrir
_____ **2.**	**a)** cumplir	**b)** realizar	**c)** encadenar
_____ **3.**	**a)** inspirar	**b)** someter	**c)** esclavizar
_____ **4.**	**a)** decepcionar	**b)** girar	**c)** enmascarar
_____ **5.**	**a)** proteger	**b)** cuidar	**c)** contar
_____ **6.**	**a)** disculpar	**b)** dispensar	**c)** deprimir
_____ **7.**	**a)** huir	**b)** desmontar	**c)** deshacer
_____ **8.**	**a)** ocultar	**b)** medir	**c)** esconder

B *Definiciones.* Explique qué son los siguientes.

1. un esclavo del trabajo   5. una coartada
2. un vago malestar   6. el paro
3. horas extras   7. el ocio
4. su entrega desmedida   8. un moribundo

C *¿Cómo soy/estoy?* Escriba cinco frases a base de los siguientes adjetivos, para describirse a sí mismo/a.

decepcionado/a	consciente	frustrado/a
extraño/a	relegado/a	insatisfecho/a
ocupado/a	relajado/a	deprimido/a
infiel	cansado/a	

5. Una vez resuelta la avería, se entrega al cliente un contrato en el que se recoge su carta de derechos. Si no se trata de un siniestro cubierto por una compañía de seguros, el profesional cobra por las horas que ha empleado con arreglo a una tarifa idéntica para toda España.

Contrastes culturales

Actitudes hacia el trabajo

En el mundo moderno hay cada vez menos diferencias esenciales entre el vivir hispánico y el anglosajón. La imagen tradicional del mexicano durmiendo bajo un árbol sencillamente no tiene nada que ver con la realidad. Y la imagen del español que se echa una larga siesta todas las tardes tampoco tiene validez (*validity*). Para mantener a sus familias, los padres y madres hispánicos de hoy tienen que trabajar largas horas intensas y agotadoras (*exhausting*). De hecho, a menudo no tienen más remedio que buscar varios trabajos, uno por la mañana, otro por la tarde y, a veces, un tercero para el fin de semana. Esto se llama el "pluriempleo" y es un fenómeno ya muy tradicional en muchos lugares del mundo hispánico.

La mera presencia de un artículo como "El trabajo como adicción" en un diario madrileño, por ejemplo, subraya (*underscores*) cuánto ha cambiado la sociedad española con respecto a sus actitudes hacia el trabajo. La concepción del trabajo como algo que evitar o posponer a toda costa, como por ejemplo en "Vuelva Ud. mañana", de Mariano José de Larra (donde el extranjero no puede terminar un trabajo de 15 días en siquiera 15 meses), ahora casi parece ser para el empleado de muchas empresas: "Me quedo en la oficina hasta mañana".

De compras en la Calle Preciados, en Madrid (España).

A *El pluriempleo.* ¿Conoce Ud. a alguien que sea "adicto al trabajo"? ¿Tiene más que un empleo? Conteste estas preguntas en forma oral o escrita. ¿Cree Ud. que el pluriempleo existe como necesidad entre muchos de nuestros ciudadanos? ¿Por qué? ¿Realmente necesitan todo el dinero que ganan o son casos de siempre querer tener más de lo que tienen? ¿Es responsable por tal actitud el consumo desenfrenado (*unbridled*)? ¿Y Ud. y su familia?

B *¿Satisfacción o insatisfacción?* En grupos de tres o cuatro, haga comentarios sobre sus empleos, sus actitudes hacia el trabajo y el placer y la satisfacción o insatisfacción que resulte de ellos.

6. El cliente encuentra en su contrato un cuestionario relativo a la calidad del servicio que ha recibido, y puede enviarlo por correo.

Gramática selecta

El subjuntivo y los verbos de emoción

A *Verbos de emoción.* Complete las siguientes frases, dando la forma correcta del subjuntivo para los infinitivos indicados.

1. Los fontaneros esperan que nosotros ... (presente)

   a) no *fregar* los cacharros en la ducha.

   b) no *intentar* arreglar la avería.

   c) *tener* en cuenta que nuestros dedos son un muestrario de morcillas.

2. Yo sentía que el grifo ... (imperfecto)

   a) *estropeársenos.*

   b) *sufrir* un ataque de flojera.

   c) *comenzar* a dejar escapar agua.

3. Nos alegramos de que tú ... (presente o imperfecto)

   a) *poder* llegar hasta el teléfono.

   b) *llamar* a más de cien números.

   c) *conseguir* romper una ventana.

4. Sentí gran alivio que por fin el fontanero ... (imperfecto)

   a) *querer* ayudarme.

   b) *quedar* en venir al día siguiente.

   c) *dirigirse* en seguida a la cocina.

B *¿Dudar o no dudar?* Complete las siguientes frases, dando la forma correcta del subjuntivo para los infinitivos indicados.

1. No creo que ese fontanero ... (presente)

   a) *poder* venir debido a sus muchos cargos.

   b) *vivir* muy cerca.

   c) *atenderles* en seguida.

2. No se podía creer que nosotros ... (imperfecto)

   a) *estar* desesperados ya.

   b) *correr* peligro de cortarnos las uñas o algo peor.

   c) *sentir* gran alivio al llegar nuestro salvador.

3. ¿Crees que el fontanero nos ... (presente)

   a) *pedir* más de dos millones?

   b) *tener* éxito?

   c) *ganar* el dinero al tute?

4. Dudaba que el fontanero... (imperfecto)

    a) *cobrarnos* tanto.

    b) *agarrar* a la camarera.

    c) ni siquiera *volver* la cara.

C *Secuencia de tiempos.* Termine las frases con la cláusula "venir a tiempo", pero cambiando el verbo según el verbo principal de la frase.

MODELO: Es una pena que ellos...
         Es una pena que ellos no vengan a tiempo.

1. Lamento que él no ...   **5.** No niego que él nunca ...

2. Les dije a todos: habrá que ...   **6.** Es muy difícil que ellos ...

3. Esto no sería grave si todos ellos ...   **7.** Esperábamos que él ...

4. Tenía miedo de que ella no ...   **8.** No dudamos que ellas ...

D *¿Subjuntivo o no?* Llene los espacios en blanco con la forma correcta del infinitivo.

1. (mentirse) —¿Tú realmente crees que el adicto al trabajo _____ a sí mismo?

2. (ser) —No lo sé. Tú, por ejemplo, nunca pareces tener un instante libre, pero no creo que _____ un esclavo del trabajo.

3. (preguntarse) —Yo por lo menos sé lo que quiero, pero en cuanto a ti, dudo que jamás _____ en realidad qué deseas.

4. (satisfacer) —Siempre busco ayudarte a ti, ¿no crees? Dime, de verdad, ¿tú niegas que yo no _____ tus deseos siempre que pueda? ¿Por ejemplo, ¿te preparo un café ahora mismo?

5. (poder) —Bien sabes que ahora no _____ . Mi jefe me espera en la oficina dentro de 15 minutos.

¿Por qué no practica esta "conversación" con un/a amigo/a para añadir tres o cuatro frases más?

E *Ud. y su jefe/jefa.* Invente una conversación con otro/a compañero/a (su "jefe/a") en que los dos dan opiniones sobre las siguientes afirmaciones.

1. "Cumplir con el trabajo es una virtud". (21)

    a) Me alegro de que Ud ....

    b) ¿No cree Ud. que yo ...?

    c) Me sorprendió que Ud ....

    d) Temo que ...

2. "Para muchos, el trabajo se convierte en el único, equívoco placer". (31–32)

    a) Lamento que Ud....

    b) Me parece mentira que Ud....

    c) Yo no niego que Ud....

    d) Prefiero que...

 Estrategias para escribir

Writing a Very Short Story

In previous lessons you have written lists, summaries, descriptions, character sketches, etc. Now it's time to write a complete story—well, a very short complete story. In order to put yourself in the appropriate frame of mind, think of the story about the plumber. It sets forth a problem, the search for a "savior," his appearance, his success and his triumphant departure. Much of this is pure irony, of course, since plumbers are not generally very heroic. Construct your story around such a romanticized figure; the inherent exaggeration and mystery in him or her will not only be more appealing to readers, but will also make the writing easier. A few broad strokes are simpler to create than many tiny details.

    Begin with a general outline, which for example, provides the following information:

1. The problem

2. The "savior"

3. His or her first appearance

4. How he or she solves the problem

5. His or her triumphant departure

Each of the entries above should constitute one paragraph. To weight the five in terms of their relative importance to your story, assign each one an arbitrary number of sentences—a symmetrical pyramid plan may provide the most unity. Observe the following:

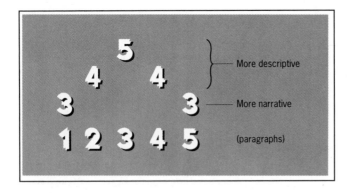

This plan emphasizes the description of the hero or heroine's arrival. The opposite plan (the inverted pyramid) would underscore the importance of the action. Now observe this diagram:

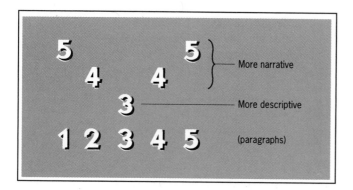

Once you have selected your problem and hero or heroine and the overall form of your very short story, it is time to begin to write. First, write down as many attributes (descriptive plan) or actions (narrative plan) as possible. Then cluster and arrange them in the desired number of sentences. Once you have constructed the most important section(s) of your story, it will be easier to flesh out the shorter portions—action (first plan) or description (second plan).

Escritura I

Un negocio que saca la cabeza

granjero   farmer
avestruces   ostriches
se aprovecha   one takes advantage of
piel   hide
rentable   profitable
pareja   pair
cabaña   flock
hembra   female
mesetario   (pertaining to) the central plateau in Spain
no asusta   doesn't frighten
gélidas   frigid

Comienza en España la explotación de avestruces

Un negocio que saca la cabeza

A pocos kilómetros de Madrid, un granjero innovador ha sustituido sus ovejas por más de un centenar de avestruces. De estos animales se aprovecha todo: plumas, carne y piel. En otros países supone un negocio rentable la explotación de estos *pollos* gigantescos.

A *"Bichos todoterreno"*. Las avestruces parecen ser un negocio muy rentable. Explique, en un párrafo escrito, las varias ventajas comerciales ofrecidas por estos *pollos* gigantescos.

B *Un negocio innovador.* ¿Qué animal "diferente" escogería Ud. para formar una industria nueva? Justifique su selección comentando, en forma escrita, las oportunidades que pudiera ofrecer. ¿Qué diversos productos proporcionaría? ¿Para qué mercados? ¿Serían muy rentables?

> **7.** Si el abonado no está satisfecho y efectúa una reclamación, un empleado se traslada al inmueble y comprueba la calidad del trabajo. Si el cliente tiene razón, otro profesional acude, sin recargo.

Bichos todoterreno

Se puede empezar en el negocio de las avestruces con una sóla pareja. Las dimensiones que vaya tomando luego la cabaña depende del espacio de que se disponga. Una hembra ya puede empezar a poner huevos con dos o tres años de edad, aunque no es verdaderamente adulta hasta los ocho o diez años y está poniendo huevos hasta los 45. Las avestruces son animales muy longevos que viven hasta los 80 años aproximadamente.

De momento, estos animales parecen estar acostumbrándose bien al clima mesetario. A su propietario no le asusta el frío, ya que ha visto granjas de avestruces en zonas tan gélidas como Canadá.

Escritura II

Multiasistencia (Un Remedio a las Averías Domésticas)

gotera   drip

trastorno   disturbance

radica   takes root

lo ha logrado   has achieved it

averías   breakdowns

cerrajero   key maker

factura   bill

para colmo   on top of it all

chapuza   mistake, botched repair

abonado   insured, guaranteed (one)

cañería   water main

A *El servicio, paso a paso.* Examine los siete pasos del servicio "Multiasistencia" y escriba una lista de los aspectos del programa que Ud. considere más importantes. Luego, explique (1) qué paso Ud. considere el más crucial (diciendo por qué); luego, (2) haga un breve plan para una compañía suya, dando pasos similares a éstos.

B *Su propia "avería".* Invente una avería doméstica y explique, en forma escrita, cómo la resolvería. ¿Lo haría Ud. mismo? ¿A qué técnico llamaría? ¿Y si él/ella no pudiera venir? ¿Podría Ud. llamar a Multiasistencia?

MULTIASISTENCIA YA TIENE 5 MILLONES DE ABONADOS Y PRESTA 20.000 SERVICIOS AL MES

Hace unos años tener una gotera en casa era casi una tragedia. Hoy, es un mero trastorno que se soluciona en unas horas. La dificultad radica en dar una solución correcta cuando el número de reparaciones diarias supera las 700. Multiasistencia lo ha logrado.

UN REMEDIO A LAS AVERIAS DOMESTICAS

uién no se ha desesperado alguna vez, cuando la tranquilidad del fin de semana se ha visto alterada por un inoportuno escape de agua, un cortocircuito o un olvido de llaves? Encontrar a un fontanero, un electricista o un cerrajero era casi un milagro; en el caso de hallarlo, la factura podía dejar temblando la economía familiar y, para colmo, si le hacían una *chapuza*, no podía reclamar ni al lucero del alba.

Desde hace unos años, el panorama ha cambiado radicalmente:

– «**Multiasistencia, buenos días, le habla Alicia**».

– «**Soy el abonado A1324. Tengo un escape de agua y se me ha inundado la cocina**».

La teleoperadora comprueba los datos en su pantalla de ordenador y confirma la dirección con el abonado. «**Le mandamos urgentemente un fontanero**».

Un rato después –en las urgencias se garantiza el servicio antes de tres horas– el fontanero se presenta en el domicilio, arregla la cañería y extiende una factura según el número de horas trabajadas, con arreglo a una tarifa única para todos los servicios

En conclusión

En grupos de tres o cuatro, comente las siguientes preguntas, dando ejemplos ilustrativos de su propia experiencia.

1. ¿Es cara ahora la mano de obra? ¿Qué cobran los distintos obreros especializados para venir a su casa: los carpinteros, los electricistas, los fontaneros, los pintores, los albañiles? Y, una vez en casa, ¿qué cobran por hora? ¿Le parece mucho? ¿Por qué (no)? ¿Qué justifica tales precios?

2. ¿Es muy buena, generalmente, la obra de mano? ¿Son eficientes y rápidos estos especialistas? ¿Vienen pronto o hay que esperar mucho tiempo? ¿Ofrecen servicios de urgencia? ¿Sabe Ud. la preparación profesional que reciben tales obreros especializados? (Esta lectura es, obviamente, muy irónica. ¿Qué cree Ud. que intenta decir el autor a través de su ironía?)

3. ¿Le parece a Ud. buena idea montar un negocio a base de un animal como la avestruz? ¿Sería algo práctico y deseable o solamente cruel y oportuno? ¿Cree Ud. que los animales tienen derechos? Explique por que sí o no.

Capítulo 10

LOS DEPORTES

Presentación

El fútbol, el baloncesto, el béisbol y el jogging

El fútbol° es, sin duda, el deporte más popular en la mayoría* de los países hispánicos. El baloncesto° también es popular y el béisbol se juega* mucho en México y el Caribe. Es muy probable que los mexicanos, los venezolanos, los dominicanos y los puertorriqueños estén muy bien informados de lo que hagan los numerosos jugadores* de béisbol de su país que juegan en las Ligas Mayores°.

    Hasta años recientes, sin embargo, la gente común y corriente no había participado mucho en los deportes. El jogging[1] sólo se ha hecho popular desde hace poco. La lectura de este capítulo es un cuento llamado, precisamente, "Jogging", de Juan Antonio Ramos, cuentista puertorriqueño. Presenta las reacciones y deseos de Alfredo, quien al principio desprecia° el nuevo deporte, pero al final decide intentarlo. Veremos los resultados.

    En las *Escrituras* presentamos comentarios sobre famosos beisbolistas hispanoamericanos y diversos aspectos de cómo se juega el fútbol. También incluímos noticias curiosas sobre diversos aspectos del cuerpo humano (sin el cual no hay deporte que valga°).

Margin glosses:
- soccer
- basketball
- **Ligas...:** Major Leagues
- scorns
- worth (anything)

Mark Carreón, jugador de los New York Mets, charla con sus aficionados jóvenes en Shea Stadium, durante los "Hispano Achievement Awards".

---

1. *Footing* es la palabra que se usa en España.

Estrategias para leer

Techniques for Analysis and Review

In narrative passages, sentences frequently seem to "grow" by accretion; that is, they accumulate one clause after another, often in sections and subsections of three. Observe the narrative organization of the three sentences in the first paragraph of the *Lectura*:

1. A Alfredo... **(a)** le parecieron... **(b)** y no se imaginaba... **(c)** que duraría...
2. ... trotadores ... **(a)** con distintos estilos ... **(b)** en distintos grupos ... **(c)** y de distintos sexos...
3. ... los periódicos ... **(a)** ... de partes ... **(b)** ... de artículos ... **(c)** ... de reportajes ...

Such a structure engages readers in a variety of details at the same time that it distances them from these very details so they can observe the forward movement of the overall plot. The "feel" resulting from such narrative flow is at once a "vertical" envelopment and a "horizontal" survey. This allows readers to experience the story emotionally, and to understand its total impact, critically or intellectually. In a sense, the narrative is existential and historical at the same time. Examine the narrative structure of other paragraphs, to see if they develop in the same way.

On the surface this story seems realistic and objective. An omniscient third-person narrator presents Alfredo's life over the span of what seems to be several weeks. His actions and reactions, thoughts and memories are observed and documented as we are lead, in apparently chronological order, from his initial attempts at running to his final achievements. The language is simple and direct. And, yet, as the story proceeds, something unsettling happens. Alfredo's struggle to return home at the end and his insistence on eating rice for dinner suggest that this is his very first (and only!) try at running. The strange incident of the men dragging a bundle is the only thing that interrupts the forward movement of the narrative. Its repeated occurrence, during Alfredo's childhood, his business life and his run, forms an ominous "cloud" over his experience. At this point the story turns inward and the apparently realistic "happenings" become subjective, mere projections of Alfredo's desires: he *wants* to be a great runner; he *wants* to be thinner; he *wants* to be a business success; he *wants* to be a ladies' man, etc. In reality little time has passed and Alfredo's supposed achievements are imaginary.

The translations in the right margin are accompanied by words and phrases in boldface that offer brief summaries of key themes and motifs appearing in the story. Refer to them to clarify your understanding of these segments and to review the story. By the way, you should imitate this practice by taking notes of your own as you read. Consider which approaches you might select: (1) jotting down a brief summary of the action at the beginning (or end) of each paragraph; (2) describing each new character or group of characters as they appear; (3)

noting humorous similes, personifications, and the like; (4) describing the various locales. Also, go over the questions at the bottom of each page to review the reading and to help fix a myriad of details in your mind.

Lectura

«Jogging»

JUAN ANTONIO RAMOS

Alfredo no recuerda cuándo vio los primeros joggers en la urbanización°, pero lo cierto es que le parecieron ridículos y absurdos, y no se imaginaba patrocinando° esa fiebre° que duraría, como todas las fiebres, seis meses a lo sumo°. Los seis meses pasaron y la urbanización siguió poblándose* de trotadores° a
5   toda hora*, con distintos estilos e indumentarias°, en distintos grupos y rutas, y de distintos sexos y edades. Asimismo°, los periódicos se fueron contaminando* de partes° insignificantes, que pronto ganaron categoría de artículos y finalmente de reportajes*, con fotos y testimonios de individuos saludables* y contentos, que echaban bendiciones a la medicinal costumbre de correr.
10   La primera vez que Alfredo corrió fue en una tarde calurosa de junio. Seleccionó* como punto de partida* la avenida* colindante a° Villa Olga, la cual está retirada* de su vecindario° inmediato. Se fue en el carro a espaldas de° su mujer (los nenes° estarían jugando en el parque). Lucía° un suit verde y unos tenis atléticos. Pensó que Gloria se escandalizaría° no sólo al saber que él
15   también era víctima del arrollador follón°, sino al constatar° el dinero invertido en el aparatoso atuendo°. Cerró bien el carro, empuñó° las llaves, miró a todos lados, y arrancó° en un trote indeciso, seguro de que algún observador oculto lo estaría comparando con una albóndiga° astronauta.
         Regresó a su casa frustrado, convencido de que eso no era lo suyo. Por
20   suerte Gloria no estaba ...
         Al día siguiente, tras haber superado la depresión de la tarde anterior, estuvo puntual en el mismo sitio. Caminó un trecho°, mirando alternadamente hacia el carro, hasta que ensayó° un trotecito que para su sorpresa, lo llevó a recorrer° el doble de la distancia del primer día. Así estuvo dos días más hasta que se lo
25   confesó a su mujer, quien, sin dejarlo terminar, estalló* en unas carcajadas° tan ofensivas que estuvieron a punto de hundirlo° definitivamente.

residential development	
patronizing / fever / **a...:** at most	
trotters	
clothes	
Likewise	
reports / **Artículos y reportajes, con fotos y testimonios de individuos saludables y contentos**	
colindante...: adjacent to	
neighborhood / **a...:** behind (his wife's) back / little ones / He was wearing / would be shocked	
arrollador...: irresistible rumpus / verifying / attire / grabbed	
took off	
meatball	
Regresó a casa frustrado, pero al día siguiente estuvo puntual en el mismo sitio.	
distance	
he tried out / to travel (cover)	
estalló...: exploded in...guffaws	
sinking (depressing)	

1. ¿Qué le parecieron a Alfredo los primeros joggers en la urbanización?

2. ¿Qué siguió ocurriendo después de seis meses?

3. ¿Cómo se fueron contaminando los periódicos?

4. ¿Qué hizo Alfredo cuando corrió la primera vez?

5. ¿De qué estaba convencido Alfredo cuando volvió a casa?

6. Pero, ¿qué hizo al día siguiente?

7. ¿Cómo reaccionó su mujer cuando Alfredo le confesó que había corrido?

Pero Alfredo estaba decidido, y contra viento y marea° persistiría* hasta correr como un maratonista. Pronto pudo estrujarle° los primeros resultados a Gloria cuando le mostró la panza° levemente rebajada°...

30 El progreso alcanzado por Alfredo era tan sorprendente que podía ir hasta la avenida y regresar sin tomar descansos. Para su regocijo°, perdía peso continuamente, al punto que el uniforme le empezó a bailar°. Tenía tal dominio de su ruta que podía señalar en qué lugares había perros, qué calles estaban más despejadas de tránsito°, y qué tramos° se hacían más tortuosos...

35 Un buen día se aventuró a salir de la urbanización por un casi ignorado boquete° que daba a° Pájaros. Comprendió que tenía que correr con cuidado debido a que la carretera era más estrecha*, sin aceras*, en curvas y los carros pasaban volando* bajito°. También pensó que el lugar le era prácticamente desconocido y que quienes se arriesgaban* a lanzarse° por allí lo hacían en grupo...

40 Los vecinos fueron los primeros en darse cuenta de la paulatina° y gradual transformación de Alfredo, quien caminaba regodeado° al colmado° de la esquina ... Los compañeros de trabajo repararon de buenas a primeras°, en el frugal almuerzo de Alfredo, y adjudicaron° únicamente a la dieta las libras* perdidas. Notaron, además, que Alfredo ya no se encerraba° en su oficina al 45 mediodía, y en cambio* se quedaba a escuchar los chistes* y chismes* y hasta hacía sus aportaciones° ... Gloria tardó más que nadie en reconocer los cambios experimentados por Alfredo. Los empezó a advertir en las tardes, cuando exigía menos arroz y habichuelas°. Luego se maravilló* cuando su compañero decidió prescindir° de los granos° para conformarse* con carnes y vegetales...

50 Por otro lado*, como corredor*, Alfredo ... no sólo deglutía° con sus fortalecidas* piernas distancias respetables, sino que además, derrochaba° gracia y precisión en sus movimientos. Ahora adoptaba al correr una posición erguida°, los brazos y las piernas se movían en perfecta armonía y un ritmo uniforme. A medida que perfeccionaba° su estilo y aumentaba su resistencia, se imponía 55 retos° más estimulantes, que estuvieran a la altura de sus recién adquiridas aptitudes.

Ese ánimo expansionista y aventurero fue lo que lo llevó una tarde a torcer° a la izquierda y no a la derecha como acostumbraba al salir de la urbanización, y al cabo de° un rato se encontró con predios° desconocidos que prometían*

---

1. ¿Por qué era sorprendente el progreso alcanzado por Alfredo?
2. ¿Qué se aventuró a hacer un buen día?
3. ¿Cómo era la nueva carretera?
4. ¿De qué se dieron cuenta los vecinos?
5. ¿En qué repararon sus compañeros de trabajo?
6. ¿Qué otras evidencias había de los cambios experimentados por Alfredo?
7. ¿De qué se maravilló Gloria?
8. ¿Qué deglutía Alfredo?
9. ¿Qué adoptaba al correr?
10. ¿Cómo se movían los brazos y las piernas?

60 seguras compensaciones. Era una carretera más angosta° y sinuosa que la de | más...: narrower
Pájaros. No recordaba haberla transitado. Los alrededores* poseían* una belleza | **Los alrededores poseían una**
y quietud poco disfrutadas por él y la gente de su vecindario. Había muy pocas | **belleza y quietud poco**
casas y la brisa* estaba en todas partes. El silencio era alterado por ocasionales | **disfrutadas por él y la gente**
chillidos°, o por la enramada crujiente°, y, en aquel momento, por voces que | **de su vecindario.**
65 Alfredo captó a la distancia. Conforme° avanzaba percibía° con mayor claridad | animal noises / **enramada...:**
altos susurros° de dos, quizá tres hombres emboscados° que al advertirlo estre- | rustling / As / he perceived
mecieron* el ramaje° que los ocultaba. Alfredo creyó verlos agachados° hacia | (heard)
un bulto° que aparentemente arrastraban. Sintió miedo, no halló prudente virar°, | whispers / (lying) in ambush
pero lo hizo apretando el paso°. Pensó en la graduación de Alfredito, en un | branches / bent over
70 anfiteatro repleto° de chiquitines chillones°, y un telón púrpura con letras enor- | to veer
mes ..., la directora dirigiéndose a la concurrencia°, los padres amonestando° a | **Dos o tres hombres**
los pequeños e inquietos graduandos° que señalan hacia los bastidores°, la di- | **arrastraban un bulto /**
rectora contrariada por el alboroto° interrumpe, vuelve la cabeza y presencia°, | **apretando..:** hastening
como todos, el instante en que unos hombres agachados arrastran un bulto y lo | his step / full / screaming
75 ocultan tras el cortinaje°. Alfredo parpadea° y se ubica° en la oficina del presi- | audience / admonishing
dente, asiste a una reunión* de importancia, todos los jefes de departamentos | graduates / wings (of a stage)
están presentes, la nueva secretaria lo observa a hurtadillas°, el presidente salu- | uproar / witnesses
da, da la bienvenida*, informa, Alfredo ha olvidado el cartapacio°, pide per- | draperies / blinks / **se...:** sees
miso para ausentarse* un momento, camina hasta la puerta y cuando sale nota | himself
80 que al final del pasillo* unos hombres agachados arrastran un bulto confuso, | **a...:** out of the corner of her eye
Alfredo jadea° extenuado y atraviesa° calles, perros sarnosos° le salen al paso°, | portfolio
lo hostigan, dobla esquinas, sube y baja cuestas° empapado en sudor°, por fin da | to leave
con* su urbanización, con su calle, con su casa, las rodillas no dan más, arrastra |
los pies gastados°, llama y nadie contesta, supone que Gloria estará en el cuarto | pants / crosses / mangy / **le...:** cross
85 de atrás, cuando se dirige al patio su mujer abre la puerta de la cocina. | his path / hills / **empapado...:**
—¿Volviste?— mira a su marido con una suerte de lastimoso asombro°—. | drenched in perspiration
Muchacho, te ves muerto. |
Alfredo entra encorvado°, con las manos en la cintura, pisando° las gotas* | worn out
de sudor* que se desprenden de° la punta de la nariz. |
90 —Tú has cogido esa vaina° muy a pecho°, Alfredo. Enfríate primero antes | **una...:** a kind of pitiful surprise
de bañarte. ¿Quieres agua? |
| stooped / stepping on
| **se...:** drop from
| thing / **muy...:** very seriously

---

1. ¿Qué se imponía?

2. ¿Adónde fue un día?

3. ¿Cómo eran los alrededores?

4. ¿Había muchas casas?

5. ¿Por qué sintió miedo Alfredo?

6. ¿Qué diferentes recuerdos tuvo en ese instante?

7. ¿Qué escena se repite en cada recuerdo?

8. ¿Cómo corre Alfredo ahora?

9. ¿Qué animales le salen al paso?

10. ¿Cómo entra en su casa Alfredo?

11. ¿Qué le dice su mujer?

Alfredo hace un gesto confuso con la mano y Gloria opta por dejarlo tranquilo. La inevitable escena regresa a él tan pronto cierra los ojos. Gloria descongela° el pollo y comienza a mondar° las papas de la dieta. Alfredo la observa pensativo y abrumado por la decepción y el abrupto recorte° que tendrá que hacerles a sus inmodestas aspiraciones. *Será cuestión de dar vueltitas a la manzana° como hace todo el mundo...*

—Pon a cocinar un poco de arroz— ordena malhumorado° mientras se saca los tenis.

thaws / to peel

trimming

a...: around the block

in a bad mood

_____

1. ¿Qué prepara ella para la cena?
2. ¿Por qué está abrumado Alfredo?
3. ¿Cómo corre todo el mundo según Alfredo?
4. ¿Qué le ordena a su mujer que cocine para la cena?

Aplicación

A   *El primer párrafo (1–9).* Repase las siguientes frases, sacadas del primer párrafo, y examine cómo se dividen en tres secciones subordinadas.

1. A Alfredo los primeros joggers ...
  a) le parecieron ridículos y absurdos,
  b) y no se imaginaba patrocinando esa fiebre
  c) que duraría seis meses a lo sumo.

2. Los seis meses pasaron y la urbanización siguió poblándose de trotadores a toda hora ...
  a) con distintos estilos e indumentarias,
  b) en distintos grupos y rutas,
  c) y de distintos sexos y edades.

3. Asimismo los periódicos se fueron contaminando ...
  a) de partes insignificantes,
  b) que pronto ganaron categoría de artículos
  c) y finalmente de reportajes...

Ahora, conteste estas preguntas rápidas basadas en las frases anteriores.

4. A Alfredo, (a) ¿cómo le parecieron los joggers? (b) ¿qué no se imaginaba? (c) ¿de qué "fiebre" habla? (d) ¿cuánto tiempo duraría?

5. (a) ¿Qué ocurrió después de seis meses? (b) ¿Qué estilos e indumentarias tenían? (c) ¿Qué rutas seguían? ¿Qué sexos y edades representaban?

6. (a) ¿Qué se fueron contaminando? (b) ¿De qué partes? (c) ¿Qué categoría ganaron pronto? (d) ¿Y finalmente?

B *El segundo párrafo (10–18).* Complete las seis frases de este párrafo.

1. La primera vez que corrió ...
2. Seleccionó como punto de partida ...
3. Se fue en el carro ...
4. Lucía ...
5. Pensó ...
6. Cerró ..., empuñó ..., arrancó ...

Ahora, invente una narración en que Ud. habla de sí mismo/a. ¿Dónde corrió por primera vez? ¿De qué punto partió? ¿Qué traje lucía?, etc.

C *La nueva ruta (57–69).* Conteste las preguntas.

1. ¿Cómo era la carretera?
2. ¿Qué poseían los alrededores?
3. ¿Cuántas casas había?
4. ¿Qué silencio captó Alfredo a la distancia?
5. ¿Qué percibía por fin?
6. ¿Qué hacían ellos?

D *Los recuerdos de Alfredo (69–85).* Describa las varias escenas que pasan por la mente de Alfredo.

1. la graduación de Alfredito
2. Alfredo en la oficina del presidente
3. Alfredo camina hasta la puerta y cuando sale nota que al final del pasillo ...

   ¿Qué tienen en común estas escenas? Parece ser una escena inevitable. ¿Qué cree Ud. que significa? ¿En qué condiciones físicas está Alfredo después de experimentar estas escenas? ¿Realmente corrió mucho Alfredo o era su progreso físico sólo algo imaginado por él? Explique Ud. las líneas 94–97.

E *Realidad y fantasía.* Lea las siguientes consideraciones y haga comentarios sobre ellas.

1. Durante el cuento parece que ha pasado mucho tiempo. La verdad es, no obstante, que ha pasado muy poco tiempo, quizás sólo una hora o dos. Realmente, ¿cuántas veces ha corrido Alfredo? ¿Cuál es su verdadera reacción a esa experiencia?
2. Este cuento presenta primero lo que *parece* ser la realidad (la transformación de Alfredo). Al final, sin embargo, resulta que eso sólo es fantasía mientras

que la verdadera realidad (su posible muerte) parece bastante fantástica. Prepare una descripción de una y otra.

3. ¿Qué suele comer Alfredo? ¿Cómo parece cambiar eso mientras corre? Sin embargo, ¿qué pide él al final? ¿Por qué es especialmente importante o irónica esta última referencia?

CASOS Y COSAS DE NUESTRO CUERPO

- Cuando nos ponemos un caracol junto a la oreja, el sonido que percibimos es el eco de la circulación de la sangre por la misma oreja. Los sonidos que mejor se trasladan y son más fáciles de captar por el oído humano son los sonidos de las letras a, e, i, o, u.

F *Su deporte favorito.* Invente varios comentarios a base de algunas de estas preguntas personales.

1. ¿A qué deporte(s) se dedica Ud.? ¿Cuál es su favorito?
2. ¿Hay que llevar ropa especial al practicarlo? ¿Cómo es esa ropa? ¿Es cara? ¿Dónde puede comprarla? ¿Practica Ud. este deporte solo/a o en grupo? ¿Cuál prefiere? ¿Por qué?
3. ¿Es Ud. corredor/a? ¿Cuánto corre? ¿Todos los días?
4. ¿Cuáles son los beneficios de correr (de otros ejercicios)? Describa una experiencia personal para sus compañeros de clase.

Jugando al voleibol, en Maracaibo (Venezuela).

Esquiando en la Sierra Nevada al sur de España.

• La mayoría de las personas pueden discriminar 4.000 aromas distintos. Las narices muy finas distinguen unos 10.000. Cuando los perros siguen el rastro de una persona, lo que hacen es seguir el olor de las huellas de sus pies.

Repaso de vocabulario

A *"Jogging"*. Dé la letra de las palabras (al final) que corresponden a las expresiones en cursiva.

_____ **1.** seis meses *a lo sumo*

_____ **2.** distintos estilos e *indumentarias*

_____ **3.** Alfredo *lucía* un suit verde y unos tenis atléticos.

_____ **4.** Su mujer *estalló en unas carcajadas* ofensivas.

_____ **5.** Le mostró la panza levemente *rebajada*.

_____ **6.** El uniforme le empezó a *bailar*.

_____ **7.** la *paulatina* y gradual transformación de Alfredo

_____ **8.** *Exigía* menos arroz y habichuelas.

a) se rió mucho

b) reducida

c) quedar grande

d) lenta

e) aparatoso atuendo

f) vestía

g) demandaba

h) como máximo

Ahora, dé un resumen de las primeras reacciones de Alfredo al "jogging"; siga las ideas dadas en las frases de A (1–8), pues se dan en orden.

B *Expresiones hechas.* Dé la letra de la traducción que corresponde a cada expresión.

_____ **1.** a lo sumo

_____ **2.** a toda hora

_____ **3.** asimismo

_____ **4.** a espaldas de

_____ **5.** al día siguiente

_____ **6.** a medida que

_____ **7.** al cabo de

_____ **8.** a hurtadillas

_____ **9.** salir al paso

_____ **10.** a pecho

a) *likewise*

b) *the next day*

c) *secretly*

d) *at most*

e) *to heart*

f) *behind the back of*

g) *constantly*

h) *at the end of*

i) *while, as*

j) *to bother (confront)*

C *Estudio de palabras.* ¿Qué significan estas palabras? Refiérase al contexto, indicado entre paréntesis, si es necesario.

A	C
1. trotadores (4)	**1.** daba a (36)
2. trote (17)	**2.** da con (82–83)
3. trotecito (23)	**3.** no dan más (83)
	4. dar vueltitas (96)

B	D
1. correr (9, 36, 52)	**1.** punto de partida (11)
2. recorrer (23)	**2.** a punto de (26)
3. corredor (50)	**3.** al punto que (32)

Ahora, escoja una expresión de cada grupo para inventar frases originales en español.

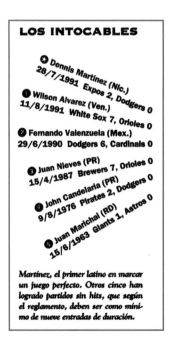

LOS INTOCABLES

✛ Dennis Martínez (Nic.)
28/7/1991 Expos 2, Dodgers 0
❶ Wilson Alvarez (Ven.)
11/8/1991 White Sox 7, Orioles 0
❷ Fernando Valenzuela (Mex.)
29/6/1990 Dodgers 6, Cardinals 0

❸ Juan Nieves (PR)
15/4/1987 Brewers 7, Orioles 0
❹ John Candelaria (PR)
9/8/1976 Pirates 2, Dodgers 0
❺ Juan Marichal (RD)
15/6/1963 Giants 1, Astros 0

Martínez, el primer latino en marcar un juego perfecto. Otros cinco han logrado partidos sin hits, que según el reglamento, deben ser como mínimo de nueve entradas de duración.

1. ¿Quién fue el primer latino en marcar un juego perfecto?

2. ¿Qué otros jugadores latinos han logrado partidos sin hits?

3. Según el reglamento, ¿un partido sin hits debe ser, como mínimo, de cuántas entradas de duración?

D *¿Qué hace Ud.?* En grupos de tres o cuatro, diga cada uno cuál es su actividad favorita y conteste las siguientes preguntas, por turno, para ampliar sus comentarios. Use las expresiones nuevas indicadas. Para empezar, ¿qué hace Ud.?

1. ¿Lo hace solo/a o con otros amigos/as? / junto con / a espaldas de
2. ¿Cuándo lo hace? / al cabo de / a toda hora
3. ¿Cómo lo hace? / secretamente / contra viento y marea
4. ¿Por qué lo hace? / debido a que / a medida que
5. ¿Dónde lo hace? / punto de partida / vecindario

E *La primera vez que Ud. corrió.* Invente un monólogo para describir cómo Ud. corrió la primera vez. Dé nombres precisos de calles y otros lugares o peligros. Si nunca ha corrido, tendrá que ser una historia imaginada. Refiérase a la experiencia de Alfredo (líneas 88–97) si necesita ayuda.

1. atravesar la calle / carretera... (angosta / sinuosa / en curvas)
2. doblar la esquina... (más estrecha / sin aceras / tortuosa)
3. salirle al paso un perro... (sarnoso / que lo hostiga)
4. subir / bajar cuestas... (jadear extenuado)
5. dar con... (su urbanización / su calle / su casa)
6. arrastrar... (los pies gastados)

F *Cansadísimo/a.* Descríbase a sí mismo/a, en forma oral o escrita, después de haber corrido la primera vez. Use estas (¿y otras?) expresiones.

encorvado/a / las manos en la cintura / jadear / desprenderse gotas de sudor de la punta de la nariz / arrastrar los pies

---

• Se estima que en la vida una persona promedio consume en alimentos aproximadamente el equivalente a 6 elefantes.

Contrastes culturales

Los deportes

Los deportes forman una parte integral de la vida cotidiana hispánica. Durante la copa mundial no hay, en la mayoría de los países, nadie que es escape de la fiebre inspirada por el fútbol. Lo mismo puede decirse del baloncesto, entre los españoles, y del béisbol, entre la gente del Caribe (Centroamérica, Venezuela,

La copa mundial de fútbol. Esta vez pierde el equipo nacional de Argentina.

Una corrida de toros en la Plaza de México.

Puerto Rico, la República Dominicana, Cuba y México). Sería casi imposible que existiesen equipos de béisbol profesional en los Estados Unidos y el Canadá sin los muchos jugadores que vienen de los países indicados.

A *¿Beisbolistas hispánicos.* ¿Conoce Ud. a diferentes beisbolistas cubanos, puertorriqueños, mexicanos, venezolanos, dominicanos? Haga una lista de todos los nombres posibles. Escoja un nombre y diga todo lo que pueda de su talento deportivo.

B *El toreo.* La corrida de toros es un "deporte" hispánico no muy popular entre nosotros (y, a veces, no muy popular entre ellos). Busque Ud. información sobre el toreo (una enciclopedia puede serle útil) y preséntesela a la clase. ¿Qué opinión tiene Ud. del toreo? ¿Por qué cree que es popular en España y México? ¿Qué cree Ud. que dirían los activistas que promueven (*promote*) los derechos de los animales?

- Usamos 17 músculos para sonreir y 43 para fruncir el ceño.

1. ¿Cuántos deportes se mencionan en este anuncio?
2. ¿Puede Ud. recordarlos todos sin mirar la segunda vez?
3. ¿Ha jugado Ud. a todos estos deportes? Explique.
4. ¿Cuáles prefiere Ud.? ¿Por qué?
5. Según el anuncio, ¿cuáles son las ventajas de esta colección?

> • El cerebro humano no siente dolor. Los dolores de cabeza se localizan en los músculos y nervios que rodean al cerebro. Se estima que el cerebro humano es de agua en un 80%.

Gramática selecta

Más sobre el subjuntivo, formas comparativas, el superlativo absoluto

A *Lo desconocido de la urbanización.* Dé la forma correcta del verbo en cursiva. ¿Subjuntivo o no?

1. No hay nadie en la urbanización que ...
   a) *ser* jogger
   b) *correr* tanto
   c) *tener* buen estilo al correr

2. ¿Había algún vecino que ...
   a) *lucir* un suit verde?
   b) no *escandalizarse* al averiguar el dinero invertido en eso?
   c) *arrancar* en un trote seguro en ese vecindario?

3. No conocemos a ninguno/a que ...
   a) *regresar* a casa frustrado/a.
   b) *estallar* en unas carcajadas tan ofensivas.
   c) *poder* hacerlo sin tomar descansos.

4. No se conocía a nadie que ...
   a) *exigir* tanto arroz.
   b) *volar* tan alto.
   c) *correr* tan rápidamente.

B *Alfredo, al correr.* ¿Subjuntivo o indicativo?

1. (perder) Era importante que Alfredo _____ peso en unas pocas semanas.
2. (derrochar) Parecía mentira que Alfredo _____ tanta gracia y precisión en sus movimientos.
3. (imponerse) No era posible que él _____ más retos.
4. (torcer) Era extraño que él _____ a la izquierda.
5. (haber) Es lógico que _____ pocas casas en ese vecindario.

6. (poseer) Es increíble que los alrededores _____ tanta belleza.

7. (arrastrar) ¿Era posible que ellos _____ un bulto tan grande?

C *Es increíble que...* Con otros dos o tres compañeros/as, hagan comentarios sobre diferentes situaciones deportivas usando las siguientes claves. Empiece cada comentario con **Es (Era) increíble que... (un/a amigo/a)...**

(no) correr / nadar / hacer ejercicios / esquiar / jugar al... / levantar pesas / etc.

Después de dos o tres turnos, usen otras expresiones impersonales: Más vale que..., parecía mentira que..., etc.

D *En comparación con...* En grupos de tres, invente frases originales en que Ud. y sus compañeros/as comparan sus propias capacidades deportivas con las de otra persona. Formas comparativas: **mejor(es) / peor(es); menor(es) / mayor(es); más / menos.**

1. correr

2. nadar

3. patinar

4. levantar pesas

5. jugar al tenis

6. jugar al golf

7. remar

8. andar en bicicleta

9. boxear

10. practicar el surf

E *El superlativo absoluto.* Cambie los siguientes adjetivos según el modelo.

MODELO: alta > *altísima*

1. rápido

2. lenta

3. delgados

4. grande

5. antigua

6. rica

7. largo

8. interesante

9. exagerado

10. bueno

11. lejos

12. amable

• El corazón de un adulto late a unos 70 golpes por minuto. En una vida de duración promedio, el corazón habrá latido 2.500.000.000.000 de veces. El terror hace espesar la sangre. Cuando una persona se sonroja el interior de su estómago se pone más rojo. Cuando empalidece, el estómago se pone blanco.

Estrategias para escribir

Motivating Your Imagination

In previous chapters you have written numerous lists, summaries, and descriptions. You have even tried your hand at writing a short narrative consisting of three or four paragraphs. The goal of this chapter is to expand your ability to imagine. You will describe yourself as you "really" are and also as you would like to be. First, for practice, examine the following list of words related to jogging. Group them in two columns, one for the novice who tires easily and another for the experienced marathon runner who constantly sets new challenges for himself or herself. Once you have made that basic selection, organize them in chronological order and write complete sentences, to emphasize the weakness of one and the strength of the other.

El corredor nuevo y el maratonista:

arrancar en un trote indeciso / derrochar gracia en sus movimientos / ensayar un trotecito / no tomar descansos / jadear extenuado / caminar regodeado / moverse los brazos y las piernas en perfecta armonía / deglutir distancias respetables / dar vueltitas a la manzana / apretar el paso / impo-

En el maratón de Oaxaca (México) estos participantes se acercan al fin.

nerse retos más estimulantes / empapado en sudor / adoptar una posición erguida / dejar caer los brazos para relajarse / arrastrar los pies gastados / tener un ánimo expansionista / saludable

Now make two columns, one entitled **Realidad** and the other **Sueños.** Then list under each heading the words and phrases (adjectives, verbs, and so forth) that correspond to your *real* and *ideal* views of yourself. Give them the order and organization you wish and write a paragraph on each topic.

• El pulmón derecho absorbe más aire que el izquierdo. La respiración tranquila de un adulto dura de 4 a 6 segundos.

Escritura I

Una nueva forma de vivir el deporte

señorío   manor

hípica   equine (relating to horses)

vela   sailing

entorno   setting

recinto   area

a orillas de   on the shores of

arbolado   woodland

esgrima   fencing

A   *Para toda la familia.* Examine el plan del Club de Campo e identifique los diversos lugares indicados. ¿Puede Ud. nombrar todos los deportes incluídos en este plan? ¿Cuántos hay? ¿Cuáles son? ¿Qué le parece su distribución geográfica? ¿Cuáles preferiría Ud. practicar si viviera en esta urbanización? Escriba uno o dos párrafos en que presenta su plan ideal de actividades deportivas para un día, y, luego, para una semana.

B   *Su propio Club de Campo.* Haga el plan de su propia urbanización deportiva ideal. Incluya todos los deportes posibles en una organización urbanística que ofrezca las ventajas de la ciudad pero que no pierda, por completo, la soledad y tranquilidad del campo. Después de hacer el mapa (con números), escriba un par de párrafos breves para explicar y destacar sus ventajas y cualidades a la gente interesada en tal club.

- Casi la mitad del calor de nuestro cuerpo se escapa por la parte superior de la cabeza.

Escritura II

El fútbol

Fútbol
hábiles   talented
ideado   invented (thought up)
cautivador   captivating
cuna   cradle

El campo

Las medidas de un campo de fútbol no son rígidas: su longitud puede oscilar entre 90 y 120 metros, con una ancho de 45 a 90 metros. En los partidos internacionales, la Federación Internacional (FIFA) ha establecido unos mínimos más ajustados: de 100 a 110 metros de largo y entre 64 y 75 de ancho. El área grande mide 16,50 metros de ancho por 39,32 de largo. Dentro de ella está el área pequeña (18,3 de largo y 5,5 de ancho). El círculo central, situado en la línea divisoria del terreno de juego, tiene un radio de 9,15 metros.

Los jugadores

1. Portero.
2 y 3. Laterales.
4. Libre.
5. Central.
6, 8 y 10 Centrocampistas.
7 y 11. Extremos.
9. Delantero centro.

En los Juegos Olímpicos de Seúl (1988), se permitió jugar a futbolistas profesionales, con la única condición de no haber participado en eliminatorias o fases finales de los Campeonatos del Mundo. En los Juegos de Barcelona, no existe limitación respecto a la trayectoria amateur o profesional de los jugadores, salvo su edad máxima, fijada en 23 años.

EL PAIS
Barcelona'92

Fútbol

QUIZÁ SEA lo más obvio, que se juega con los pies (extremidades por lo general poco hábiles), lo que hace del fútbol un deporte distinto a todos, aunque no es fácil explicar las razones que han hecho de este juego (ideado por los chinos hace dos milenios, practicado como entretenimiento por las legiones romanas y reinventado, con su forma actual, en las islas Británicas el siglo pasado) el cautivador de masas más grande de este siglo. El fútbol, paradigma de profesionalismo en el deporte, también tiene su sitio en el olimpismo, cuna del amateurismo. Pero los mundiales, auténtica fiesta del fútbol internacional, eclipsan la importancia de sus citas cuatrienales con los Juegos. Ha sido deporte olímpico desde los Juegos de San Luis de 1904 (Canadá fue el primer campeón). En Barcelona, 16 equipos buscarán la gloria olímpica.

El partido

Un partido de fútbol dura 90 minutos, divididos en dos tiempos de 45 minutos, con un descanso de 15. En algunas competiciones, cuando al final del tiempo reglamentario el resultado acaba en empate, se disputa una prórroga de 30 minutos en dos tiempos de 15. Si tras la prórroga persiste la igualdad en el marcador, cada equipo lanza una tanda de cinco penaltis.

El partido
el empate   tie
prórroga   overtime
tanda   series (set number)

El campo
más ajustados   tighter
mide   measures

Los jugadores
portero   goaltender
delantero centro   center forward

El disparo
disparar   to shoot, kick
tiro   kick (in a soccer match)
golpear   hit, strike
empeine   instep
esférico   ball

El disparo

El jugador debe asegurar, antes de disparar, el control del balón, acción técnica anterior al tiro. Controlada la pelota, el futbolista puede, según el efecto deseado, golpearla con el borde exterior de la bota, con el interior o con el empeine. Estas formas de dar al balón sirven tanto para intentar el disparo a portería (con el esférico en movimiento o parado) como el pase a un compañero.

Empeine
Potencia, precisión y seguridad son las virtudes de este disparo. Es la parte del pie que más fuerte pega al balón.

A *¡Gol!* Describa, en forma escrita, el gol decisivo en un campeonato. Explique los varios pases hechos por diversos jugadores y cómo se efectúa el disparo victorioso. Añada detalles pintorescos, para darle color a su narración.

B *Su deporte favorito.* Haga varios dibujos que expliquen, a un extranjero interesado, cómo se juega su deporte favorito. Incluya dos o tres párrafos breves para presentar las reglas del deporte y sugerencias relacionadas con cualquier entrenamiento especial que haga falta. Añada una lista de las palabras claves empleadas en este deporte.

- Perdemos aproximadamente de 30 a 60 cabellos diarios. El pelo de la cabeza se eriza inmediatamente antes de una persona ser herida por un rayo.

En conclusión

Vamos a terminar con un examen sobre la información presentada en este capítulo.

A *El fútbol.* ¿Sabe Ud ....?

1. las medidas de un campo de fútbol
2. dónde está situado el círculo central
3. cuántos jugadores hay en un equipo
4. dónde juegan ellos en el campo
5. cuántos minutos hay en un partido
6. cuánto tiempo dura el descanso
7. qué pasa si el partido acaba en un empate
8. desde cuándo se ha jugado el fútbol
9. quiénes lo originaron
10. desde cuándo ha sido un deporte olímpico

B *El béisbol.* Diga Ud .... ¿Sabe Ud. las respuestas?

1. ¿Quién es el beisbolista que gana más ahora? (¿Cuánto gana?)
2. ¿Quiénes son los jugadores latinos más famosos actualmente?
3. ¿Cuál es el equipo que tiene más jugadores latinos?
4. ¿Qué ciudades del Caribe forman parte de lo que se llama la "liga de invierno"?
5. ¿Para qué equipos juegan Fernando Valenzuela, Teddie Higuera, Dennis Martínez?

Capítulo 11
LOS ESPACTÁCULOS

Presentación

Actores, músicos, pintores* y escultores*

Hablar del espectáculo en el mundo hispánico es, con toda franqueza°, imposible. Hay, sencillamente, demasiados artistas —actores, músicos, pintores y escultores, conjuntos° e individuos— que de ninguna manera° se puede caracterizar las innumerables corrientes y tradiciones de la tan variada cultura hispánica.

    Lectura I ofrece un segmento llamado "Música de las cuatro esquinas del mundo". Explora las raíces° antiguas de la música folklórica auténtica de los Andes, en las extrañas° melodías y los instrumentos tradicionales creados por los incas.

    En *Lectura II* presentamos una selección sobre el "Paseo escultórico" de la UNAM (Universidad Nacional Autónoma de México). Es una colección deslumbrante° de esculturas modernas realizadas por algunos de los mejores exponentes mexicanos de este arte. El Paseo se integra° al Centro Cultural Universitario, un conjunto cultural que incluye bibliotecas, salas de conciertos y salas de cine. Inaugurado en 1976, el Centro Cultural Universitario se ha convertido en un lugar a donde llega la población de la Ciudad de México en busca de cultura, distracción y esparcimiento°.

    En *Escrituras* destacamos* diversas* figuras y corrientes del mundo del arte y del espectáculo que atraen al público mundial hacia las tradiciones y los mitos hispánicos.

con...: in all candor

groups / *de...:* in no way

roots
strange

dazzling
se...: forms a part of

recreation

Estrategias para leer

Technical Writing / Spiritual Evocation

Writers, especially journalists, often follow a simple structure as they develop their sentences and paragraphs. They frequently state the main theme or event at the very outset and follow immediately with details that specify what it is, when and where it takes place. Observe the following:

Paragraph	Theme (event)	What	When	Where
A: 1–3	escenario	festival	verano	Nueva Jersey (punta arenosa)
A: 3–5	ingredientes	comida	verano	Estados Unidos
C: 11–12	Tahuantinsuyo	nombre	(época incaica)	su imperio

Numerous other paragraphs in these selections feature a similar structure. Analyze two or three of them as we have done with paragraphs A and C. Being aware of such a basic structure will help you anticipate what is coming.

    When writing becomes technical, look for definitions to be spelled out in the text itself. In such cases appositional clauses (explanatory phrases set off by commas) are to be expected. Observe, in particular, paragraph G (lines 37–47) in the first reading. After a careful examination of it, you should be able to define numerous musical instruments.

As we draw near the conclusion of *Mundo unido: Lectura y escritura,* our focus turns to the spiritual dimension of human experience, as expressed in music, sculpture, and other artistic endeavors. Since the beginning of time such traditions have defined and shaped our individual and collective cultural identities. "A person is as a people are" might be the operative cultural formula for all ethnic, regional, and national groups. And their most profound characteristics are those dealing with ethics and values, in a word, their spirituality. In *Lectura I* observe the following phrases:

> "sones *(sounds)* obsesionantes y etéreos" (6–7)
> "extrañamente impresionante y conmovedor" (9–10)
> "no se percataron de *(they didn't think of)* los estrechos vínculos que los unían a [esta música] hasta después de salir de su patria" (16–17)
> "[los instrumentos musicales son] las cosas más hermosas que nos han legado *(have left for us)* nuestros antepasados *(ancestors)* porque son instrumentos salidos del espíritu" (29–30)
> "las alturas de los Andes invitan a la meditación más que la tierra baja" (31–32)

In order to identify the underlying themes of the selection, focus your attention on images and motifs like the ones illustrated. They not only unify the entire reading but also make explicit the spiritual vision that lends coherence to the culture.

Lectura I

«Música de las cuatro esquinas del mundo»

Louis Brunner Bastian

A   El escenario: un festival de verano al aire libre° en Sandy Hook, Nueva Jersey, delgada punta arenosa° desde donde se divisan° los rascacielos° de la parte sur de Manhattan. Los ingredientes: comida, artesanía*, obras de arte, artículos para vender; en una palabra, la quintaesencia del verano en los Estados Unidos, excepto la música.

°al...: open-air
°sandy / are made out / skyscrapers

B   En el tablado°, los músicos, con poncho, arrancan° sones obsesionantes y etéreos a flautas de Pan, instrumentos de cuerdas° y tambores°, y melodías* que hablan de otro continente, otra cultura, otra época*. Aunque la música del trío Tahuantinsuyo suena rara en los oídos del público, es también extrañamente impresionante y conmovedor°.

°stage / draw out
°strings / drums
°moving

C   Tahuantinsuyo, que significa las cuatro esquinas del mundo, fue el nombre que los incas dieron a su imperio*. Es un nombre muy apropiado para estos músicos de origen sudamericano, que ejecutan° música folklórica auténtica y usan los instrumentos tradicionales de los Andes, donde en un tiempo reinaron* los incas. El cómo esta música llegó a tocarse° en un soleado° día de agosto en Nueva Jersey es la historia de estos músicos, que no se percataron de° los estrechos° vínculos° que los unían* a ella hasta después de salir de su patria°.

execute (play)

to be played / sunny
no...: didn't think of
tight / links / homeland

D   Pepe Santana es ecuatoriano y Guillermo Guerrero, peruano. Se conocieron en un café de Nueva York. Los dos amaban la misma música y creían tener la misión de interpretarla para los demás. Buscaron un tercer músico, que ya no está con el grupo, y en 1973 fundaron el trío Tahuantinsuyo. Inicialmente tocaban varias veces a la semana° en cafés y después empezaron a dar recitales. Hace tres años se les unió Alcides Loza, de origen boliviano ...

a...: weekly

E   El gusto que tienen por su música se hace evidente en la demostración que dan después de tocar en Sandy Hook. Aunque toman su arte muy en serio, no se dan importancia, y demuestran sus instrumentos de manera amena° y animada* al cautivado° público no hispano que los rodea sentado en el césped°. Guerrero señala que "la gente cree que estos instrumentos indios no valen nada°. Nosotros creemos que son las cosas más hermosas que nos han legado nuestros antepasados°, porque son instrumentos salidos del espíritu".

friendly
captivated / grass
no...: aren't worth anything

nos...: our ancestors have bequeathed to us

F   Santana y Guerrero creen que las alturas de los Andes invitan* a la meditación más que la tierra baja. Se establece* una corriente entre el hombre y el paisaje, un sentimiento de soledad y de vacío° que se refleja en la música, que en

emptiness

Músicos tradicionales tocan para el público en el centro de San José (Costa Rica).

35 gran parte es en tono menor°. Aunque una danza* sea rápida y jubilosa°, el
espíritu de la música es nostálgico. Como la región se mantuvo aislada por tanto
tiempo, los antiguos sonidos aún se conservan ...

minor / jubilant

G   Entre los muchos instrumentos que el trío toca figuran la quena, los pingu-
llos, las *t'arkas* y la *senka tenkana*, así como la flauta y los mohocenos, que son
flautas traveseras°. A los músicos se les habían hecho creer que las flautas
40 traveseras eran de derivación europea, pero en las investigaciones que realizaron
descubrieron que los indígenas de los Andes tocaban este tipo de flauta hace
2.000 años. Antiguamente, los instrumentos de viento se hacían de hueso°, piedra y barro°. En la actualidad°, suelen ser de caña°, se tocan agrupados y se
hacen de tamaños diferentes, del mismo modo que los instrumentos de cuerdas
45 abarcan° desde el violín hasta el violonchelo y el contrabajo°. Para tocar la
quena y los instrumentos semejantes a ésta, es necesario que el músico haga su
propia embocadura° con los labios.

held to the side

bone
clay / **En...**: currently / **suelen...**:
   they generally are (made of) reeds

comprise (include) / double bass

opening

H   Al mostrar Guerrero cómo apretando° los labios se aumenta la presión y se
eleva* el tono, el sonido claro y puro de la flauta vuela por los aires hacia la
50 bahía° de Sandy Hook. Durante la demostración, al igual que° en el concierto,
los músicos pasan, con destreza°, de varios tipos de flautas de Pan a la flauta, a
los instrumentos de cuerdas o a los de percusión ...

squeezing

bay / **al...**: the same as
dexterity

I   Todos los años los integrantes° del trío Tahuantinsuyo vuelven a la América
del Sur separadamente a recoger música. En su búsqueda°, recorren° las mon-
55 tañas de seis naciones —Perú, Bolivia, Colombia, Ecuador, Chile y Argentina—,
que en su totalidad o en parte pertenecieron° al imperio incaico...

members
search / they travel through

belonged

Una orquestina toca en el famoso mercado de Písac (Perú).

¿Qué cree Ud.? ¿Facilitan la meditación espiritual los altos Andes? (Bolivia)

J   Cuando Santana va a fiestas rurales en la América del Sur con su cámara y su
grabadora°, los indígenas creen que es un turista. «Es muy difícil acercárseles   tape recorder
sin encontrar una actitud comercializada en ellos. El turismo los echa a perder°.   **los...:** spoils them
60   Si le pido a un músico que hable conmigo, en seguida me dice 'cinco pesos'. Y
'¿si le doy una melodía en cambio? Yo le toco una tonada° ecuatoriana y usted   tune (melody)
me toca una boliviana.' Si llego a ese punto, entonces lo logro°. Por lo general   **lo logro...:** I achieve it
me sale bien. Le pregunto cómo toca y afina° el instrumento y dónde consigue   tunes
los materiales para hacerlo. Tomo notas. Después de un rato, acaba por pregun-
65   tarme si quiero sacarle una foto o grabar una de sus canciones. Esta es la parte
más fascinante de nuestra labor, cuando se vuelve verdaderamente gustosa ...»

Reprinted from *Américas,* a bimonthly magazine published by the General Secretariat of the
Organization of American States in English and Spanish.

Aplicación

A   *La escena.* Dé un resumen de los párrafos A y B, refiriéndose a las expresiones dadas. Hay menos ayuda al final.

1. El escenario: festival / punta arenosa / rascacielos
2. Los ingredientes: comida / artículos para vender / ...
3. En el tablado: los músicos / ... / ...

B *Tahuantinsuyo.* Conteste las siguientes preguntas basadas en el párrafo C.

1. ¿Qué significa?
2. ¿Cuál es su origen?
3. ¿Por qué es un nombre apropiado para estos músicos?
4. ¿Qué música ejecutan?
5. ¿Qué instrumentos usan?

C *Los músicos y su misión.* Prepare un resumen oral de los párrafos D y E en el que Ud. habla de los músicos del conjunto (su origen y actividades iniciales), de su relación con su público y de la importancia de sus instrumentos.

D *La meditación y los Andes (párrafo F).* Santana y Guerrero creen que las alturas de los Andes invitan a la meditación más que la tierra baja. ¿Por qué? Explique qué es la "corriente" establecida entre el hombre y el paisaje. ¿Qué sentimientos se reflejan en la música?

E *Los instrumentos de viento (párrafos G y H).* Explique el origen, la naturaleza, y la manera de funcionar de las flautas.

F *En busca de música (párrafos I y J).* Prepare preguntas sobre los siguientes temas para hacerle a un/a compañero/a.

1. recorriendo las montañas de seis naciones
2. fiestas rurales
3. cambiando melodías

Lectura II

El Paseo Escultórico de la Universidad Nacional Autónoma de México

A   El carácter cosmopolita de la Ciudad de México la hace sin duda una de las ciudades del mundo con mayores atractivos. Diversas publicaciones nos indican cada semana a cuáles eventos podemos asistir. Sin embargo, escoger entre tanta variedad se convierte en un reto: la danza, el teatro*, el cine*, la pintura, la poesía, la escultura, se expresan diariamente* en infinidad de foros° en todos sus géneros; el mexicano del Distrito Federal asiste a muchos de estos lugares apoyando° a los artistas nacionales y extranjeros. Con todo eso, y a pesar de que para los ciudadanos universitarios es algo común, tanto residentes como° visitantes no saben en qué consiste y dónde se ubica° el Paseo Escultórico, una de

forums

supporting

tanto...como: as well as
is located

10 las muestras° arquitectónicas más bellas e interesantes de las que se puede *(displays)*
encontrar en su estilo en esa gran ciudad ...

B La Universidad Nacional Autónoma de México es tan importante en la
ciudad —cobija° alrededor de 500.000 estudiantes universitarios y prepara- *(it lodges)*
torianos—, que podemos compararla con un frondoso° árbol de raíces y ramas* *(leafy (luxuriant))*
15 que se extiende a lo largo y lo ancho° de la Metrópoli, brindándole° apoyo no *(a...: the length and width / offering it)*
sólo como centro docente°, sino como irradiadora° de un sinfín de actividades *(teaching / a source of light)*
científicas y culturales. Por ello es doblemente importante que se haya cons-
truido un Paseo Escultórico, de esta magnitud, bajo el auspicio de la Universidad.

20 C El Paseo se compone de seis esculturas geométricas de varios metros de
desarrollo en cualquier sentido°, situadas en medio de la topografía volcánica y *(direction)*
la vegetación que se ha desarrollado en el Pedregal de San Angel, y diseñadas° *(designed)*
para que el paseante° se pueda mover alrededor de ellas... *(passerby)*

D Al llegar al lugar, da la impresión de estar muy lejos de lo conocido. El aire
25 se mueve sin restricciones por el Paseo; a lo lejos, sobre la gran sierra que
bordea° a la ciudad por el sur, se ve el volcán Xitle —origen de la lava que hoy *(borders)*
cubre esta zona—, el volcán del Ajusco y, en los días despejados° del invierno, *(clear (cloudless))*
los volcanes nevados del Popocatépetl y el Iztaccíhuatl presiden* imponentes el
horizonte. Emprender° una caminata° por sus veredas° y sus pasadizos° nos *(To undertake / hike / paths / narrow passages)*
30 inducen a penetrar en un paisaje sorprendente, aventura que se corona° con la *(se...: is crowned)*
segunda parte del Paseo: el espectacular «Espacio Escultórico»...

E El Espacio Escultórico es una gran área circular limitada por 64 prismas
iguales, y que en su diámetro interno alcanza° los 92.78 ms° y en el externo, los *(reaches / ms = metros)*
120 ms. Los prismas son iguales, de base triangular, y se apoyan sobre una de
35 sus caras rectangulares de 3 x 9 ms, mientras que las caras triangulares quedan
verticales y paralelas entre sí. En el centro de este gran espacio se conserva la
lava emitida* por el volcán Xitle que cubrió* la zona hace algunos milenios, y
se utiliza con frecuencia para espectáculos de danza, teatro y música, colocando° *(placing)*
sobre la lava una o múltiples plataformas donde los actores quedan rodeados de
40 una espectacular y especial ambientación°. El público se acomoda° entre las *(environment (surroundings) / se...: makes itself comfortable)*
rocas volcánicas, buscando la que mejor acomode, o sobre los prismas, desde
donde adquieren mejor visibilidad los espectadores.

F Recorrer el Paseo Escultórico y contemplar las obras que ahí se exhiben, es
una invitación para los que deseen disfrutar del arte integrado a la belleza im-
45 pactante° de la naturaleza. *(impressive (has great impact))*

By courtesy of *Geomundo* magazine.

Aplicación

A *El carácter cosmopolita de la Ciudad de México (párrafo A)*. Diga por qué la capital mexicana es cosmopolita, basándose en las siguientes palabras.

1. diversas publicaciones ...
2. un reto ...
3. infinidad de foros ...
4. el Paseo Escultórico

B *La UNAM (párrafo B)*. Conteste las preguntas.

1. ¿Qué es?
2. ¿Qué tipos de estudiantes cobija?
3. ¿Cuántos?
4. ¿Con qué la podemos comparar?
5. ¿Por qué?
6. ¿Qué diferentes actividades ofrece?

Después de practicar dos o tres veces con las preguntas anteriores, explique Ud. por qué el Paseo Escultórico se ha construído bajo el auspicio de la Universidad.

C *El Paseo Escultórico*. Describa la composición del Paseo, especialmente en cuanto se relacione con los siguientes temas.

1. La topografía (párrafo C)
2. Los volcanes (párrafo D)

D *En repaso*. Escoja una obra de arte que a Ud. le gusta mucho y describa el efecto emocional que evoca en Ud. ¿Cuáles de las siguientes palabras podría Ud. emplear en su descripción?

jubiloso / nostálgico / un sentimiento de soledad y de vacío / rápido / extraño / conmovedor / animado / ameno / hermoso / espiritual / sonido claro, puro / en tono menor

Repaso de vocabulario

A *Identificaciones.* ¿Qué palabra(s) corresponde(n) a cada dibujo?

B *¿Dónde están?* Diga, brevemente, dónde se encuentra cada uno de los siguientes lugares.

1. una bahía	**4.** El Distrito Federal de México
2. la UNAM	**5.** los prismas del Paseo Escultórico
3. el antiguo imperio incaico	**6.** muchos rascacielos

C *Asociaciones.* ¿Qué palabra no corresponde a las otras dos?

1. a) pasadizos	**b)** veredas	**c)** bahía
2. a) hueso	**b)** tablado	**c)** escenario
3. a) antepasado	**b)** flauta	**c)** quena
4. a) rama	**b)** barro	**c)** cerámica
5. a) esparcimento	**b)** soleado	**c)** distracción
6. a) anteriores	**b)** asombroso	**c)** deslumbrante
7. a) apretar	**b)** ubicar	**c)** situar
8. a) animado	**b)** frondoso	**c)** jubiloso
9. a) gozar	**b)** recorrer	**c)** disfrutar
10. a) tocar	**b)** apoyar	**c)** afinar

D *¿Qué clase de instrumento?* Nombre Ud. varios instrumentos de viento y de cuerdas. ¿De qué materias se hacen? ¿Son muy antiguos? Explique.

E *Instrucciones.* Explíquele a un/a compañero/a cómo se hacen las siguientes acciones. Refiérase a las líneas indicadas, si es necesario. (Pero trate de hacerlo en sus propias palabras.)

1. ¿Cómo se hacían, antiguamente, los instrumentos de viento? (42–43)

2. ¿Y en la actualidad? (43–44)

3. ¿Cómo se toca un instrumento de viento? (43–47)

F *Vocabulario activo.* Invente su propia lista de palabras activas basada en las siguientes categorías: (1) formas artísticas, (2) diversos artistas, (3) instrumentos musicales, (4) lugares geográficos, (5) distintos tiempos (épocas), (6) otras categorías.

Contrastes culturales

Centros culturales mexicanos

El conjunto cultural inaugurado en 1976, situado dentro del Centro Cultural
Universitario, en los predios (*property*) de la Ciudad Universitaria, cuenta

además con los siguientes centros culturales: la Sala de Conciertos Netzahual-cóyotl, El Teatro Juan Ruiz de Alarcón, El Foro Experimental Sor Juana Inés de la Cruz, la Sala Miguel Covarrubias, la Sala Carlos Chávez, las salas cinematográficas Julio Bracho y José Revueltas, El Centro Universitario de Teatro, el Instituto de Investigaciones Bibliográficas, la Biblioteca y la Hemeroteca Nacional.

El proyecto de esta magnífica arquitectura moderna se debe a los mismos escultores que diseñaron las diferentes piezas que forman el Paseo Escultórico y "cuya creación sería un área de encuentro y un espacio de investigación y experimentación vinculado (*joined*) a la función que desempeñará (*will play*) el Centro Cultural de la Universidad Nacional Autónoma de México", según palabras del Dr. Jorge Carpizo, en 1978 coordinador de humanidades de la UNAM y poco después rector (*president*) de la universidad.

A *El Espacio Escultórico.* Haga un dibujo del "Espacio Escultórico", siguiendo las dimensiones dadas en el párrafo E de la *Lectura II.* Después, nombre cada parte y explique cómo una se relaciona con otra.

B *Paseos escultóricos.* ¿Conoce Ud. "paseos escultóricos" u otras formas de arte callejero o al aire libre en ciudades de Norteamérica? ¿Dónde están? Cómo son? ¿Quién(es) lo(s) ha(n) desarrollado? Comente la importancia de este tipo de arte en la vida diaria.

Gramática selecta

Más sobre el subjuntivo

A **Después de que y antes de que.** Llene los espacios en blanco con la forma correcta del verbo entre paréntesis.

1. (salir) Los músicos no se percataron de los estrechos vínculos que los unían hasta después de que _____ de su patria.
2. (empezar) Se harán famosos después de que _____ a dar recitales.
3. (ir) Volverán al Perú después de que _____ a Sandy Hook.
4. (tocar) Yo me fui antes de que él _____ la quena.
5. (desaparecer) Quieren recoger canciones antiguas antes de que _____.

B **Aunque.** Complete las siguientes frases con el subjuntivo o el indicativo del verbo indicado y tradúzcala al inglés. ¿Cuál le parece preferible en cada caso?

1. (sonar) Aunque la música del trío _____ rara en los oídos del público, es también extrañamente impresionante y conmovedor.

2. (tomar) Aunque _____ su arte muy en serio, no se dan importancia ...

3. (ser) Aunque una danza _____ rápida y jubilosa, el espíritu de la música es nostálgico.

4. (nacer) Aunque los tres músicos _____ en la América Latina, ahora viven en este país.

5. (dar) Aunque los tres _____ recitales todas las semanas, nunca se cansan de conocer al público.

C **Para > para que.** Invente frases originales con *para que* y el subjuntivo.

MODELO: para comprar cuadros
Fuimos para que compraras unos cuadros.

1. para vender obras de arte ...

2. para interpretar la música ...

3. para tocar la quena ...

4. para presentarse en los conciertos ...

5. para disfrutar del arte ...

BLADES, **RUBÉN**
(Compositor y cantante)

Nació el 16 de julio de 1948, en Panamá. Hijo de una excelente pianista y un trovador popular, ambos residentes en Nueva York, su primera participación en la música afrocaribeña fue en 1966 con la orquesta panameña Conjunto latino. Se graduó en Derecho en la Universidad de Panamá. En 1974 viajó a NY y se vinculó a la Fania donde comenzó a trabajar en la oficina de correos. Su obsesión era hacer algo notable en la música antes de los 50 años. No dejó de componer, pero los productores le rechazaban los números porque tenían «demasiada letra».

Ismael Miranda es quien descubre al público el talento de **Blades** como compositor cuando le graba la pieza *La esquina son*, en donde el autor narra las incidencias de una esquina de cualquier barrio. Cuando **Ismael Miranda** lanzó su siguiente disco, el público conoció una modalidad distinta de salsa al escuchar la letra de *Juan González*, donde se narraba la historia de un bandido panameño. Con ese tema se inauguró la salsa narrativa que se convertiría en todo un éxito.

Blades logró comenzar como vocalista en la orquesta de **Ray Barreto**. En 1976 no era sólo un reconocido compositor, sino también un cantante que demostraba tener todas las cualidades del sonero popular. Su golpe definitivo lo dio en 1977 ☞

1. ¿Quién es Rubén Blades? ¿Dónde nació?

2. Diga algo de su biografía. ¿Sus padres? ¿Su educación? ¿Sus primeros empleos?

3. ¿Qué canciones de Blades conoce Ud.?

D *Expresiones con* **si**. Complete las siguientes frases con la primera persona singular del presente de cada uno de los verbos indicados. ¿Debe Ud. usar el indicativo o el subjuntivo? ¿Por qué?

1. (pedir) Si le _____ a un músico que hable conmigo ... (I, 60)

2. (dar) Si le _____ una melodía en cambio? (I, 61)

3. (llegar) Si _____ a ese punto, entonces lo logro. (62)

4. (querer) Si _____ sacarle una foto... (I, 65)

5. empezar) Si _____ ahora, terminaré para mañana.

Ahora, transforme Ud. todas las frases del ejercicio D al pasado.

E **Como si**. Exprese en español.

1. She played as if the song were her very own (**la suya propia**).

2. The flute sounded as if it were a quena.

3. They listened as if they enjoyed it thoroughly (**por entero**).

4. He speaks as if he sold works of art.

5. They played as if the Incas still reigned.

F *Cláusulas con una provisión.* Invente frases originales a base de las siguientes expresiones. Intente usar un subjuntivo cada vez.

MODELO: 3 y f
> *No puedo escuchar la música de la quena sin que me impresione su espíritu nostálgico.*

1. a menos que	**a)** festival al aire libre
2. a condición de que	**b)** delgada punta arenosa
3. sin que	**c)** instrumento de cuerdas
4. a menos que	**d)** oídos del público
5. con tal de que	**e)** un soleado día de agosto
	f) el espíritu nostálgico
	g) ser de caña
	h) con destreza

G *Estudio de palabras.* ¿Sabe Ud. los siguientes modismos? ¿Puede traducirlas al inglés? Escoja tres para emplear en frases originales.

1. a lo largo y lo ancho	**4.** echar a perder
2. alrededor de	**5.** en la actualidad
3. a lo lejos	

La variedad arquitectónica se manifiesta en los artistas y el estilo de las obras que lograron, todas acordes al paisaje semisalvaje del lugar, y a la arquitectura de los edificios del "Centro Cultural"

"Ave dos" se alcanza a ver a través de "Coatl".

El "Espacio Escultórico" es una obra circular de 120 m de diámetro que está dentro de los terrenos del "Paseo". Hecho de 64 prismas de concreto y dejando en su centro el terreno original de lava, se usa como escenario de conciertos y representaciones

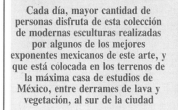

Cada día, mayor cantidad de personas disfruta de esta colección de modernas esculturas realizadas por algunos de los mejores exponentes mexicanos de este arte, y que está colocada en los terrenos de la máxima casa de estudios de México, entre derrames de lava y vegetación, al sur de la ciudad

Mire Ud. las varias fotos del "Paseo escultórico".

1. ¿Qué diferentes formas puede Ud. reconocer?

2. ¿Qué importancia tiene el paisaje "semisalvaje" del lugar?

3. El "Paseo Escultórico" quiere ser un "escenario". ¿De qué?

✍ *Estrategias para escribir*

The Mystical Tradition

Earlier in this chapter we commented on the spiritual dimension of *Lectura I*. For a moment let's identify that spirituality more closely with the Hispanic mystical tradition. Throughout the centuries numerous Spanish writers—many of them priests and nuns—have sought through their writings an expression of oneness with the universe. One of the most singular of such mystical moments was, doubtless, in the late sixteenth and early seventeenth centuries when Fray Luis de León, Santa Teresa de Jesús, and San Juan de la Cruz sang of the soul's journey upward toward union with God's spirit. Of course a universal theme of American indigenous traditions is the individual's union with the all-enveloping spirit of the great beyond.

Our interest focuses primarily on the literary tools used to evoke this oneness. First, individuals must set themselves apart from all others. This separation is achieved by shrouding oneself with the protective covering of darkness or through an ascension. The Spanish mystics felt themselves soar into the heavens, and the Incas moved to the high Andes. They first isolated themselves in the so-called "dark night of the soul" (i.e., by looking inward) and the second, in the solitary peaks that invited their looking upward. The Spaniards wrote poetry, and the Incas (and others) composed haunting melodies. Both traditions still invite serene meditation.

The images used often contrast darkness with light, silence with noise, death with life, lowliness with elevation, and other similar oppositions. The Creators of the **Paseo escultórico** (*Lectura II*) included numerous pieces of sculpture that stretch toward the sky on a lava field that originally emerged from the depths of the earth. The union of these symbols should not be overlooked.

Escritura I presents a brief comment from the Hispanic rock musician Carlos Santana. Be prepared to write a personal reaction to what he calls "un contacto espiritual." *Escritura II* offers a poem by Fray Luis de León in which he tries to suggest the effect of music on his spirit. As you view the picture of the **Paseo escultórico**, look within yourself and to seek poetic images as you describe the spiritual effects of this art. (Ultimately, of course, writing itself is something of a spiritual adventure; it requires the most dedication and the best tools from its practitioners.)

Escritura I

«Un contacto espiritual»

CARLOS SANTANA

grabado en directo   recorded live

rescatar   to rescue

grabaciones inéditas   unpublished recordings

talla   measure

Carlos Santana es uno de los cantantes de nuestros días que mejor ha captado el espíritu de varios mundos: el hispánico y el anglosajón, el antiguo y el moderno, el rock y el ritmo latino. ¿Conoce Ud. algunas de sus canciones? ¿Qué discos tiene?

A   *"Sacred Fire"*. Conteste, por escrito, las siguientes preguntas sobre su nuevo disco.

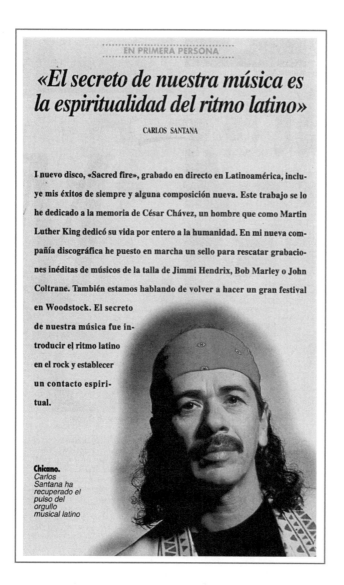

«El secreto de nuestra música es la espiritualidad del ritmo latino»

CARLOS SANTANA

l nuevo disco, «Sacred fire», grabado en directo en Latinoamérica, incluye mis éxitos de siempre y alguna composición nueva. Este trabajo se lo he dedicado a la memoria de César Chávez, un hombre que como Martin Luther King dedicó su vida por entero a la humanidad. En mi nueva compañía discográfica he puesto en marcha un sello para rescatar grabaciones inéditas de músicos de la talla de Jimmi Hendrix, Bob Marley o John Coltrane. También estamos hablando de volver a hacer un gran festival en Woodstock. El secreto de nuestra música fue introducir el ritmo latino en el rock y establecer un contacto espiritual.

Chicano.
Carlos Santana ha recuperado el pulso del orgullo musical latino

1. ¿Qué es? ¿Por qué este título? ¿A qué tradiciones se refiere?
2. ¿Por qué podemos decir que en este disco Santana mira hacia atrás y hacia adelante?
3. ¿A quién dedica este trabajo? ¿Por qué cree Ud. que ha hecho eso?

B *Otras canciones de Carlos Santana.* Escoja una de las canciones más famosas de Santana y trate de traducirla al inglés. Luego, escriba un comentario personal sobre esa canción. ¿Por qué le gusta tanto? ¿Tiene un mensaje social? ¿Cuál es? Comente Ud. el "contacto espiritual" que menciona Santana arriba.

Escritura II

«El aire se serena ...»
FRAY LUIS DE LEON

Fray Luis de León (1527–1591), poeta y profesor de la Universidad de Sala-
manca, escribió el siguiente poema en honor de su colega, el músico Francisco
Salinas. En el poema Fray Luis trata de evocar el efecto que la música tiene en
su propio espíritu.

El aire° se serena	spirit
y viste de hermosura y luz no usada,	
Salinas, cuando suena	
la música extremada	
por vuestra sabia mano gobernada.	
A cuyo son divino	
el alma, que en olvido está sumida°,	immersed
torna a cobrar° el tino°	regain / prudence
y memoria perdida	
de su origen primera esclarecida°.	**origen...:** its first origin clarified
Y como se conoce,	
en suerte y pensamientos se mejora;	
el oro desconoce	
que el vulgo° vil adora,	populace
la belleza caduca° engañadora°.	worn out / deceptive
Traspasa° el aire todo	It pierces
hasta llegar a la más alta esfera,	
y oye allí otro modo	
de no perecedera°	**no...:** unperishable
música, que es la fuente y la primera.	
Aquí la alma navega	
por un mar de dulzura°, y finalmente	sweetness
en él ansí se anega°,	**se...:** is drowned
que ningún accidente	
extraño o peregrino oye o siente.	
¡Oh desmayo° dichoso°!	swoon / happy
¡Oh muerte que das vida! ¡Oh dulce olvido!	
¡Durase en tu reposo	
sin ser restituído	
jamás a aqueste° bajo y vil sentido!	(este)

A *El efecto de la musica.* Primero lea el poema en voz alta varias veces.
Luego, haga una lista de las diversas imágenes empleadas por el poeta, para ver
cómo opone este mundo con aquél. Finalmente, escriba dos o tres frases sobre el
efecto que, en la opinión de Ud., esta música tiene sobre él.

B *Un poema favorito.* Traiga a la clase un poema o una canción que tiene una importancia especial para Ud. También, escriba un breve análisis de la obra. Léaselas a la clase.

En conclusión

El arte es un tema sin acabar en el mundo hispánico. En Europa, por ejemplo, los nombres artísticos más destacados del siglo actual son españoles: Picasso, Dalí, Miró, Gris. Y en México no podemos olvidar a Rivera, a Orozco o a Siqueiros. Los nombres se acumulan una generación tras otra.

Y si hablamos del arte popular, es otro tema de nunca acabar. Sólo hay que pensar en las numerosísimas figuras de cerámica, juguetes, muñecas, tejidos (*weavings*), grabados (*engravings, woodcuts*), esculturas, objetos rituales, miniaturas y otros objetos diseñados y elaborados por nuestros propios abuelas y abuelos. El Museo de Arte Popular Internacional, situado en la ciudad de Santa Fe, Nuevo México, se enorgullece de (*takes pride in*) tener un tesoro sin par: la colección de arte popular más grande del mundo.

¿Tiene su propia ciudad colecciones de este tipo? ¿Conoce Ud. varios museos de arte popular? ¿Se dedica alguna pariente suya a estas labores? ¿Podría Ud. describirlas a la clase? ¿Se le ocurren algunas comparaciones con el arte que hemos presentado en este capítulo?

Museo de Bellas Artes de Sante Fe (Nuevo México).

Capítulo 12

VIAJANDO POR EL MUNDO HISPÁNICO

Presentación

¿La montaña o la playa?

¡Ah, viajar! ¿Adónde y cuándo? ¿A la playa, al campo o a la montaña? Ésta es excelente, ya que* las posibilidades de practicar ejercicios físicos son innumerables y variadísimos*. Además, el calor excesivo no existe en la montaña, donde podemos disfrutar° del aire puro que nos llega de los cuatro puntos cardinales. Sin embargo, nosotros optamos por° la playa, porque es muy tonificante°. La brisa del mar es uno de los aires más ricos en oxígeno y, por eso, permite una respiración muy eficiente. Las características ambientales° de la playa proporcionan° una vida más agradable a los que tienen problemas alérgicos.

enjoy
optamos...: we opt for
strengthening
environmental
provide

Escogemos la playa porque en este capítulo presentamos, para el lector-viajero, varios "destinos caribeños°" cuyos atractivos más importantes son, precisamente, las gloriosas playas que se despliegan° bajo el caliente sol tropical. Empezamos con Puerto Rico, la "Estrella del Caribe"; pasamos luego a Venezuela, llamada la "pequeña Venecia" por Américo Vespucio, a causa de sus muchos canales; después, nos detenemos en Colombia, la mejor "esquina" de América.

destinos...: Caribbean
destinations / unfold

En *Escritura* presentamos un mapa de las muchas islas que rodean el área como preciosas perlas que dan unidad a todos los rincones de este mundo caribeño. En fin, un *mundo unido* por el idioma, la cultura y el sol.

Todos sabemos que existen graves problemas sociales en todas estas regiones. En otras páginas de este libro hemos aludido directamente a algunas de esas dificultades. Aquí, sin embargo, preferimos concentrarnos en la increíble belleza natural de estos países porque también existe (¡en gran abundancia!) y la gente que vive allí es muy orgullosa de esa belleza.

 Estrategias para leer

"Reading" Images

We conclude *Mundo unido: Lectura y escritura* not with one story but with a potpourri of selections on Caribbean countries that fascinate both the casual and the more serious visitor. Those we have chosen are Puerto Rico, Venezuela, and Colombia. While Caribbean culture is an interesting blend of Spanish, French, English, African, and indigenous traditions, Hispanic culture is the most pervasive of all.

The Caribbean is a favorite travel and cruise destination for millions of visitors from all over the world but especially from Europe, Canada, and the United States. Its main attractions, of course, are its warm tropical sun, its crystalline waters, and its undulating beaches. The readings selected for this chapter promote these "destinos caribeños" to some extent in similar fashion to any travel ad. They hint at the underlying economic and cultural significance of these countries, their traditions, and their language. However, their primary purpose is to highlight the beauty and historical importance of these sites, not to dwell this time upon their serious social problems.

We have selected readings that identify key characteristics or symbols of each site mentioned: Puerto Rico (**la rana coquí** or **la Estrella del Caribe**), Venezuela (**la pequeña Venecia**), and Colombia (**la mejor esquina de América**). Fixing such images in your mind is an excellent strategy for remembering the main points made about each.

Lectura

Destinos caribeños

I. Puerto Rico: Encrucijada° de dos mundos

	Crossroads

A   De pronto°, de la exuberante vegetación que inunda° cada centímetro de la isla, emerge* un extraño pitido° que rasga° el silencio de la noche puertorriqueña: ¡*Ko-ki!* ¡*Ko-ki!* Dos estridentes sílabas de origen animal que estallan en los lugares más inesperados: la copa° de un cocotero°, el macetero° de un hotel o la terraza* de un restaurante. Es la rana* coquí, un diminuto anfibio que sólo puede sobrevivir en Puerto Rico y al que los isleños° han elevado a la categoría de símbolo nacional. En opinión de algunos puertorriqueños, esta simpática rana puede ayudar a romper el viejo mito americano reflejado en la película *West Side Story.*

De...: Suddenly / inundates
whistle / scrapes

top / coconut palm / flowerpot stand

islanders

B   Para la rana coquí, como para otros muchos habitantes* de este estado caribeño, el paraíso* ya no está ni en Manhattan ni en Florida, sino en sus 8.900 kilómetros cuadrados° rodeados de palmeras° y arena* blanca. Ahora, después de más de dos décadas de éxodo* migratorio* que lanzó a dos millones y medio de puertorriqueños a la tierra de los *gringos*, parece haber comenzado el retorno* al hogar. Los tres millones de personas que residen hoy en el estado caribeño han construído un país estable* políticamente, con una economía próspera y una cultura propia. Entre otras razones, gracias a una sabia° estrategia que ha hecho de Puerto Rico un emporio para el turismo de alto nivel. Hoteles y restaurantes de lujo*, deportes de alcurnia° como la náutica y el golf, una peculiar mezcla* de culturas y un paisaje ensoñador° son los ingredientes que han dado con razón a la isla el sobrenombre° de *Estrella del Caribe.*

square / palm trees

wise

noble
dreamy
nickname

C   El primero en sorprenderse del encanto de esta tierra fue el Almirante° Cristóbal Colón, quien en 1493 no dudó en afirmar que "todas las islas son muy hermosas, pero esta última parece superar° a todas las otras en belleza". Y aunque ahora el descubridor* de América no reconocería a *Borinquén*, nombre nativo de esta tierra, sin duda alabaría° el esfuerzo realizado por las autoridades de la isla para conservar en perfecto estado su patrimonio histórico-cultural. Las dos principales urbes° de Puerto Rico —San Juan y Ponce— no han escatimado°

Admiral

surpass

he would praise

cities (urban centers) / **no...:** have not skimped

Puerto Rico es un paraíso tropical de muy variadas escenas naturales.

30 un sólo dólar a la hora de reconstruir* las principales calles, casas y edificios con el fin de revitalizar* su arquitectura colonial.

D El Viejo San Juan, reliquia y orgullo* de la capital de Puerto Rico, es el corazón de la metrópoli. Siete manzanas convertidas en una tranquila zona residencial y comercial que ha merecido* la declaración de Patrimonio Histórico de la Humanidad por parte de las Naciones Unidas. Sus calles cubiertas de
35 adoquines° oscuros, las fachadas° pintadas en tonos pastel y las plazas rodeadas por árboles frondosos° y flores de mil colores ofrecen un encuadre° perfecto para pintores y fotógrafos, en especial la Plaza de las Armas, el Parque de las Palomas, la Plazoleta del Puerto o el Fuerte de El Morro. En el Viejo San Juan, se comprueba° con alivio° la supervivencia° de unas costumbres, una gastrono-
40 mía, un idioma, una cultura ...

    paving stones / façades
    luxuriant / setting

    se...: one observes / relief / survival

Actualidad económica, 2 de diciembre de 1991, págs. 128–129.

II. Venezuela: La pequeña Venecia

E Américo Vespucio la denominó° "la pequeña Venecia" a causa de sus canales y tiene todos los paisajes, desde las playas caribeñas, a las nieves andinas°, desde ciudades modernas como Caracas a pequeñas aldeas° de indios, desde largas autopistas* a selvas* impenetrables como las de Canaima donde se en-
45 cuentra —dicen— el salto de aguas° más alto del mundo con sus casi 1.000 metros.

    called
    Andean
    villages

    salto...: waterfall

F Es un país de hermosos lagos casi desconocidos como el lago de Valencia, de ríos navegables como el Orinoco de 500 kilómetros de longitud ...

G   Milagrosamente° virgen, el Caribe venezolano está salpicado° de roques°, | Miraculously / spattered / rocks
islas y archipiélagos* de aguas cristalinas, blancas playas desiertas y una vege-
tación exuberante donde anidan° cientos de especies* de aves* ... | make their nests

H   ¿Por qué siempre que se habla del Caribe se piensa en lugares como Miami,
Puerto Rico o Santo Domingo, olvidando los tres mil kilómetros de costa vene-
zolana que baña este mar privilegiado? Y, sobre todo, las islas. 72 islas, solitarias
o agrupadas en archipiélagos, multiplicándose en centenares de islotes° y roques | small barren islands
totalmente vírgenes salpican las aguas claras y tibias°. Son una prolongación | warm
natural de la línea costera°, fragmentos de tierras hundidas° en el mar que | **línea...:** coastline / sunken
buscan el Norte, como tratando de enlazar° con la curva casi perfecta que for- | to join
man las Pequeñas Antillas ...

Cesar Justel, "Náutica y vacaciones", *Época*, pág. 19 y Juan Carlos de Laiglesia, "El caribe venezolano," *Rondaiberia* (agosto 1990), págs. 66, 73.

III. Colombia: La mejor esquina de América

I   El Océano Atlántico, vínculo° histórico de inconmensurable valor* entre el | link
Viejo Mundo y el Nuevo Continente, baña con la enérgica tibieza° de la co- | tepidness
rriente ecuatorial del norte las bellísimas y fecundas costas septentrionales° co- | northern
lombianas. La otra porción de la mejor esquina de América es bañada por el
impetuoso océano del futuro, el Pacífico, generando° una riqueza potencial an- | generating
helada° por muchos países ... | longed for

J   Si los ecosistemas andinos* deslumbran°, los del Amazonas, Orinoco y áreas | dazzle
similares resultan espectaculares. En síntesis, miles de especies vegetales y
faunísticas, tanto hídricas° como terrestres y ambivalentes (anfibias), viven en | hydric (pertaining to water)
equilibrio* ecológico perfecto, especialmente en lugares poco intervenidos° por | touched
la acción humana, constituyendo* un singular mosaico en todas las dimensiones
del espacio geográfico colombiano ...

K   Colombia posee una ubicación° y características tanto naturales como hu- | location
manas que la convierten en un país realmente excepcional: la mayor parte de su
territorio se encuentra en la zona ecuatorial, es decir, entre 0° y 10° de latitud
norte y sur: sus costas están bañadas por los dos principales océanos mundiales;
la forma, variedad, orientación y magnitudes de su relieve°, asociado a las | relief
respectivas formas de vida vegetal, animal, suelos°, usos de los mismos, paisa- | soils
jes, riquezas físico-geográficas, geológicas, ecológicas y población humana (que
procura° conservar sus tradiciones y legado° histórico-cultural) hacen de esta | attempts / legacy
república una de las más importantes y acogedoras° de Iberoamérica y lugar | welcoming
privilegiado de enlace° para las comunicaciones internacionales ... | connection

L   Colombia es un país exótico, de innumerables contrastes naturales y paisajes
y quizá el más rico en deleite° visual ... Colombia cuenta para el transporte | delight
marítimo con° los puertos de Santa María, Barranquilla y Cartagena, en el | **cuenta...:** counts on
océano Atlántico, y con los de Buenaventura y Tumaco, en el océano Pacífico ...

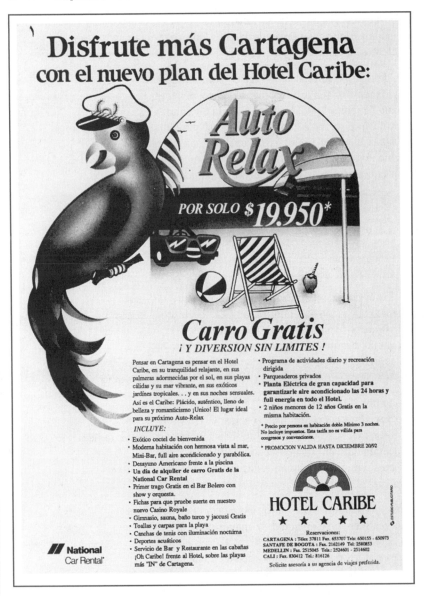

M   El archipiélago de San Andrés ha sido llamado "el paraíso del Caribe" por su extraordinaria belleza natural. Sus extensas playas cubiertas de plantaciones de palmas están protegidas de los oleajes° por malecones° de arrecifes° y corales, premisas naturales que han hecho posible el desarrollo de una estructura turística sólida ...

waves / dikes / reefs

Colombia I (*el medio y la historia*) y II (*recursos y regiones*), Omar Pedraza y Hermés Rincón, Madrid: Anaya, 1988, págs. I: 5, 8; II: 27, 34, 48.

Las Islas de San Andrés (Colombia) ofrecen muchísima belleza natural.

Aplicación

Encrucijada de dos mundos

A *¡Koki! ¡Koki!* Repase el primer párrafo (1–9), creando frases a base de los siguientes elementos.

MODELO: 1-4-5

    La exuberante vegetación inunda cada centímetro de la isla.

1. la exuberante	**1.** pitido	**1.** estallan
2. un extraño	**2.** anfibio	**2.** rasga
3. dos estridentes	**3.** rana	**3.** puede ayudar a romper
4. un diminuto	**4.** vegetación	**4.** puede sobrevivir
5. esta simpática	**5.** sílabas	**5.** inunda

Repita esta actividad varias veces para poder decir cada frase sin vacilar. Luego, invente preguntas para un/a compañero/a.

MODELO: ¿Qué inunda la exuberante vegetación?

B *La rana coquí.* Para la rana coquí, como para otros muchos habitantes de este estado caribeño, el paraíso ya no está ni en Manhattan ni en Florida. Conteste las preguntas para describir el paraíso de la rana coquí (10–21).

1. ¿Dónde está el paraíso?

2. ¿Cuál es su tamaño?

3. ¿Qué ha comenzado después de dos décadas de éxodo migratorio?

4. ¿Cuántas personas residen hoy en este estado caribeño?

5. ¿Qué han construído ellos?

6. ¿Qué han hecho de Puerto Rico?

7. ¿A qué se debe el sobrenombre *Estrella del Caribe*?

C *Pasado y presente de Borinquén (22–30).* Explique las reacciones de las siguientes personas o entidades a la isla.

1. el Almirante Cristóbal Colón
2. las autoridades de la isla
3. las dos principales urbes

D *El Viejo San Juan (31–40).* Prepare una descripción, oral o escrita, del Viejo San Juan, incorporando las siguientes ideas.

1. siete manzanas convertidas ...
2. sus calles cubiertas ...
3. las fachadas pintadas ...
4. las plazas rodeadas ...
5 flores de mil colores ofrecen ...
6. se comprueba ... la supervivencia de ...

La pequeña Venecia

E *Todos los paisajes.* Asocie los varios contrastes de Venezuela (41–48), presentadas en estas dos columnas, para mejor recordar las principales características físicas del país. Invente frases basadas en estos elementos y añada más detalles para ampliar sus comentarios.

Desde...	*...a*
1. las playas caribeñas	1. pequeñas aldeas
2. ciudades modernas	2. ríos navegables
3. largas autopistas	3. las nieves andinas
4. lagos casi desconocidos	4. selvas impenetrables

F *"Cantidades" del Caribe.* Explique la significación de las siguientes cantidades mencionadas en el párrafo H (52–59).

1. cientos de ...
2. tres mil kilómetros ...
3. setenta y dos ...
4. centenares de ...

La mejor esquina de América

G *Los dos océanos de la "esquina" (60–65).* ¿Con qué océano se relacionan las frases descriptivas dadas a la derecha?

1. El Atlántico
2. El Pacífico

a) "impetuoso océano del futuro"
b) "costas septentrionales"
c) "vínculo histórico"
d) "riqueza potencial"
e) "corriente ecuatorial"

H *Un país realmente excepcional (72–81).* Examine las líneas indicadas y explique cómo las siguientes cosas hacen de Colombia un país excepcional.

1. ubicación
2. características tanto naturales como humanas
3. sus costas
4. la forma, variedad, orientación y magnitudes de su relieve
5. población humana

I *Preguntas de repaso.* ¿Sabe Ud. las respuestas?

1. ¿Cuál es el área total de Colombia?
2. ¿Por qué cree Ud. que Colombia es un país exótico?
3. ¿Dónde está la zona ecuatorial?
4. ¿Cuántos centímetros y metros hay en un kilómetro?
5. ¿Por qué ofrece el Viejo San Juan un "encuadre perfecto para pintores y fotógrafos"?
6. ¿Cómo definiría Ud. "patrimonio histórico-cultural"?
7. ¿Sabe Ud. cuál es el "viejo mito americano" de la película *West Side Story*?

Repaso de vocabulario

A *Asociaciones.* ¿Qué palabra no tiene relación con las otras dos? Escriba su letra en el espacio en blanco.

_____	**1. a)** aldeas	**b)** pueblos	**c)** macetero
_____	**2. a)** centímetro	**b)** adoquines	**c)** kilómetros
_____	**3. a)** estridente	**b)** pitido	**c)** silencio
_____	**4. a)** coquí	**b)** cocotero	**c)** ave
_____	**5. a)** rana	**b)** armas	**c)** anfibio
_____	**6. a)** deleite	**b)** retorno	**c)** vuelta
_____	**7. a)** metrópoli	**b)** suelo	**c)** urbe
_____	**8. a)** escatimar	**b)** ahorrar	**c)** ubicar
_____	**9. a)** procurar	**b)** comprobar	**c)** intentar
_____	**10. a)** vínculo	**b)** enlace	**c)** malecones

B   *Identificaciones.* Diga la(s) palabra(s) que corresponde(n) a los siguientes dibujos.

C ¿Animal, planta o mineral?

Defina según las tres clasificaciones dadas.

1. corales
2. adoquines
3. vegetación
4. palmeras
5. palomas
6. selvas
7. rana
8. aves
9. roques
10. cocoteros
11. arrecifes
12. especies faunísticas

D Definiciones.

Dé la letra de la frase que corresponde a las de la primera columna.

_____ 1. serie de islas
_____ 2. prolongación de la línea costera...
_____ 3. cien mil centímetros
_____ 4. deporte de alcurnia
_____ 5. sobrenombre
_____ 6. dos principales urbes
_____ 7. ubicación
_____ 8. vínculo

a) San Juan y Ponce
b) kilómetro
c) entre 0° y 10° de latitud norte y sur
d) islotes y roques
e) la náutica
f) archipiélago
g) lugar de enlace
h) "Estrella del Caribe"

Ahora, cubra una columna y otra y dé definiciomes de memoria.

E El agua.

En estas selecciones se nombran las siguientes formas acuáticas: **canal, río, lago, océano, mar, salto de aguas, oleajes.** ¿Sabe Ud. definirlas todas? También, ¿qué canales, mares, océanos, lagos y ríos puede Ud. nombrar?

F Unidades lógicas.

¿Qué palabra a la derecha forma una unidad lógica con las palabras a la izquierda?

1. tierra, arena y ...
2. isla, islote e ...
3. ciudad, metrópoli y ...
4. árbol, palmera y ...
5. animal, anfibio y ...
6. paisajes, parques y ...
7. hídrica, terrestre y ...

a) urbe
b) cocotero
c) coquí
d) playas
e) suelos
f) ambivalente
g) isleños

Preguntas para DE COMPRAS:

1. ¿Qué compras se pueden hacer en Puerto Rico?
2. ¿Qué gusto han heredado los puertorriqueños de sus socios de Washington?
3. Pero no faltan detalles típicos del Caribe. ¿Cuáles son algunos?
4. ¿Qué objetos se venden en las tiendas de artesanía nativa?

DE COMPRAS

En Puerto Rico se pueden hacer las tradicionales compras propias de un estado americano, es decir, ropa vaquera barata y artículos electrónicos. También han heredado de sus socios de Washington el gusto por las

Calle del Viejo San Juan.

camisetas multicolores. Sin embargo, no faltan los detalles típicos del Caribe, como el *Coco López*, ingrediente imprescindible para hacer una buena piña colada. Tanto en el Viejo San Juan, como en Ponce y otros núcleos urbanos importantes, hay numerosas tiendas de artesanía nativa con piezas tan características como los conocidos *Santos*, las caretas de carnaval y las hamacas. Puerto Rico importa además productos de casi todo el mundo y no es difícil encontrar a buen precio sedas de Tailandia, muebles antiguos españoles, pinturas y esculturas de estilo *naïf* de Haití o tapices de Colombia. Los principales centros

comerciales de San Juan son el Plaza de las Américas, el mayor recinto comercial del Caribe, y la zona del Condado.

255

Contrastes culturales

Un mundo unido

En las lecturas de este capítulo hemos destacado tres países, Puerto Rico, Venezuela y Colombia. Y luego, en *Escritura* nos fijaremos en las muchas islas que están salpicadas por el Caribe. Otros puntos claves del área caribeña son dos penínsulas importantes, el Yucatán, de México, y la Florida. La mayor parte de la población de Miami es hispánica. Por esto, muchas costumbres de la ciudad son hispánicas y el español tiene la categoría de lengua oficial. Muchos hispanoamericanos se sienten muy a gusto cuando visitan Miami, por la familiaridad de la lengua y por la cultura en general.

La verdad es que Miami es ahora un gran centro de actividades culturales hispánicas, por las revistas y periódicos publicados allí en español, por la actividad literaria y artística desarrollada entre los escritores y artistas de lengua española que se aglomeran allí y por la influencia masiva de los medios de comunicación, sea la música de Gloria Estefan y su *Miami Sound Machine* o la red televisiva de *Univisión* u otros muchos grupos y actividades semejantes. Más que nunca vivimos en un mundo unido en que lo importante no es la diferencia de costumbres sino la semejanza.

A   *Artistas hispánicas.* En grupos de tres o cuatro, haga listas de los artistas hispánicos, o de descendencia hispánica, que Uds. conocen. No se olviden de Charo, Julio Iglesias, Vicki Carr (Victoria Cárdenas), Rita Moreno o Linda Ronstadt.

B   *Su comida favorita.* Haga lo mismo para su comida favorita. Fíjese en los numerosos restaurantes que ofrecen comida mexicana en todas partes de la América del Norte. Y, otra vez, no se olvide de los tacos y tamales, las enchiladas y tortillas, las fajitas y salsas (o las tapas y la paella españolas).

Gramática selecta

Adjetivos

A   *Los adjetivos del párrafo A.* Examine los siguientes adjetivos. En grupos de cuatro expliquen cómo los adjetivos que preceden el sustantivo subrayan sus cualidades inherentes o son de carácter subjetivo, mientras los que siguen el sustantivo realmente lo distinguen de otros. Es decir, en el número 1 de la primera columna toda esta vegetación es siempre exuberante; en cambio, en la segunda columna la "noche puertorriqueña" es diferente de otras noches (cubanas, mexicanas o españolas).

Adjetivo antes del sustantivo	Adjetivo después del sustantivo
1. la exuberante vegetación (1)	**1.** la noche puertorriqueña (2)
2. un extraño pitido (2)	**2.** origen animal (3)
3. dos estridentes sílabas (3)	**3.** lugares más inesperados (4)
4. un diminuto anfibio (5)	**4.** símbolo nacional (7)
5. esta simpática rana (7)	**5.** este estado caribeño (10–11)

Examinen los párrafos B, C, D y E (un párrafo para cada miembro del grupo) y hagan listas similares a las de arriba. ¿Pueden Uds. explicar la diferencia entre los adjetivos de una columna y otra? Luego, cada persona inventa cuatro frases originales (16 para el grupo) para ilustrar el uso del adjetivo en tales circunstancias (Cada estudiante dele usar dos adjetivos *antes* y dos *después* del sustantivo.)

B *Sustantivos con dos o más adjetivos.* Examine los siguientes usos en contexto.

Adjetivos que vienen antes del sustantivo:

¿Qué características tienen en común los adjetivos que preceden el sustantivo? ¿Cuáles indican algo cuantitativo (número o extensión)? ¿Cuáles subrayan algo cualitativo (la belleza o algún aspecto bueno) en general?

Adjetivos que vienen después del sustantivo:

¿Qué características tienen en común los adjetivos que siguen el sustantivo? ¿Son más específicos o particulares que los otros? ¿Sugieren diferentes lugares o direcciones? ¿Se contrastan, implícitamente, con otros adjetivos no nombrados? Observe: **desconocidos (conocidos), desiertas (pobladas), septentrionales colombianos (meridionales cubanas), naturales (artificiales).**

1. una tranquila zona residencial (32–33)

2. hermosos lagos casi desconocidos (47)

3. blancas playas desiertas (50)

4. las bellísimas y fecundas costas septentrionales colombianas (62–63)

5. los dos principales océanos mundiales (75)

6. innumerables contrastes naturales (82)

7. su extraordinaria belleza natural (87)

8. sus extensas playas cubiertas ... (87)

C *Frases preposicionales.* Las frases preposicionales que funcionan como adjetivos le dan al escritor mucha flexibilidad estilística. Examine estas frases en contexto y observe que a veces hay frases preposicionales en cadena (3–4, 5–7).

Escoja cinco frases (por ejemplo, 1, 3, 4, 5, 6) para intentar sustituir la expresión preposicional por un sólo adjetivo. Otra vez, trate de ser creativo/a.

MODELO: de origen animal > *animal*es

1. dos estridentes sílabas de origen animal (3)
2. la copa de un cocotero, el macetero de un hotel o la terraza de un restaurante (4–5)
3. muchos habitantes de este estado caribeño (10–11)
4. el turismo de alto nivel (18)
5. vínculo histórico de incomensurable valor (60)
6. la enérgica tibieza de la corriente ecuatorial del norte (61–62)
7. el impetuoso océano del futuro (63–64)
8. las respectivas formas de vida vegetal (76–77)
9. lugar privilegiado de enlace (80–81)
10. sus extensas playas cubiertas de plantaciones de palmas (87–88)

D *Dos adjetivos que siguen el sustantivo.* Examine estos ejemplos en contexto y trate de explicar el orden de los dos adjetivos. ¿Es uno más específico que el otro? ¿Dónde ponemos un adjetivo nacional? ¿Por qué cree Ud. que el número 4 lleva guión (*hyphen*)?

1. sus 8.900 kilómetros cuadrados rodeados (11–12)
2. equilibrio ecológico perfecto (69)
3. el espacio geográfico colombiano (71)
4. legado histórico-cultural (79)
5. una estructura turística sólida (89–90)

E *Adjetivos que preceden el sustantivo.* Ahora, repase toda la lectura y haga una lista de estos adjetivos. ¿Puede Ud. descubrir más que sus compañeros? No olvide los ejemplos más obvios: **cada, este, las, innumerables.**

F *Una descripción.* Escoja uno de sus lugares favoritos y escriba una breve descripción de él, empleando varios de los adjetivos estudiados en alguna de las secciones de esta lectura.

Estrategias para escribir

Contrastive Elements in Synthesis

Throughout *Mundo unido: Lectura y escritura* we have explored numerous writing strategies: lists, series, contrasts, summaries, descriptions, narrations, letters, and many others. Additionally, we have analyzed literary passages to illustrate various internal structures, from those exhibiting classical symmetry to others building incrementally—by accretion—toward their conclusion. Some of those strategies are complex, but the truth about good writing is, of course, very simple—it is an art. As an example of the artistic unity and balance achieved by some writers, reread paragraph J in the *Lectura*. It builds on a comparative strategy, but one that seeks synthesis and unity at every turn as it progresses toward a final harmony. Analyze the arrangement of the following sentences:

I Si los ecosistemas andinos deslumbran,
II los del Amazonas, Orinoco y áreas similares resultan espectaculares.
   A. En síntesis, miles de especies vegetales y faunísticas,
   B. tanto hídrica como terrestres y ambivalentes (anfibias),
      1. viven en equilibrio ecológico perfecto
      2. en lugares poco intervenidos por la acción humana,
         a) constituyendo un singular mosaico
         b) en todas las dimensiones del espacio geográfico colombiano.

Observe how the topic sentence (I and II), separated into two contrastive parts, leads to increasingly subordinated thoughts: A and B, 1 and 2, a) and b), which are also presented in pairs. Some of these thoughts are themselves built on contrastive elements (**vegetales y faunísticas, hídricas como terrestres y ambivalentes**), and some suggest unity in the very act of emphasizing diversity (**un singular mosaico, todas las dimensiones del espacio geográfico colombiano**). The paragraph balances discord and harmony at every level as it develops toward its final integration, expressed simply and directly as the **espacio geográfico colombiano.**

A   Examine carefully all the photos presented in this chapter, list as many contrastive features as possible, then write a paragraph which, although emphasizing that duality throughout, ultimately arrives at an overall expression of unity and synthesis.

B   Select another paragraph from the reading selections and attempt to write a structural/stylistic analysis similar to the one offered above. That is, arrange the sentences in a comparative pattern, if possible, and try to interpret the repercussions.

Escritura

Las islas del Caribe

Terminamos *Mundo unido: Lectura y escritura* con sólo una *Escritura*. Aquí tiene un mapa del Caribe con todas sus islas claramente indicadas. Examínelo al leer los siguientes comentarios sobre las varias islas y sus modos de vivir.

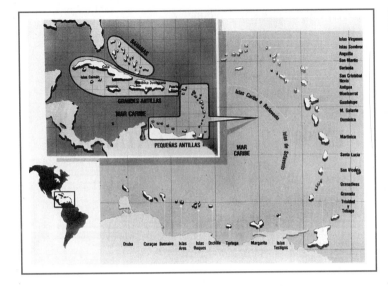

brindan   offer

sosiego   tranquillity

sugerentes   suggestive

se vislumbran   are glimpsed

lejanía   distance

horadadas   bored through

caliza   limy

centelleantes   twinkling

astillero   dockyard

gabletes   gables

endiablada   devilish

cayos   keys

recinto   district

holganza   leisure

motriz   motivating

socaire   shelter

entronca   is descended from

de poca monta   of little importance

caracolas   shells

baratijas   knickknacks

retumban   resound

buceo   scuba

bres: Antillas, nombre que proviene de un continente mítico medieval llamado Antilia Insula; Indias Occidentales, debido a que Colón navegó hacia el Oeste en busca de la India, y el Caribe, por los indios caribes, caníbales de la región. Las Antillas forman una amplia curva entre América del Norte y América del Sur. Se dividen en tres grandes grupos: las Bahamas, en el norte; las Grandes Antillas, con Cuba, La Española (Haití y Santo Domingo), Jamaica y Puerto Rico, y las Pequeñas Antillas, Islas de Sotavento (entre ellas, Martinica, Santa Lucía, Granada, San Vicente y las Granadinas) e Islas de Barlovento (Antigua, Islas Vírgenes, Barbuda, San Cristóbal, Nevis y Guadalupe).

● **Calidad de vida.** Hoy, las Antillas brindan todo lo que se le pida: sosiego, vida relajada, cálida y acogedora. Están garantizados el sol, el mar, la arena, el ponche de ron y una amplia variedad de ritmos sensuales y sugerentes. El mar Caribe baña algunas de las mejores playas del mundo, deslumbrantes costas desiertas que se extienden hacia el horizonte, arena de talco con aguas transparentes, playas rodeadas de palmeras...

● **Jamaica** es la isla más emblemática de las Grandes Antillas. Montañas azules y verdes que se vislumbran en la lejanía, cuevas ocultas horadadas en la piedra caliza, vegetación exuberante, ríos de curso rápido, blancas playas centelleantes... Estos son los rasgos que hacen de Jamaica una de las islas más atractivas del Caribe. Además de gozar de los hedonistas placeres de Negril, se pueden escuchar las bandas del *reggae* que inmortalizó Bob Marley. El *reggae* procede de muchas fuentes, tanto africanas y occidentales como jamaicanas: el *rhythm and blues, mento, ska, rock-steady* y el *burru* africano.

● **Anguilla** es un refugio de ensueño con playas maravillosas. Discretamente elegante, tiene, con hoteles caros —Cap Juluca, Cove Castles y Malliouhana—, casas para huéspedes y una cadena de restaurantes con vistas al mar.

● **Antigua** es también una de las islas favoritas de los ricos, con excelentes playas desiertas y hoteles de cinco estrellas —Curtain Bluff, Jumby Bay y Calley Bay—. Famosa por la regata semanal que sale del astillero Nelson, al final de la temporada de competición del Caribe.

● **Barbados** ha sido llamada con justicia la gran dama del turismo del Caribe. La costa oeste, un lugar de diversión para los millonarios —con hoteles de superlujo como Sandy Lane y Cobbler's Cove—, ha atraído a la gente más selecta durante las últimas décadas.

● **Antillas Holandesas** están divididas en dos grupos separados por 600 millas de mar caribeño: las islas de Barlovento —Saba, San Eustaquio y San Martín— y las islas de Sotavento —Bonaire o Buen Aire, Curacao y Aruba—, con fachadas de colores y gabletes redondos como un Amsterdam tropical. El idioma —el papiamento— es una endiablada mezcla de español, portugués, inglés, holandés y varias lenguas africanas.

● **Las Islas Vírgenes** son un conjunto de unas cien islas y cayos que están divididas entre Estados Unidos y Gran Bretaña. St. Thomas, en las Islas Vírgenes estadounidenses, está muy desarrollada —es, en realidad, un anticuado recinto de compras—, pero

A *La isla de mis sueños.* Escoja una isla que quisiera visitar y escriba un plan de visita. Describa el clima, las instalaciones turísticas locales, los deportes y demás actividades ofrecidas y la mejor manera de viajar allí.

B *Las ventajas de mi estado.* Escriba un anuncio turístico de su propio estado, alabando sus ventajas para el viajero. ¿Cuáles son éstas? Ud. puede incluir entre otras los deportes y diversiones principales, los museos, parques y demás atracciones, los restaurantes más importantes, las playas y lugares de descanso.

En conclusión

Al principio de esta lección dijimos que íbamos a concentrarnos en la belleza natural de estos "rincones caribeños" y no en sus serios problemas sociales. Sin embargo, no podemos cerrar este capítulo —y las últimas páginas de *Mundo unido: Lectura y escritura*— sin aludir otra vez a esos mismos problemas. Como saben todos, muchos países hispanoamericanos llevan años viendo a grandes sectores de sus ciudadanos hundidos en la pobreza y la miseria. Los motivos son muchos: tradiciones y leyes que mantienen en pie las antiguas divisiones de recursos; crisis provocadas por el narcotráfico y el terrorismo; costumbres y

normas culturales, religiosas y políticas que son lentas en reaccionar a las nuevas dimensiones demográficas del fin de siglo (campos abandonados por familias enteras que han migrado a la ciudad en busca de trabajo y salvación económica, megaciudades rodeadas de suburbios escuálidos, etc.). A menudo la esperanza de una persona es la desesperanza de otra. El Tratado de Libre Comercio, por ejemplo, trae empleo y oportunidades para algunos a la vez que se los quita a otros. ¿Qué hacer? ¿A quién creer? Lamentablemente, nuestra conclusión sólo ha de provocar preguntas y no respuestas. Considere Ud. las siguientes preguntas.

A   En esta edad "informativa", ¿de dónde recibe Ud. la información en que basa sus opiniones sobre el mundo hispánico? ¿Periódicos y revistas en español? ¿Películas o programas televisivos en español? ¿Viajes personales? ¿Tiene Ud. acceso a *Internet*, u otro servicio semejante por medio de su computadora? ¿Suele Ud. ver CNN Internacional u otras emisoras que proporcionan informes mundiales? Si no, ¿qué le revela su periódico local sobre el mundo hispánico? ¿Cuánto tiempo hace que Ud. no lee o no ve alguna noticia sobre Argentina, Chile, el Perú, Honduras?

B   Como ejercicio final, vaya Ud. a una biblioteca, municipal o universitaria, y busque periódicos y revistas hispánicos. Aquí tiene Ud. algunos títulos: *Visión, Excelsior, La Nación, El País, Cambio16, Américas.* Escoja dos y repase sus varios artículos y anuncios para contestar, en forma escrita u oral, las siguientes preguntas.

1. ¿Qué temas políticos son los más importantes?
2. ¿Qué países se destacan?
3. ¿Cuántas referencias se encuentran a los Estados Unidos, al Canadá y a Europa?
4. ¿Qué libros y películas de actualidad se mencionan?
5. ¿Cuáles son las preocupaciones sociales de este o aquel país?

Ahora, ¿qué reacciones generales tiene Ud. a la(s) revista(s)?

OTRO PUNTO DE VISTA III

Presentación

Otro punto de vista III presenta tres lecturas breves de *Una ciudad llamada Eugenio,* relacionadas con los últimos capítulos de *Mundo unido: Lectura y escritura.* Primero ofrecemos *Mirando al mapa,* que tal vez le dé una nueva perspectiva del mapa de los Estados Unidos. Después viene *Épica y mantequilla,* título que combina algo grandioso con algo pequeño, para sugerir los enormes retos aceptados por los pioneros para poder vivir. La última lectura es *Cuidados,* que evoca cómo los ciudadanos de Oregón cuidan sus inmensos bosques.

En estas selecciones vemos más admiración, por parte de la autora, y menos crítica. Es como si buscara nuestra humanidad en lo grande y lo pequeño que nos rodea y nos hacen lo que somos.

1. Mirando al mapa

Visto desde cierta distancia no parece un país, sino más bien dos; o, si admitimos que es uno, la comparación más acertada tal vez sería la de un Jano bifronte[1] que con un róstro° mira al Atlántico y con otro al Pacífico...   **cara**

Una franja[2] muy clara divide el país del Este del país del Oeste: el de la derecha presenta el aspecto de los mapas antiguos, con una costa tortuosa y recortada[3] sobre un mar blanco que sólo muy poco a poco va azuleando y al que le cuesta mucho llegar a ser azul intenso; los estados de esa parte del Jano exhiben las características inequívocas de los países viejos: sus límites fronterizos[4] son líneas onduladas y recortadas, que se pliegan[5] y repliegan sobre sí mismas, que retroceden repentinamente y dan rodeos inesperados, como si hubieran sido trazadas sin lógica y a capricho,[6] buscando más un placer estético que el triunfo de la racionalidad...

El otro lado del mapa, la cara de Jano que se asoma al Pacífico, muestra a las claras° ser un país más nuevo, más rotundo y físicamente menos trabajado ...   **claramente**
La lógica geométrica triunfa especialmente en los estados cuadrados de Utah, Colorado, Arizona y Nuevo México, que comparten una perfecta cruz medial en torno a la cual se insertan, acogiendo[7] graciosamente encima al rectangular Wyoming, ligeramente solapado[8] sobre Utah y encantadoramente contrapeado[9] sobre Colorado. No menos rectilíneos son las dos Dakotas, Nebraska, Kansas y Oklahoma, aunque en este caso la rectitud se rompe hacia el Sur por culpa de

---

1 **Jano...:** Double-faced Janus (Son of Apollo), who is represented as having two faces, one facing the sunrise and the other the sunset.

2 stripe, band

3 cut out

4 frontier

5 **se...:** are folded

6 capriciously

7 welcoming, protecting

8 overlapping

9 made into two-ply

Texas, que a la vista está que es un país viejo y recortado, de forma caprichosa tanto en sus costas como en sus fronteras, al que en vano tratan de asentar[10] en la rectitud sus estados hermanos del Norte y el Oeste.

En un lugar de esta parte nueva y cartesiana,[11] en un estado casi cuadrangular que se asoma al Pacífico, estamos ahora nosotros, al Norte de ese otro estado al que los descubridores, ebrios[12] de literatura más oída que leída y atónitos ante la realidad inmensa que estaban poseyendo, dieron el nombre de la isla de las amazonas: California. Inmediatamente sobre esta tierra de mozas° **mujeres** guerreras, apoyado sobre ella y sobre el trapecio inserto en California que forma el estado de Nevada, se extiende Oregón, nuestro lugar: apreciamos perfectamente el sombreado de sus montañas, apenas surcado[13] por un par de líneas rojas que van de Sur a Norte y otra desde el Oeste hasta el centro...

---

10 adjust
11 The ideal of Cartesianism was mathematical certitude

12 intoxicated
13 cut through

2. Épica y mantequilla

Hay en Eugene un pequeño museo del pionero. En él pueden verse algunas viejas carretas —y, junto a ellas, la relación de víveres,° materiales y utensilios **lo que hace falta para vivir** que los pioneros solían llevar cuando emprendían el camino hacia un ignoto Oeste imprevisible—, muebles que allí son antigüedad y a nosotros nos recuerdan indefectiblemente los que estaban en uso en casa de la abuela, fotografías de los primeros asentamientos[1] de este estado no poblado por el hombre blanco hasta 1850, viejos daguerrotipos° familiares de señoras con polisón[2] o con falda **antiguas fotografías** de cuadros ... Están el primer coche de bomberos[3] de la ciudad, un coche de

---

1 settlements   3 fire truck
2 bustle

caballos que sin duda fue en tiempos el colmo[4] de la elegancia y la causa de todas las envidias, una carretela de reparto.[5] O las impresionantes herramientas[6] utilizadas en las primeras explotaciones madereras:° aquellas sierras[7] de tres metros con las que hombres incansables aserraban[8] árboles centenarios, los ganchos[9] y las poleas[10] que permitían escalar° peligrosamente esos gigantes de madera.

relacionadas con la madera

piense en "escalera"

Hay también algunos pequeños objetos deliciosos: la cafetera° ennegrecida° por el uso de muchos años ... Junto a ellos, las muestras de una artesanía popular promovida por la necesidad y aún viva como entretenimiento entre las damas hacendosas norteamericanas: las colchas[11] y los almohadones[12] de *patchwork,* colorido y utilitario producto de los desechos de tejidos[13] de todos los vestidos rotos, de todos los manteles, sábanas, colchas y cortinas inservibles. Con paciencia benedictina, aquellas mujeres no tan lejanas debieron de llenar sus escasos ocios tras una tarea diaria agotadora con un nuevo trabajo: recortar pedazos[14] de tela, disponerlos artísticamente formando dibujos y combinando colores dispares, unirlos pacientemente luego a fuerza de horas y de aguja[15] bajo la luz escasa de un candil de aceite.

"café" / "negra"

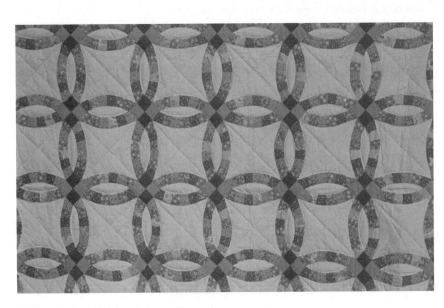

El "Patch Work" típico de las mujeres pioneras.

---

4 height

5 **carretela...:** stagecoach (delivery wagon)

6 tools

7 saws

8 sawed

9 hooks

10 pulleys

11 quilts

12 pillows

13 cloth scraps

14 pieces

15 needle

3. Cuidados

A primera vista, los bosques parecen salvajes, descontrolados, de una feracidad[1] que todo lo invade sin más orden ni concierto que el ritmo desmesurado de esta naturaleza demasiado grande. Pero basta adentrarse[2] en ellos para ver que las ramas caídas han sido recogidas[3] por el servicio forestal, que la maleza[4] se limpia y los árboles enfermos tienen sus heridas curadas con pez[5] y que, cuando uno de estos gigantes milenarios no puede ya salvar la vida, una sierra eléctrica los tala[6] limpiamente, dejando un tocón[7] pulido de innumerables círculos concéntricos. El camino está primorosamente trazado aprovechando los accidentes del terreno, sembrado[8] cada equis meses de una capa de viruta de madera[9] que pronto se integra en el humus o bien —cuando la humedad es excesiva y la tierra demasiado fértil— discretamente asfaltado de un firme[10] que apenas destaca en el entorno. Por estos senderitos recortados y cuidados es posible adentrarse hasta el mismo meollo[11] de la naturaleza salvaje y encontrar al final, cerca del río o de un lago volcánico, una zona de picnic igualmente bien planificada: las mesas de madera de árboles viejos, las papeleras ocultas en troncos vaciados,[12] todo ordenado y nada ofende el entorno o el paisaje, pero esa superficie de civilización en mitad del bosque garantiza que no aparecerán por doquier papeles, bolsas de plástico o botes de bebida.

---

1 fertility	5 pitch (rosin)	9 wood shavings
2 enter	6 cuts	10 surface
3 picked up	7 tree stump	11 center
4 brambles	8 seeded	12 emptied

Aplicación

Mirando al mapa

A *Las dos caras del Jano.* Mire las dos costas de los Estados Unidos en un mapa y trate de ver las dos "caras" que describe la autora. Conteste estas preguntas.

1. *La cara del Este:* ¿Cómo es la costa? ¿Y el mar? ¿Por qué son "viejos" los estados de esa parte del Jano?

2. *La cara del Oeste:* ¿Por qué parece ser esta parte un país más "nuevo"? ¿Dónde triunfa la "lógica geométrica"?

B *¿Por qué?* En grupos de tres, conteste estas preguntas interpretativas.

1. ¿Por qué triunfa la "lógica geométrica" en los estados de Utah, Colorado, Arizona y Nuevo México?

2. ¿Por qué dice la autora que Texas es un estado "viejo"?

3. ¿Por qué se relaciona California con las amazonas míticas?

4. ¿Por qué se compara Nevada con un trapecio?

5. ¿Por qué está surcado Oregón por un par de líneas rojas?

Épica y mantequilla

C *El museo del pionero.* Con otro/a compañero/a de clase, enumere los varios objetos que pueden verse en el museo del pionero. ¿Cuáles tuvieron que ver con los aspectos más importantes de la vida pionera, en vista de los objetos reunidos en el museo?

D *El* **patchwork**. Traiga muestras del *patchwork* hechas por su abuela o su madre, si es posible, para presentar a la clase. Explique cómo se hizo y diga algo sobre la selección de colores y telas en el *patchwork*.

Cuidados

E *A primera vista*. Los bosques parecen salvajes, pero eso no es verdad. Explique qué se hace con los siguientes objetos, para mantener el orden en los bosques.

1. ramas caídas

2. maleza

3. árboles enfermos

4. un gigante milenario ya "muerto"

5. el camino

6. excesiva humedad

F *El "meollo" de la naturaleza.* ¿Cómo forman parte de la zona del picnic la madera de árboles viejos y los troncos vaciados?

G *A ver*. Preguntas personales.

1. ¿Por qué se crean zonas de picnic en los bosques?

2. ¿Es ésta una manera de proteger y conservar los bosques? Explique.

3. ¿Qué cree Ud. que significa el título de esta selección?

4. ¿A Ud. le gusta adentrarse en los bosques? ¿Tiene un sitio favorito? ¿Cómo es?

5. ¿Cuál es el problema de las bolsas de plástico y los botes de bebida?

Conclusiones culturales

En su opinión, ¿cuál es la actitud de la autora hacia diferentes aspectos de la vida norteamericana? ¿Está Ud. de acuerdo con las siguientes afirmaciones? ¿Por qué (no)?

1. La autora sabe mirar un mapa y ha pasado bastante tiempo estudiando el nuestro.

2. Para la autora, nuestra "historia" no es muy antigua, ya que los muebles del museo pionero se parecen a aquellos que tenían en casa sus abuelos.

3. La autora siente gran compasión para con las pioneras que trabajaron en su *patchwork* después de la tarea diaria agotadora.

4. La autora siente mucha admiración por sus labores artísticas (las colchas y los almohadones).

5. Para la autora, nuestros bosques reflejan el orden con que nos acercamos a la vida diaria.

Appendix A: *Active Vocabulary Lists*

Active vocabulary lists for all twelve chapters are included here for your reference and review. Each is divided into three categories containing 20–30 words. You will need to know the **Vocabulario básico** very well and be familiar with most of the terms in **Vocabulario útil. Vocabulario adicional** offers you an opportunity for enrichment. Note that gender of nouns is indicated except (1) for masculine nouns ending in **-o** and feminine nouns ending in **-a** and (2) where meaning makes gender clear.

Capítulo 1

A. Vocabulario básico

SUSTANTIVOS
los apuntes notes
la calificación grade
la costumbre custom
descanso rest
entrada entrance
exámenes parciales midterm exams
la facultad college
grabadora tape recorder
respuesta answer
ruido noise
la suerte luck
tarea homework

VERBOS
aprobar (ue) to pass
concentrarse to concentrate
dedicarse to dedicate oneself
distanciarse to distance oneself
dividir to divide
eliminar to eliminate
establecer to establish
evitar to avoid
explicar to explain
facilitar to facilitate
liberar to liberate
memorizar to memorize
provocar to provoke
repasar to review
transformar to transform

OTRAS EXPRESIONES
a pesar de in spite of
cómodo/a comfortable

es conveniente it's suitable
frente a opposite, in front of
hay que it is necessary, one must
maldito/a cursed
tranquilo/a calm, tranquil

B. Vocabulario útil

SUSTANTIVOS
angustia anguish
la ansiedad anxiety
carrera career, course of study (major)
expediente (estudiantil) (student) transcript
ingenio wit
parada stop
principio beginning
sentimiento feeling
tortura torture
venta sale

VERBOS
aclarar to clarify
confiar to trust
convivir to live with
disminuir to diminish
enfriarse to grow cold
meter to insert, put in(to)
prolongar to prolong
realizar to carry out
reproducir to reproduce
sobrevivir to survive
utilizar to use, utilize
variar to vary
valer (valgo) to be worth

OTRAS EXPRESIONES
aconsejable advisable
detenido/a stopped
harto/a de fed up with
de golpe suddenly
mediante through
semanalmente weekly
suave soft

C. Vocabulario adicional

SUSTANTIVOS
aliado ally
cambiazo exchange (when cheating)
cansancio weariness
celda cell
chuleta crib note (for cheating)
comportamiento behavior
conocimiento knowledge
ermitaño hermit
esfuerzo effort
esquema chart, graph
jornada workday (session)
ocio leisure
ojeras bags under one's eyes
el resúmen summary
subrayado underlining
temerario list of themes
travesía crossing
vistazo looking (when cheating)

VERBOS
aligerar to lighten
autoevaluarse to evaluate oneself
cumplir to fulfill
consumir to consume
dictar to dictate, order

disparar to shoot
disponer de to have at one's disposal
recurrir to have recourse to
relajarse to relax
sintetizar to synthesize
soportar to stand (tolerate)
surgir to rise, come forth

OTRAS EXPRESIONES

ante todo at first, before anything
de viva voz in a loud voice
denominado/a called
rentable profitable
sometido/a subjected (to)

Capítulo 2

A. Vocabulario básico

SUSTANTIVOS

alegría happiness
cambio change
cuello neck
esquina corner
fuerza force, strength
el papel role
el viaje trip

VERBOS

ayudar to help
caminar to walk
cuidar to care, take care (of)
curar to cure
exagerar to exaggerate
ganar to earn, win
gritar to shout
lavar to wash
llorar to cry
modificar to modify
planear to plan
quedar to have left
quejarse to complain
romper to break

OTRAS EXPRESIONES

ancho/a wide
darse cuenta de to realize
despacio slow(ly)
en seguida at once
fuera outside
poco a poco little by little

tener ganas de to feel like
últimos latest, recent

B. Vocabulario útil

SUSTANTIVOS

el guante glove, mitt
hombro shoulder
madera wood
panadería bread shop
pedazo piece
pelota ball
techo ceiling

VERBOS

desaparecer (desaparezco) to disappear
experimentar to experience
hallar to find
lograr to achieve
mandar to send, order
mantener (mantengo) to maintain
olvidar to forget
planchar to iron
regresar to return
seguir (i) to continue, follow
tratar de to try to

OTRAS EXPRESIONES

chiquito/a very small
de acuerdo con in agreement with
en busca de in search of
obligado/a obliged
¡oye! hey!, listen!
preocupado/a worried
sacar ... hacia adelante to get ... ahead
siguiente following
total in any case
tras after

C. Vocabulario adicional

SUSTANTIVOS

el avestruz ostrich
camión de cuerda pull truck (toy)
cuadra city block
hoja leaf, page

juego de carpintería carpentry set (toy)
malicia malice
el traje de vaquero cowboy outfit

VERBOS

agregar to add
arrancar to pull, start (an engine)
asustar to frighten
atender (ie) to attend to, listen to
coleccionar to collect
denunciar to denounce, tell on someone
dirigirse to direct oneself toward
ensuciarse to get dirty
guardar to wait, keep (it)
recordar (ue) to remember
sacar to take out
sacudir to shake

OTRAS EXPRESIONES

a menudo often
acabar de + *inf.* to have just done something
estirado/a stretched (out)
inalcanzable unreachable

Capítulo 3

A. Vocabulario básico

SUSTANTIVOS

alfombra rug
luto mourning
pensamiento thought
risa laugh
significado meaning
sonrisa smile
sueño dream, sleep

VERBOS

adornar to decorate
avanzar to advance
aventurar to venture
caer (caigo) to fall
calmar to calm
ignorar to ignore, be ignorant of
nacer (nazgo) to be born
ocupar to occupy
procurar to attempt, try

sugerir (ie) to suggest
vencer (venzo) to conquer

OTRAS EXPRESIONES
vestirse (i) to get dressed
conocido/a known
dejar de + *inf.* to quit doing
    something
fresco/a fresh
lento/a slow
luminoso/a luminous
oscuro/a dark, obscure

B. Vocabulario útil
SUSTANTIVOS
cadena chain
cinta ribbon, tape
el huésped guest
manga sleeve
propósito purpose
sufrimiento suffering
la vejez old age

VERBOS
abandonar to abandon
anotar to annotate, take notes
fingir to pretend
percibir to perceive
permanecer (permanezco) to
    remain, stay
residir to reside
respirar to breathe
contener (contengo) to contain
retener (retengo) to retain

OTRAS EXPRESIONES
de moda in style
de todos modos in any case
de una vez once and for all
debido a due to
oculto/a hidden
puesto que since
rodeado de surrounded by

C. Vocabulario adicional
SUSTANTIVOS
aliento breath
acontecimiento event
el caserón mansion
choza hut

el golpe (militar) (military) coup
el jarrón vase
milagro miracle
reino kingdom
la señal sign, indication
sorbo sip

VERBOS
atar to tie
colgar (ue) to hang
conseguir (i) to achieve, get
compadecerse to have
    compassion
deslizarse to slip, slide
enterarse de to find out about
marchitarse to wilt
provenir to come from, originate
regar (ie) to water, irrigate
retirar to take away, retire
secar to dry
sospechar to suspect, be
    suspicious
trazar to trace
vagar (por) to wander (about)

OTRAS EXPRESIONES
apacible peaceable
encantado/a charmed, enchanted
calladamente quietly
ponerse a + *inf.* to begin to do
    something
por lo mismo by the same token
propenso a given to
sombrío/a somber, sad

Capítulo 4
A. Vocabulario básico
SUSTANTIVOS
armario wardrobe
compra purchase
consejo (piece of) advice
dibujo drawing
dormitorio bedroom
éxito success
promesa promise
respeto respect
revista journal, magazine

VERBOS
acompañar to accompany
afectar to affect
celebrar to celebrate
cenar to eat dinner (supper)
contar (ue) to tell, relate
disfrutar (de) to enjoy
demostrar (ue) to demonstrate
incluir (incluyo) to include
insultar to insult
limpiar to clean
protestar to protest

OTRAS EXPRESIONES
actual current, pertaining to
    present
cariñoso/a affectionate
cualquier/a any
gracioso/a funny
hoy día nowadays
listo/a ready
peligroso/a dangerous
tiene que ver con it has to do
    with
trabajador/a worker

B. Vocabulario útil
SUSTANTIVOS
confianza trust
cueva cave
los deberes duties, chores
partido game
el tinte dry cleaner's

VERBOS
acabar to finish
aprovechar to take advantage
apuntar to take notes
arreglar to arrange
crecer to grow
faltar to be lacking
graduarse to graduate
opinar to have an opinion
ordenar to order
recoger (recojo) to gather, collect
seguir (i) to follow, continue
tirar to throw (out)

OTRAS EXPRESIONES
capaz capable
conflictivo in conflict

de repente   suddenly
juntos/as   together

C. Vocabulario adicional
SUSTANTIVOS

etapa   stage
guerra   war
el hogar   home
impuesto   tax
la inversión   investment
la niñez   childhood
el ser   being
tontería   foolishness

VERBOS

advertir (ie)   to notice
aficionar   to become a fan
cargar   to charge
coser   to sew
desarrollar   to develop
escapársele (a uno)   to slip one's
   mind
estallar   to explode
pelear   to fight
preocuparse   to worry
revisar   to correct

OTRAS EXPRESIONES

a largo plazo   in the long run
a medida que   as, while
colocado/a   placed
de juerga   on a spree
embarazada   pregnant
encima   on top of it all

Capítulo 5

A. Vocabulario básico
SUSTANTIVOS

altura   height
asiento   seat
campana   bell
ciudadano/a   citizen
el clima   climate
costa   coast
dominio   dominion, power
la humedad   humidity
pasajero/a   passenger
principio   beginning
la sal   salt

VERBOS

andar   to walk
avanzar   to advance
bañar   to bathe
calentar (ie)   to warm
correr   to run
encontrar (ue)   to find
descender (ie)   to descend
parar   to stop
subir   to go up

OTRAS EXPRESIONES

a finales   at the end
amplio/a   full, large
extranjero/a   foreign
fuerte   strong
sonoro/a   sonorous
urbano/a   urban

B. Vocabulario útil
SUSTANTIVOS

calzada   road
centenares   hundreds
cuerda   rope, cable
dueña   owner, landlady
el juguete   toy
el lugar común   commonplace
madrugada   early morning
el nivel   level
perla   pearl
siglo   century
la torre   tower
el tranvía   streetcar

VERBOS

abordar   to board
adelantarse   to go forward
animar   to encourage
ascender (ie)   to ascend
detenerse   to stop
fundar   to found

OTRAS EXPRESIONES

a gusto   pleasurably, "at home"
junto a   next to
por supuesto   of course

C. Vocabulario adicional
SUSTANTIVOS

anchura   width
el andén   platform
comarca   territory
fortaleza   fortress
muro   wall
novedad   novelty
el puente   bridge
la superficie   surface
vecino   neighbor, inhabitant

VERBOS

arrastrar   to drag
atravesar (ie)   to cross
corrobar   to corroborate
entregar   to deliver
girar   to turn
huir   to flee
partir   to depart
reposar   to rest
soltar (ue)   to release

OTRAS EXPRESIONES

animosa   animated, lively
avisada   sensible, wise
a saltos   by leaps
cada vez más   more and more
velozmente   swiftly

Capítulo 6

A. Vocabulario básico
SUSTANTIVOS

el almacén   department store
anuncio   announcement, ad
beso   kiss
caja   box
calcetín   sock
calzoncillos   shorts
camisa   shirt
faceta   facet
la juventud   youth
lágrima   tear
mercado   market
el pantalón   pair of pants
pañuelo   handkerchief

VERBOS
caer (caigo) to fall
caracterizar to characterize
casarse to get married
coger to take, catch
contemplar to contemplate
levantarse to get up
llenar to fill
sufrir to suffer
satisfacer to satisfy
tirar to throw

OTRAS EXPRESIONES
claro está of course
de todo everything
por todas partes everywhere

B. Vocabulario útil

SUSTANTIVOS
culpa guilt, blame
fracaso failure
obrero worker
plancha iron
prenda piece of clothing
rato a while
Rastro Flea Market

VERBOS
acostumbrar to be accustomed
fumar to smoke
intentar to try, attempt
señalar to point out
sonar (ue) to sound

OTRAS EXPRESIONES
a lo largo de throughout
a su vez in turn
faltarle (a uno) to need
hacer caso to pay attention
pensar + *inf.* to intend to do
    something

C. Vocabulario adicional

SUSTANTIVOS
aguja needle
ánimo courage
chabola hut, shack
consumo consumption
descuido mistake, lack of
    attention

equilibrio balance
marcha departure
petardo firecracker

VERBOS
aguantar to put up with, tolerate
descolgar (ue) to take down
enfrentarse to confront
enhebrar to thread a needle
espiar to spy
renacer to be reborn
reunir to gather together
tender (ie) to hang (clothes)
zurcir to darn (socks)

OTRAS EXPRESIONES
a punto de at the point of
a solas alone
de lado toward one side
dejarse de + *inf.* to quit doing
    something
volver a + *inf.* to do something
    again

Capítulo 7

A. Vocabulario básico

SUSTANTIVOS
la alimentación food
cacerola casserole
camarero/a waiter/waitress
la cantidad quantity
cuchara tablespoon
la desesperación desperation
el/la escritor/a writer
lenteja lentil
receta recipe
riqueza riches

VERBOS
chocar to collide; to surprise,
    shock
ofrecer (ofrezco) to offer
revelar to reveal
robar to steal

OTRAS EXPRESIONES
creciente growing
a propósito de regarding
al principio at the beginning
de vez en cuando from time to
    time

en fin in short
seguro/a sure

B. Vocabulario útil

SUSTANTIVOS
cucharada tablespoonful
cucharadita teaspoonful
dramaturgo dramatist
garbanzo chickpea
el mediodía noon
oficina office

VERBOS
abrazar to embrace
beneficiarse to benefit
jurar to swear, affirm

OTRAS EXPRESIONES
de verdad frankly
echar de menos to miss
muerto/a de hambre starving
poner la mesa set the table
¿qué más da? What's the
    difference?
seco/a dry

C. Vocabulario adicional

SUSTANTIVOS
cartilla ration card (booklet)
derecho right
disculpa excuse
el/la infeliz wretched person,
    unhappy soul
sollozo sob
sopera soup tureen
tacilla teacup
truco trick

VERBOS
aportar to bring, provide
plantear to establish, set forth
probar (ue) to prove

OTRAS EXPRESIONES
culinario/a culinary
darse vergüenza to feel shame,
    be ashamed
echar la culpa to blame
escandalizado/a embarrassed,
    shocked
no faltaba más that's the least
    she could do

soltarle cuatro frescas   tell her
   (him) a thing or two

Capítulo 8

A. Vocabulario básico

SUSTANTIVOS

aumento   increase
la corriente   current
década   decade
equipo   team
evento   event
fecha   date
hecho   fact
intercambio   exchange,
   interchange
nervios   nerves
terremoto   earthquake

VERBS

aproximarse   to draw near
   (close); approximate
coincidir   to coincide
combatir   to combat
defenderse (ie)   to defend oneself
impresionar   to impress
introducir   to introduce
registrar   to register
reírse (de)   to laugh at
resistir   to resist
rodear   to surround

OTRAS EXPRESIONES

alrededor de   around
ciego/a   blind
en serio   seriously
feliz   happy
marino/a   sea (marine) air
recién   recent(ly)
ya que   since

B. Vocabulario útil

SUSTANTIVOS

el/la investigador/a   researcher
la mitad   half
el placer   pleasure
riesgo   risk
tormenta   storm

VERBOS

aludir   to allude (to)
comprobar (ue)   to prove
convertirse (ie)   to convert, be
   converted
distorsionar   to distort
funcionar   to function
medir (i)   to measure

OTRAS EXPRESIONES

a través de   through
caluroso   hot
desconocido/a   unknown person
el efecto invernadero   greenhouse
   effect
por el contrario   on the contrary

C. Vocabulario adicional

SUSTANTIVOS

calentamiento   warming
casco   hoof
cifra   number
cola   tail
la especie   type, kind
el informe   notice, report
locura   madness
lomo   expensive cut of meat (filet)
el/la pescador/a   fisherman/
   woman
sequía   drought

VERBOS

agitar   to agitate, stir
alejar   to distance
atreverse   to dare
bufar   to snort
descubrir   to discover
derivarse   to be derived (from)
girar   to turn
golpear   to strike, hit
predecir (predigo)   to predict
presentir (ie)   to have a
   presentiment (about the future)
relinchar   to whinny
temblar (ie)   to shake, tremble

OTRAS EXPRESIONES

afilado/a   sharpened
equivocado/a   mistaken
por de pronto   suddenly

Capítulo 9

A. Vocabulario básico

SUSTANTIVOS

el ataque   attack
desempleo   unemployment
ducha   shower
esclavo   slave
fontanero   plumber
grifo   faucet
moribundo   a dying person
pila   battery
el reproche   reproach

VERBOS

deprimirse   to be depressed
entregar   to deliver, submit
estropear   to ruin
extender (ie)   to extend
fregar   to wash (dishes)
intimidar   to intimidate
murmurar   to murmur, gossip
proteger   to protect
resonar (ue)   to resound
renunciar   to renounce

OTRAS EXPRESIONES

a su alrededor   around him (her)
contar (ue) con   to count on
disponible   available, usable
paso a paso   step by step
por tanto   therefore
un tanto   a bit

B. Vocabulario útil

SUSTANTIVOS

alivio   relief
cuñado   brother-in-law
disculpa   excuse
la fuente   source, fountain
herramienta   tool
el mostrador   counter
paro   unemployment
portero   doorman
silueta   silhouette
ternura   tenderness
la virtud   virtue

VERBOS

averiguar   to verify
exigir   to demand

fabricar   to make
huir (huyo)   to flee
mentir (ie)   to lie
prestar   to lend, provide, offer

OTRAS EXPRESIONES

quedar en + *inf.*   to agree to...
sujeto/a por   subject to/by

C. Vocabulario adicional

SUSTANTIVOS

avería   damage
barra   bar (counter)
cacharros   dishes
crianza   raising, rearing, breeding
cuero   leather
encargo   job
ocio   leisure
parcela   lot (parcel of land)
el salvador   savior
sierra   mountain
el titular   (newspaper) headline
trueno   thunder
vacío   emptiness

VERBOS

agarrar   to grab
clavar   to fix, fasten
someter   to subject (to)

OTRAS EXPRESIONES

de una patada   with a kick
decepcionado/a   disappointed
horas extras   overtime
relegado/a   relegated (to a
   secondary position)

Capítulo 10

A. Vocabulario básico

SUSTANTIVOS

acera   sidewalk
avenida   avenue
el/la corredor/a   runner
el baloncesto   ("basket")
   basketball
la fiebre   fever
el fútbol   soccer
el/la jugador/a   player
la mayoría   majority
la reunión   meeting

VERBOS

contaminar   to contaminate
felicitar   to congratulate
jugar (ue)   to play (a game)
percibir   to perceive
persistir   to persist
seleccionar   to select
volar (ue)   to fly

OTRAS EXPRESIONES

a toda hora   constantly
estrecho/a   narrow
por otro lado   on the other hand
punto de partida   point of
   departure

B. Vocabulario útil

SUSTANTIVOS

bienvenida   welcome
bulto   bundle
el chiste   joke
el chisme   gossip
gota   drop
libra   pound
pasillo   hallway
el reportaje   reporting,
   (newspaper) article
el sudor   perspiration, sweat
la urbanización   residential
   development
vecindario   neighborhood

VERBOS

ausentarse   to be absent
conformarse   to conform, get
   along
despreciar   to scorn
ensayar   to try out
hundir   to sink
lucir   to shine, show off, wear
maravillarse   to express
   admiration

OTRAS EXPRESIONES

a espaldas de   behind
   (someone's) back
a lo sumo   at most
en cambio   on the other hand
fortalecido/a   strengthened
saludable   healthy

C. Vocabulario adicional

SUSTANTIVOS

albóndiga   meatball
asombro   amazement
los alrededores   surroundings
brisa   breeze
carcajada   guffaw
manzana   apple; (city) block
reto   challenge
el/la trotador/a   jogger
el trote   trot

VERBOS

arriesgarse   to take a risk
arrancar   to take off
encerrarse (ie)   to enclose (shut)
   oneself in
estremecer (estremezco)   to
   tremble
poblarse (ue)   to be populated
perfeccionar   to perfect
poseer   to possess
prometer   to promise
torcer (ue)   to turn

OTRAS EXPRESIONES

asimismo   likewise
dar con   to run into
dar vueltas   to run around
erguido/a   upright, erect
gastado/a   worn out
malhumorado/a   in a bad mood

Capítulo 11

A. Vocabulario básico

SUSTANTIVOS

época   epoch, era
atractivo   attraction
el/la escultor/a   sculptor
el cine   movies
danza   dance
melodía   melody
el/la pintor/a   painter
pintura   painting
teatro   theater

VERBOS

atraer (atraigo)   to attract
destacar   to underscore, (make)
   stand out

elevar to elevate
escoger (escojo) to choose
establecer (establezco) to establish
invitar to invite
presidir to preside

OTRAS EXPRESIONES
al aire libre (in the) open air
con toda franqueza candidly
de ninguna manera in no way
diariamente daily
diverso/a diverse, a few
extraño/a strange, rare

B. Vocabulario útil

SUSTANTIVOS
la actualidad modern (present) day
bahía bay (body of water)
barro clay; ceramics
hueso bone
imperio empire
el/la paseante passerby, stroller
piedra rock, stone
la raíz root

VERBOS
cubrir to cover
divisar to make out (see)
ejecutar to execute (put into effect)
unir to join, unite

OTRAS EXPRESIONES
arquitectónico/a architectural
a la semana weekly
al igual que the same as
jubiloso/a jubilant, happy

C. Vocabulario adicional

SUSTANTIVOS
artesanía handicraft, artwork
búsqueda search
el césped grass
conjunto group
flauta flute
muestra example, sample
el paisaje landscape

rama branch
rascacielo skyscraper
silbato whistle
tamaño size

VERBOS
afinar to tune (a musical instrument)
colocar to place, put
integrarse (a) to be integrated (to)
lograr to achieve
reinar to rule

OTRAS EXPRESIONES
ameno/a pleasant, agreeable
animado/a animated, happy, optimistic
apropiado/a appropriate
conmovedor/a (emotionally) moving
docente teaching, pedagogical
echar a perder to spoil
emitido/a emitted

Capítulo 12

A. Vocabulario básico

SUSTANTIVOS
el/la habitante inhabitant
isla island
isleños island inhabitants (dwellers)
mezcla mixture
paraíso paradise
rana frog
terraza terrace
el valor value

VERBOS
concentrarse to concentrate
disfrutar (de) to enjoy
emergir to emerge
optar (por) to opt (for)
reconstruir (reconstruyo) to reconstruct
revitalizar to revitalize

OTRAS EXPRESIONES
agradable agreeable
caribeño Caribbean

de pronto suddenly
estable stable
impetuoso/a impetuous
reflejado/a reflected
variado/a varied
ya que since

B. Vocabulario útil

SUSTANTIVOS
arena sand
autopista super highway
el/la descubridor/a discoverer
la especie kind
orgullo pride

VERBOS
alabar to praise
constituir (constituyo) to constitute
denominar to name
generar to generate
merecer (merezco) to deserve
proporcionar to provide
superar to surpass

OTRAS EXPRESIONES
andino/a Andean
migratorio/a migratory
milagrosamente miraculously
sabio/a wise, prudent
tonificante healthy

C. Vocabulario adicional

SUSTANTIVOS
ave bird
aldea village, hamlet
equilibrio balance, equilibrium
fachada façade
palmera palm tree
pitido whistle
retorno return
selva forest, jungle
el sobrenombre nickname
supervivencia survival
vínculo connecting link

VERBOS
deslumbrar to dazzle

deplegarse (ie) to unfold
inundar to inundate, flood
rasgar to scratch, scrape
salpicar to dot (the landscape)

OTRAS EXPRESIONES
ambiental environmental
anhelado/a desired, yearned for
cuadrado/a squared

frondoso/a luxuriant
salto de aguas waterfall
tibio/a lukewarm, tepid

Appendix B: *Panorama Histórico-Cultural*

Año	España	América
1200–400 a.c.		La civilización Olmeca
1100	Los fenicios llegan a la Península Ibérica (encuentran a los iberos, los habitantes originales de la península)	
700	Llegan los exploradores griegos	
400 a.c.–700		Monte Albán
100–600		Teotihuacán
212 a.c.	Comienza el Imperio Romano	
300–900		Los Mayas
ca. 400	Llegan los visigodos a la península	
711	La invasión árabe	
718	Comienza la reconquista cristiana en Asturias	
900–1200		Los Toltecas
1030	Existencia de las *Jarchas,* poesía lírica oral	
1043?	Nace Ruy Díaz de Vivar, el Cid	
1094	El Cid conquista Valencia	
1099	Muere el Cid	
1140	Fecha aproximada de *El poema de mío Cid*	
1208	Fundación de la Universidad de Palencia (la de Salamanca también se funda en el XIII)	
1252–84	Reino de Alfonso X (el sabio), período de gran actividad literaria	
1300–1500		Los Aztecas
ca. 1330	Juan Ruiz: *El libro de buen amor*	
ca. 1335	Don Juan Manuel: *El Conde Lucanor*	
1469	Matrimonio de Isabel de Castilla y Fernando de Aragón	
1473	Primera imprenta en España	
1492	Fin de la Reconquista, expulsión de moros y judíos, descubrimiento de América por Colón, y la publicación de la primera gramática de una lengua vulgar (el castellano—el español)	

Año	España	América
1501	*La Celestina*	
1501–36	Garcilaso de la Vega	
1513		Balboa descubre el Pacífico
1516–56	Carlos V (emperador, nieto de los Reyes Católicos); comienza ahora el reino de los Hapsburgos en España	
1517	Martín Lutero: Tesis de Wittenberg (La Reforma Protestante)	
1520		Descubrimiento del estrecho de Magallanes
1521		Hernán Cortés termina el imperio azteca
1532		Pizarro conquista el Perú
1535		Fundación de Buenos Aires
1539–1616		El Inca Garcilaso de la Vega
1541–1614	Domenikos Theotokopoulos (*El Greco*), pintor	
1545–64	El Concilio de Trento (Se reestablece la otordoxia católica y comienza la Contrarreforma)	
1551		La fundación de las universidades de Lima y de México
1552		Bartolomé de las Casas: *Historia de las Indias*
1554	Se publica *Lazarillo de Tormes,* la primera novela picaresca	
1556–98	Felipe II	
1564–1616	Miguel de Cervantes, autor de *Don Quijote de la Mancha* (1605 y 1615)	
1562–1635	Lope de Vega, padre del teatro español	
1569		Ercilla: *La Araucana*
1580–1645	Francisco de Quevedo, poeta y novelista	
1581–1639		Juan Ruiz de Alarcón (dramaturgo nacido en México)
1588	Destrucción de la Armada Invencible por los ingleses	
1599–1660	Diego Velázquez, pintor	
1600–81	Calderón de la Barca, autor de *La vida es sueño* (termina el Siglo de Oro)	

Año	España	América
1648–95		Sor Juana Inés de la Cruz, poetisa mexicana
1700	Muere Carlos II quien deja como sucesor a Felipe de Anjou (comienza el reino de los Borbones)—resulta una guerra de sucesión	
1737	Ignacio de Luzán: *La poética* (comienza el Neoclasicismo)	
1776–1828	Francisco de Goya, pintor	
1778–1850		José de San Martín, general y héroe nacional de Argentina
1780–1847		José Joaquín de Olmedo: *La victoria de Junin: Canto a Bolívar*
1781–1865		Andrés Bello *Reforma agraria*
1783–1830		Simón Bolívar, libertador de seis países hispano-americanos
1808	Invasión napoleónica	
1809–37	Mariano José de Larra, escritor romántico	
1810		El Padre Hidalgo comienza la lucha para la independencia en México
1811		Paraguay y Venezuela declaran su independencia
1812	La Constitución de Cádiz (España va conquistando a los franceses)	
1814	Vuelve Fernando VII; comienza su poder absoluto	
1816		Argentina declara su independencia
1819	Se abre el Museo del Prado	
1821		México, Perú y Centro América declaran su independencia
1823		El presidente James Monroe establece la Doctrina Monroe
1833	Muere Fernando VII; vuelven los desterrados y con ellos las nuevas ideas románticas; *Don Álvaro,* drama del Duque de Rivas	
1838		Cuba inaugura el primer ferrocarril en Latinoamérica
1844	*Don Juan Tenorio,* drama romántico de José Zorrillas	

Año	España	América
1846–48		Guerra entre Estados Unidos y México; pasan a los Estados Unidos California, Nuevo México y Arizona
1849	La primera novela "realista", *La gaviota* por Fernán Caballero (Cecilia de Böhl de Faber)	
1843–1920	Benito Pérez Galdós, gran novelista realista, autor de *Fortunata y Jacinta, Miau, Misericordia* y muchas otras	
1853–95		José Martí, escritor y padre de la revolución cubana
1867–1916		Rubén Darío, gran poeta nicaragüense
1876–1911		Porfirio Díaz gobierna México
1878–1937		Horacio Quiroga, cuentista uruguayo
1881–1967	Pablo Picasso, pintor	
1889–1957		Gabriela Mistral, poetisa chilena y primera mujer hispanoamericana que ganó el Premio Nobel de Literatura (1945)
1898	La Generación de 1898: Miguel de Unamuno (1864–1936), Pío Baroja (1872–1956), Antonio Machado (1875–1939), Azorín (1873–1967), Ramón del Valle-Inclán (1866–1936)	Guerra entre España y los Estados Unidos; Cuba gana su independencia y Puerto Rico pasa a los Estados Unidos
1898–1936	Federico García Lorca, poeta y dramaturgo	
1899–1984		Jorge Luis Borges, escritor argentino
1904–73		Pablo Neruda, poeta chileno que ganó el Premio Nobel de Literatura en 1971
1909–33		Intervención y ocupación de Nicaragua por los Estados Unidos
1910–40		La Revolución Mexicana
1914		Se abre el Canal de Panamá; nace Octavio Paz, escritor mexicano que ganó el Premio Nobel de Literatura en 1992
1914–16		Los Estados Unidos ocupa la República Dominicana
1915–34		Los Estados Unidos ocupa Haití
1916	Nacen Camilo José Cela (Premio Nobel de Literatura de 1989) y Antonio Buero Vallejo, destacado dramaturgo	

Año	España	América
1927	La Generación de 1927: García Lorca (1898–1936), Pedro Salinas (1892–1952), Jorge Guillén (1893–1984),	
1936–39	La guerra civil española (El dictador Francisco Franco toma el poder al acabar la guerra)	
1953	Establecimiento de las bases aéreas y navales norteamericanas	
1959		Fidel Castro conquista a Batista y comienza a gobernar Cuba
1973		Muere el presidente chileno Salvador Allende en un golpe militar que termina la tradición democrática de Chile
1975	Muerte de Francisco Franco (1939–75); Juan Carlos I es proclamado rey y asciende al trono	
		Gana la Revolución Sandinista en Nicaragua
1978	Se vota la nueva constitución	
1982	Comienza el gobierno socialista de Felipe González	
1989	España entra en OTAN (*NATO*) y en el Mercado Común Europeo	Invasión norteamericana de Panamá y captura del General Manuel Noriega
1992	Los juegos olímpicos en Barcelona y la Exposición Mundial en Sevilla (en honor de los 500 años del descubrimiento de América)	
1993		Se aprueba el Tratado de Libre Comercio (NAFTA) entre México, Canadá y Estados Unidos
1994		Rebelión de los Zapatistas en Chiapas (México)

Appendix C: *El día que terminó mi niñez*

GUILLERMO CABRERA INFANTE

Cuando desperté no reconocí dónde estaba. Al fondo había una ventana cerrada y al darme vuelta, mi cara quedó frente a una puerta también cerrada. Por debajo de la puerta se colaba la claridad del amanecer. A través de las hendijas de la ventana entraba la luz de la calle y se reflejaba en la pared. Oía los pasos de la gente que caminaba por la acera y luego veía sus sombras reflejadas en la pared. Los pasos se acercaban primero y luego las sombras comenzaban a crecer y alejarse de la ventana y marchaban al compás de los pasos, refugiándose en el rincón más oscuro, mientras las pisadas se perdían en la calle.

Me senté en la cama y en seguida recordé que mi padre se había ido lejos la noche anterior y que dormía con mi madre. En el cuarto también estaba la cuna de mi hermano. Él y yo dormíamos juntos en el otro cuarto, pero ahora mi madre nos había traído para el suyo y así tenernos cerca y vigilarnos. Yo le llevaba cuatro años a mi hermano y él era grande aunque todavía durmiera en la cuna: tenía cuatro años y dormía en la cuna porque no había otra cama. Ahora no estaba en la cuna y caminaba derecho, pero cuando estaba en la cuna tenía que dormir doblado y yo temía que se quedara así jorobado para siempre, pero mi madre no parecía darle mucha importancia al hecho.

Me levanté y abrí la puerta que daba a la cocina. Con el aire entró un agradable olor a tierra húmeda, a rocío y el acre aroma de la cuaba al arder. Mi madre encendía la candela disponiendo las astillas de leña en pirámide sobre un pedazo de papel colocado dentro de la hornilla. Ella había cortado las astillas con el cuchillo de cocina y mi hermano jugaba en el patio con el cuchillo cortando astillitas de madera y clavándolas en la tierra mojada, imitando una cerca.

—¿Se levantó ya el dormilón? —preguntó con afecto mi madre, mientras echaba agua en la palangana.— Lávate.

Me lavé y me senté entre dormido y despierto en uno de los taburetes, junto a la mesa. Encima de la mesa, en la pared, había un cuadro que no era más que una litografía sobre cartón duro. La litografía representaba un palacio construido en el agua. A la izquierda, dentro del palacio, había un lecho y en él dormía una dama envuelta en muy escasas ropas transparentes. Inclinada sobre ella aparecía un individuo rojo, de rabo terminado en flecha y cuernos puntiagudos, algo que debía ser un diablo sin que acabara de serlo del todo. Era un anuncio. Ahora yo sé que el palacio debía ser alguna mansión de Venecia y que el caballero rojo era la representación de un mosquito. El anuncio tenía una inscripción en inglés que decía más o menos: *Do you want to SLEEP?*, y mencionaba un producto que debía aniquilar con premura cierta al diablo rojo, a los mosquitos. Yo me pasaba las horas en la cocina mirando el cuadro, hipnotizado tratando de leer el letrero y de comprender su significado, pero éste siempre se me escapaba.

—Venaver —me llamó mi hermano desde el patio y allá fui yo.

Había completado la pequeña cerca y en medio de ella había un cangrejo colorado tirando de una cajita de cartón llena de piedras. Me senté a su lado.

—¿Cómo lo hiciste?

No me contestó. Me mostró las dos muelas del cangrejo en su mano y fue entonces que me di cuenta de que el cangrejo estaba desmuelado, completamente desarmado sin sus tenazas. Pero en sus ojos solidificados había un sordo rencor que demostraba torcidamente, arrastrando su «carreta» como en espera de una mejor oportunidad de venganza.

Mi madre me llamó y me pidió que fuera a comprar el pan. Salí de la casa y sentí esa inquietante sensación de libertad que experimentan todos los niños en la calle. Es un sentimiento confuso de miedo y alegría ante la amplitud del espacio: las calles anchas, abiertas y el techo inalcanzable del cielo, la luz inmensa y el aire, ese aire indescriptible de los pueblos que el que vive en la ciudad no se puede imaginar. Caminé despacio las dos cuadras hasta la panadería y no hallé a nadie por la calle. Al regreso, me encontré con Fernandito frente a casa. Vino a mi lado.

—¿Jugamos hoy a los bandidos? —me preguntó.

—No puedo.

—¿Por qué?

No quería tener que explicarle que iba a salir con mi madre. No era muy bien visto en el pueblo el muchacho que salía con la madre a hacer visitas.

—No puedo.

—¿Pero por qué?

—Tengo que salir con mi madre.

No quise ver la expresión de desaliento en la cara de Fernandito y comencé a patear con un cuidado exquisito una piedra. Fernandito caminó a mi lado en silencio y se detuvo en la puerta de casa.

—¿Ya hiciste la carta? —le pregunté para variar el tema.

—Yo no, todavía. ¿Y tú?

—Anoche.

—Yo no me apuro. Total, todos los años es lo mismo: yo pido una cosa y me traen otra.

Fernandito siempre se quejaba los Días de Reyes de no recibir el regalo que pedía. Si pedía un revólver, le traían un guante y una pelota; si pedía un traje de vaquero, le traían un camión de cuerda; si pedía un juego de carpintería, le traían una carriola. Yo no podía quejarme. Mis regalos casi siempre estaban de acuerdo con mis deseos: es decir: ellos se ponían de acuerdo entre sí.

—Ya yo hice mi carta y la cerré. También le hice la de mi hermano.

—¿Qué pediste?

—Ah, no señor. Eso sí no te lo digo.

—¿Y tu hermano?

—Tampoco. Es un secreto. Ni mi mamá lo sabe.

—¿Eh y por qué, tú?

—Es un secreto, simplemente.

—Está bien, guarda—dijo y se fue bravo.

—Eh, oye —le grité—, ¿jugamos mañana?

Pero desapareció tras la esquina sin responder.

Cuando entré en casa abrí las ventanas y dejé la puerta entreabierta asegurada con una aldaba chica. Me dirigí hasta el almanaque y arranqué la hoja del día anterior. Frente a mí surgió el número y la fecha: 3 de enero. Levanté las dos hojas siguientes y leí: Visita de los Reyes Magos al Niño Jesús. Dejé el almanaque donde estaba.

A eso de las once mi madre me mandó a comprar los mandados del almuerzo y al llegar a la tienda, me la encontré llena de gente. Todos escuchaban la palabra llena de ruido de Evensio, un mulato alto y fuerte y joven que siempre hablaba de todo. Ahora el tema era las posibilidades de un negocio en el Día de Reyes. Lo primero que pensé era que Evensio había pedido una tienda o una venduta a los Reyes Magos. Pero al seguir hablando, deseché esa idea. Evensio hablaba de otros negocios, de negocios ajenos.

—Vamos a ver, la posibilidá de negocio es ótima, porque los muchachos siempre piden y los padres siempre compran y las compras hay que pagarlas tarde o temprano...

—¿Lar qué tú hazes también, Evenzio? —le preguntó Saralegui, el dueño de la tienda.

La gente se rió y yo también me reí aunque no entendía nada de lo que hablaban. Aproveché que Evensio se había callado un momento para pedir mis mandados. Antes de que acabase de leer la lista, Evensio había recobrado la palabra.

—Sí Sara, las mías también. Pero ésas vendrán mag adelante, tan pronto cuando me avisen del sentral. Lo que yo desía, caballero, es que las Pacuas y el año Nuevo y los Reyes Magos han sido inventados por los comersiantes. ¿Quién se benefisia con esos días? No soy yo...

Seguía hablando todavía, cuando me echaban todos los mandados en un cartucho.

—Dice mi mamá que lo apunte —le dije al dependiente. El muchacho volvió a coger el cartucho y me dijo:— Espérate.

Fue hasta donde estaba Saralegui y habló con él, bajito. Saralegui me miró y yo no pude sostenerle la mirada y volviéndose al dependiente, hizo seña de que sí con la cabeza mientras movía los labios.

—Dise Don Pepe que le digas a tu mamá... Deja, dise que está bien.

Ya iba a marcharme, cuando acerté a pasar por debajo del brazo extendido de Evensio. Él hablaba del mismo tema todavía.

—Son los muchachos que aunque no haya mucho embullo, siempre piden... —y se detuvo para mirarme inquisitivo.

—¿Vamo a ver, tú qué le pediste a los Reyes?

Traté de buscar en la mente algo que no se pareciese a lo que yo había pedido, pero que fuera semejante a un regalo.

—Un mascotín de primera base.

—Ven: un mascotín de primera base. Eso vale como uno sincuenta, sin contar otras cosas que también te se hayan ocurrido, eh. Pue bien, ahí lo tienen: un mascotín de primera y el otro de allá querrá un velosípido y otro...

Después de almuerzo, dormimos la siesta mi hermano y yo. Mi madre nos despertó como a las cuatro, nos bañó y nos vistió de limpio. Salimos con ella a visitar un tío de mi padre que tenía algún dinero, pero a quien no le gustaban los niños, ni las mujeres, ni las visitas de los parientes. Mi madre durante todo el camino no cesaba de advertirnos cómo comportarnos, qué no hacer, cuál asiento ocupar, cuándo levantarse o pedir la bendición. Caminamos por la calle que bordea los límites del pueblo y nadie podría haber dicho que era invierno. Soplaba un aire tibio, evanescente, que venía del mar y los árboles se recostaban contra un cielo pálido y brillante. A lo lejos, en la bahía se veían las velas blancas de dos o tres botes cortando las aguas azul oscuro como las aletas de un pez inmaculado. Afortunadamente, por el camino no vi a Fernandito ni a ninguno de los muchachos del barrio.

Mi madre tocó en la puerta con un toque que tenía tanto respeto como incertidumbre de no ser oído. Nerviosa, nos agarró a nosotros por los brazos, para no volver a tocar. Cuando sintió que adentro comenzaba a quitar los cerrojos de la puerta, nos dijo muy bajo, entre sus dientes apretados:

—Recuerden.

Entramos. Ya me iba a preguntar yo cómo alguien podía caminar sin caerse en un lugar tan oscuro, cuando mi hermano tropezó con una silla, que cayó al suelo con estrépito. Por la queja estirada ha-

cia arriba de mi hermano, comprendí que mi madre le halaba una oreja. Nos sentamos en la sala en unos muebles grandes, demasiado llenos de adornos de cobre y hechos de cuero repujado en relieve alto, demasiado alto para ser cómodos. Mis pies colgaban sin llegar al suelo y mi madre cargaba a mi hermano.

Hacía dos meses que yo no veía al tío y me preguntaba si todavía llevaría la barba canosa llena de migas de pan. La última vez que lo ví acababa de comer y se levantaba de la mesa con la barba llena de pan. Vino a besarme en la cabeza y durante días me quedó el olor a tabaco y a vino tinto en el pelo. Al menos, eso me pareció a mí, aunque insistí con mi madre que me lavara la cabeza tres veces esa semana. El tío apareció tras una cortina tan negra como la sala y vino hacia nosotros con su cuerpo enorme. Debía sonreírse, pero no se veía nada bajo la barba espesa.

—Buenas tardes, María —dijo.

—Buenas tardes, don Mariano —dijo mi madre.

Nosotros dos corrimos hacia él con los brazos cruzados y le gritamos a coro, con tanto miedo al tío como a nuestra madre en la voz:

—La bendición tío.

—Dios los bendiga, sobrinos —dijo tío Mariano con su voz con eco.

Miré a mi madre y la vi mirándome fijamente con sus ojos endurecidos y me pregunté qué habíamos hecho mal. En seguida recordé que nos habíamos olvidado de darle las buenas tardes, antes de pedirle la bendición.

—Buenas tardes también tío —dije yo, dejando en la estacada a mi hermano, pero él no se preocupó mucho por ello.

—Un poco demasiado tarde, me parece —dijo mi madre, con dureza.

—Déjalos María, son niños. ¿Y qué te trae por aquí, sobrina?

Mi madre nos mandó a que fuéramos a tomar agua a la cocina. Allí la criada nos enseñó la despensa del tío: del techo colgaban unas sogas a las que se amarraba en el medio una rodela de latón. Las sogas sostenían una tarima de cedro y encima de ella había jamones, latas de chorizos, pomos de galleta, plátanos, un pilón y una serie de latas, cartuchos y cajas de cartón que debían contener más comida. La criada nos dio el agua y nos volvió a traer a la cocina. Fue entonces que mi hermano vio las rodelas de latón.

—¿Eh, y esas ruedas de lata para qué son? —preguntó.

—Para los ratones —contestó la criada muy oronda, como si ella fuese la autora del sistema.

—¿Para que duerman? —preguntó mi hermano con una mueca de perplejidad.

—Para que no se coman la comida, imbécil —le dijo la criada.

—Usted no le diga eso a mi hermano—le dije yo—, porque se lo digo a tío Mariano.

La criada estaba molesta porque no había dicho la última palabra, pero de repente se mostró muy complaciente:

—¿Quieren comer jamón? —nos preguntó y cuando le dijimos que sí, muy entusiasmados, nos respondió con la sonrisa más bestialmente malvada que he visto en una mujer, diciendo:

—Pues cómprenlo.

Cuando regresamos, ya mi madre estaba de pie.

—¿Nos vamos ya? —preguntó mi hermano.

—Sí, nos vamos ya —dijo mi madre.

Mi madre se despidió del tío, que se había quedado sentado.

—Hasta otro día, don Mariano. Y muchas gracias.

—De nada, María. Para servirte. Perdona que no me ponga de pie, pero me duelen demasiado las piernas.

—No se preocupe por eso. Niños —y con esa palabra quería decir que nos despidiéramos.

—La bendición tío.

—Dios los bendiga una vez más.

—Adiós —esta vez lo dijimos los dos.

Afuera casi oscurecía y toda la calle se llenaba de un color rojo violeta. Caminamos por el pueblo para ver las vidrieras de las tiendas llenas de juguetes y en cada una mi hermano encontraba algo nuevo que añadir a la lista, señalándomelo por lo bajo. Al doblar para regresar a casa, nos encontramos con Blancarrosa, una prima de mi padre que era divorciada. Venía con su hijo. Hablaba tan rápido siempre, que yo no podía menos que mirarle a los labios para ver cómo los movía. También abría y cerraba los ojos al hablar y se permitía otras muecas más o menos sincronizadas con la voz. Mi madre decía que era muy expresiva.

—¿Qué, vienen de paseo? Mirando los juguetes, seguro. Yo también saqué a mi muchacho, que me tenía loca, hija, para que viera los juguetes. Lo traje para que señalara los que le gustaban más y ver cuánto costaban...

Aquí mi madre pareció oír algo grave en la conversación, porque nos miró rápidamente y tocó en el brazo a Blancarrosa y la miró fijo.

—Vieja—le dijo—. Fíjate, por favor.

Blancarrosa se rio con su risa gutural y dijo:

—Ay, hija, ¿pero tú todavía andas alimentando esas paparruchas?

Me pregunté qué animal sería aquel, al que mi madre daba comida, pero no pude prestarle mucha atención porque el hijo de Blancarrosa estaba haciéndole unas señas de lo más feas a mi hermano y le pegué un manotazo.

—Niños, ¿qué es eso? —dijo mi madre—. Dejen que lleguemos a casa, para que vean.

—Deja a los muchachos que se peleen, para eso nacieron machos —dijo Blancarrosa y continuó:— Pues sí, hija, yo estoy por lo positivo. Yo no me explico cómo tú, teniendo las ideas que tiene tu marido, andas todavía con esas boberías.

Mi madre estaba molesta, pero también aparecía apenada.

—Bueno, Blanca —dijo finalmente—, te tengo que dejar porque me voy a hacer la comida.

—Ay, hija, qué esclavizada estás. Ahora cuando yo llegue a casa, le abro una lata de salchichas a éste y se las come con galletas y ya está —eso fue lo último que dijo, porque mi madre se fue.

Al día siguiente —día 4— encontré a mi madre muy preocupada por la mañana. Le pedí permiso para ir a jugar a los pistoleros y me lo dio, pero no pareció oír lo que yo decía. Sólo cuando mi hermano quiso ir también dijo:

—Lo cuidas bien.

—Pero, mami, si es muy chiquito.

—Es tu hermano y quiere ir.

—Pero es que cada vez que lo llevo no puedo jugar. Siempre pierdo, porque él saca la cabeza cuando nos escondemos y me denuncia.

—Llévalo o no vas.

—Está bien. Vamos, avestruz.

Estuvimos jugando toda la tarde y no gané ni una sola vez. Mi hermano sacaba la cabeza del refugio cada vez y disparaba su «pistola» —dos pedazos de madera clavados en ángulo— a diestro y siniestro. Yo no sabía bien lo que era un avestruz, pero había visto su figura en unas postalitas de animales que coleccioné una vez y no podía dejar de pensar en la similitud del cuello de mi hermano, estirado por sobre cualquier parapeto que nos ocultara, muy semejante al pescuezo del avestruz en la litografía. Regresamos tarde y cansados.

Llegamos a casa, comimos sin bañarnos y nos tiramos en el suelo sobre unos sacos de yute a coger el fresco del patio que soplaba por encima de las enredaderas y los crotos y hacía crujir la alta mata de grosellas, trayendo el aroma dulce y picante de la madreselva y el chirrido mecánico de los grillos y más allá el ruido del mar y el ocasional croar de las ranas en el aljibe. El aire fresco me daba de lleno en la cara y yo cerraba los ojos y soñaba con los juguetes que me traerían los Reyes. Era un secreto entonces, pero no era un secreto más que para Fernandito. Porqué, ¿a qué decirle lo que contenían las cartas, si no contenían nada? Es verdad que las había hecho y las había cerrado y guardado, pero los papeles que contenían los sobres estaban en blanco. Yo intuía que los Reyes no podrían traer muchas cosas ese año y por eso había dejado las cartas en blanco. Serían los regalos los que llenarían después el espacio en blanco.

—No te duermas, que quiero hablar contigo —me dijo mi madre sacudiéndome por un hombro. Me senté, alarmado.

—¿Qué es?

—No te asustes. No es nada malo. Ven para acá —y me llevó para la sala.

Me hizo sentar a su lado en el viejo sofá de mimbre.

—Ahora que tu hermano está dormido quiero hablar contigo.

Se detuvo. Parecía no saber cómo seguir.

—Tú eres ya un hombrecito, por eso es que te digo esto. ¿A qué tú crees que fuimos a ver a tu tío Mariano, a quien nunca vemos y que no tiene muchas ganas de vernos tampoco?

Un niño sabe más de lo que piensan los mayores, pero él también conoce el doble juego y sabe qué parte le toca.

—No sé —dije—. Me lo figuro, pero no sé bien. ¿A pedirle dinero?

—Eso es: a pedirle dinero. Pero hay algo más. Tu padre se ha ido lejos a buscar trabajo y es probable que no lo encuentre en seguida. Yo quiero que tú me ayudes en la casa. Que no ensucies mucho tu ropita, que me hagas los mandados, que cuides a tu hermanito. Otra cosa: mientras tu padre encuentra trabajo no podrá mandarnos dinero, así que yo lavaré y plancharé. Necesito que tú me lleves y me traigas la ropa.

Vi el cielo abierto. Yo creía que ella me iba a decir otra cosa y todo lo que hacía era pedirme ayuda.

—Todavía hay más: vas a tener que ir a menudo a casa de tu tío, aunque no te guste. Él nos va a mandar alguna de su ropa para lavar.

—Está bien, yo voy.

—Recuerda que tienes que ir a buscarla por el zaguán, no por la puerta de alante y se la pides a la criada.

Mi madre siguió dándome instrucciones y cuando observé que las repetía más de una vez, sentí que se me hacía un hoyo en la boca del estómago: ella trataba de decirme algo más, pero no podía. Por fin se detuvo.

—Atiéndeme, hijo. Lo que voy a decirte es una cosa grave. No te va a gustar y no lo vas a olvidar nunca —y sí tenía razón ella—. ¿Recuerdas, mi hijito, la conversación que tuve con Blancarrosa ayer? ¿Sí...? ¿Te diste cuenta de algo?

—Sí, que nosotros comemos mejor que los hijos de ella.

Mi madre se rio con una risa apenada.

—Todavía eres más niño de lo que yo pensaba. No es eso, es referente a los Reyes Magos.

Por fin: lo había visto venir desde el principio. ¿Qué será?

—¿Lo de los Reyes?

—Sí, hijito, lo de los Reyes. ¿No te diste cuenta que ella trataba de decirle a ustedes que los Reyes no existían?

No me había dado cuenta de ello, pero comenzaba a darme cuenta de lo que mi madre se traía entre manos. Ella tomó aliento.

—Pues bien: ella lo hizo sin malicia, pero de despreocupada que es, yo lo hago por necesidad. Silvestre, los Reyes Magos no existen.

Eso fue todo lo que dijo. No: dijo más, pero yo no oí nada más. Sentí pena, rabia, ganas de llorar y ansias de hacer algo malo. Sentí el ridículo en todas sus fuerzas al recordarme mirando al cielo en busca del camino por donde vendrían los Reyes Magos tras la estrella. Mi madre no había dejado de hablar y la miré y vi que lloraba.

—Mi hijito, ahora quiero pedirte un favor: quiero que mañana vayas con este peso y compres para ti y para tu hermano algún regalito barato y lo guardamos hasta pasado. Tu hermano es muy chiquito para comprender.

Eso o algo parecido fue lo último que dijo, luego agregó: «Mi niño», pero yo sentí que no era sincera, porque esas palabras no me correspondían: yo no era ya un niño, mi niñez acababa de terminar.

Pero, las lecciones de la hipocresía las aprende uno rápido y hay que seguir viviendo. Todavía faltaban muchos años para hacerme hombre, así que debía seguir fingiendo que era un niño. Al día siguiente me encontré con Fernandito cuando venía de la tienda. Llevaba yo bajo el brazo un par de sables de latón y sus vainas y un pito de auxilio, que me habían costado setenta centavos. Me acerqué a Fernandito que pretendía no haberme visto.

—Oye, Fernandito —le dije, amistoso—, un amigo vale más que un secreto. Te voy a decir lo que le pedí a los Reyes.

Me miró radiante, sonriendo.

—¿Sí? ¿Dime, dime qué cosa?

—Un sable de guerra.

Y para completar el gesto infantil, imité un guerrero con su sable en la mano, el pelo revuelto y una mueca de furia en el rostro.

Spanish–English Glossary

The following Spanish-English vocabulary is comprehensive. It does not, however, contain conjugated verbs, most regular past participles, absolute superlatives ending in **-ísimo/a**, or proper names of individuals. The number and letter in parentheses after some definitions refer to the lesson in which the word is considered active; vocabulary not included in the Vocabulario lists is not numbered here. The active vocabulary for each lesson is divided into three lists: (A) **vocabulario básico**, (B) **vocabulario útil**, and (C) **vocabulario adicional**.

The gender of nouns is indicated except (1) for masculine nouns ending in **-o** and feminine nouns ending in **-a** and (2) where meaning makes gender clear. Stem changes and spelling changes are shown for verbs: **dormir (ue, u); llegar (gu)**. Verbs that have a stem change as well as a spelling change are followed by two sets of parentheses: **comenzar (ie) (c)**.

abbreviations

abbrev. abbreviation
adj. adjective
adv. adverb
coll. colloquial
conj. conjunction
d.o. direct object
f. feminine
fam. familiar
form. formal
gram. grammar
i.o. indirect object

inf. infinitive
interj. interjection
inv. invariable
irreg. irregular
L.A. Latin America
m. masculine
Mex. Mexico
n. noun
obj. of prep. object of preposition

p.p. past participle
pl. plural
poss. possessive
prep. preposition
pron. pronoun
refl. pron. reflexive pronoun
s. singular
Sp. Spain
sub. pron. subject pronoun

A

a *prep.* at; for; to; on, upon; in, into; by; from
abandonar (3B) to abandon
abarcar (qu) to embrace; to surround
abarrotado/a crammed, overloaded
abarrotar to bar; to bind, fasten; to cram, overload
abierto/a *p.p.* open(ed)
abismo abyss
abonado/a trustworthy; *n.* consumer; season ticket holder
abordar (5B) to board
abrazar (c) (7B) to embrace

abrigo coat
abrir to open
abrumado/a crushed, oppressed; overwhelmed
abrumar to crush, oppress; overwhelm
abrupto/a abrupt, steep; rough
absoluto: en absoluto not at all
absorber to absorb
absurdo/a absurd
abuelo/a grandfather/grandmother
aburrir to bore; **aburrirse** to become bored
abusar to go too far; **abusar de** to abuse
acá *adv.* here, around here

acabar de + *inf.* (2C) to have just done something; (4B) to finish
academia academy
académico/a *adj.* academic
acariciar to caress
acceso access, approach; **acceso prohibido** no admittance
accidente *m.* accident
acción *f.* action; gesture
acechar to watch, to spy on
aceite *m.* oil
acelerar to accelerate
aceptar to accept
acera (10A) sidewalk

acercarse (qu) (a) to approach; to come near (to)

acertar (ie) to hit; to hit upon; to figure out correctly

aclarar (1B) to clarify

acogedor(a) welcoming

acoger to welcome; to protect

acomodar to accommodate; to usher; to furnish, supply

acompañar (4A) to accompany

aconsejar to advise

acontecimiento (3C) event

acordarse (ue) (de) to remember

aconsejable (1B) advisable

acostumbrar (6B) to be accustomed

actitud *f.* attitude; position

actividad *f.* activity

activista *m., f.* activist

activo/a active

acto act, ceremony

actor actor

actriz (*pl.* **actrices**) actress

actual (4A) current, pertaining to present

actualidad *f.* (11B) modern (present) day

actuar to act, perform

acudir to come, to respond; to apply

acuerdo agreement; **de acuerdo con** (2B) in agreement with

acumulación *f.* accumulation

acumular(se) to accumulate, gather

adecuado/a fitting, suitable

adelantarse (5B) to go forward

adelante *adv.* ahead; **¡adelante!** *interj.* come in! go on! forward!

además (de) besides; in addition (to)

adentrarse to enter, to go in

adentro *adv.* inside

aderezo dressing, seasoning

adherido/a fastened

adicción *f.* addiction

adicto/a addict; supporter, follower

adivinar to guess

adjudicar (qu) to adjudge, award

admirar to admire

adolescencia adolescence

adolescente *m., f.* adolescent

¿adónde? where (to)?

adoptar to adopt

adoquín *m.* paving stone; *coll.* blockhead

adorar to adore, worship

adornar (3A) to decorate

adquerir (ie) to acquire, obtain, get

aduana customhouse; customs

adulto/a adult

adverso/a adverse

advertir (ie) (4C) to notice

afanar(se) to press, hurry; to toil

afectar (4A) to affect

aficionar (4C) to become a fan

afilado/a (8C) sharpened

afinar (11C) to tune (a musical instrument)

afirmación *f.* affirmation

afirmar to strengthen, secure; to assert; **afirmarse** to steady oneself

afrontar to bring face to face; **afrontarse** to confront

afuera *adv.* outside

agachar to lower, bend down; **agacharse** to crouch

agarrar (9C) to grab

agitar (8C) to agitate, stir

aglomerar to agglomerate; gather together

agolparse to crowd, throng

agonía agony

agosto August

agotador(a) exhausting

agotar(se) to exhaust, run out of, wear out (oneself)

agradable (12A) agreeable

agregar (2C) to add

agresividad *f.* aggression

agrícola *adj.* agricultural

agrupar to group, cluster

agua *f.* (but **el agua**) water; **agua corriente** running water

aguantar (6C) to put up with, tolerate

aguja (6C) needle

agujerear to make a hole in, to pierce

aguzar (c) to sharpen (one's wits)

ahijado/a godchild; protégé

ahogar to drown; to suffocate

ahora now; **ahora mismo** right now

ahorcar(se) to hang (oneself)

ahorrar to save; to spare

aire air; **al aire libre** (11A) outside, (in the) open air

aislado/a isolated

aislar to isolate; **aislarse** to isolate oneself

ajar to crumple; to wrinkle; to fade

ajo garlic

ajustar to adjust, adapt, fit

al (día, mes) per (day, month)

ala *f.* (but **el ala**) wing

alabar (12B) to praise

alacena cupboard, locker

alambre *m.* wire

alarmar to alarm, alert; **alarmarse** to become alarmed

albóndiga (10C) meatball

alba dawn, daybreak

albañil *m.* mason, bricklayer

alboroto agitation, disturbance; noise, riot

alcance *m.* reach

alcanzar (c) to get up to; to reach

alcohol *m.* alcohol

alcurnia ancestry, lineage

aldaba knocker, door knocker; latch

aldea (12C) village, hamlet

alegre happy

alegría (2A) happiness

alejar (8C) to distance

alemán/alemana *n., adj.* German

Alemania Germany

alérgico/a allergic

alfabeto alphabet

alfombra (3A) rug
alfombrado/a carpeted
algo something, anything; **¿algo más?** something, anything else?
alguien someone, anyone
algún, alguno/a/os/as some, any; **alguna vez** ever
aliado (1C) ally
alienar to alienate; to enrapture
aliento (3C) breath
aligerar (1C) to lighten
alimentación *f.* (7A) food
alimentar to feed, nourish
alivio (9B) relief
allí *adv.* there
alma *f.* (but **el alma**) soul, spirit
almacén *m.* (6A) department store
almanaque *m.* almanac; calendar
almidón *m.* starch
almohada pillow
almorzar (ue) (c) to have lunch
almuerzo lunch
alrededor de (8A) around; **a su alrededor** (9A) around him (her); **los alrededores** (10C) surroundings
alterar to alter; to disturb; to upset; to falsify
alternar to alternate
alternativa alternative
alteza sublimity; **Alteza** Highness
altiplano high plateau
alto stop, pause
alto/a tall; **en voz alta** aloud, out loud; **más alto** louder
altura (5A) height
aludir (8B) to allude (to)
alumbrar to light, illuminate
alumno/a student
amable kind, nice
amado/a *n., adj.* beloved
amante *m., f.* lover
amar to love
amargo/a bitter, sour
amarillo/a yellow
ambiental (12C) environmental
ambiente *m.* environment
ambivalente *adj.* ambivalent

ambos/as both
amenazar (c) to threaten, menace
ameno/a (11C) pleasant, agreeable
americano/a *n., adj.* American
amigo/a friend
amistad *f.* friendship
amonestar to admonish; to warn
amor *m.* love
ampliar to enlarge
amplio/a (5A) full, large
amplitud *f.* amplitude; roominess
ampolla blister; bubble; bulb, light bulb
análisis *m.* analysis
analizar (c) to analyze
ancho/a (2A) wide
anchura (5C) width
anciano/a *n.* elderly man or woman
Andalucía Andalusia
andar (5A) to walk
andén *m.* (5C) platform
andino/a (12B) Andean
anegar(se) (ue) to flood; to drown
anfibio/a amphibious
anfiteatro amphitheater
ángel *m.* angel
anglosajón/anglosajona *n., adj.* Anglo-Saxon
angosto/a narrow
ángulo angle
angustia (1B) anguish
anhelado/a (12C) desired, yearned for
anidar to harbor, shelter
animado/a (11C) animated, happy, optimistic
animal *m.* animal
animar (5B) to encourage
ánimo (6C) courage
animoso/a (5C) animated, lively
anoche *adv.* last night
anonimato anonymity
anormal *adj.* abnormal
anotar (3B) to annotate, take notes
ansia *f.* (but **el ansia**) anxiety

ansiedad *f.* (1B) anxiety
antara Andean musical instrument
ante *prep.* in the presence of; in comparison with; before; **ante todo** (1C) at first; before anything
antepasado/a ancestor
anterior *adj.* front, previous, earlier
antes *adv.* sooner, before; **antes (de) que** *conj.* before; **antes de** *prep.* before; **antes que nada** first of all, before anything (else)
antiguo/a old
anual annual
anunciar to announce
anuncio (6A) announcement, ad
añadir to add
año year
apacible (3C) peaceable
aparatoso/a showy, pompous
aparcar (qu) to park
aparecer (zc) to appear
aparente apparent; evident
aparición *f.* apparition
apartamento apartment
apasionar to impassion, appeal deeply to
apedreado/a stoned
apellido surname (last name)
apetecer (zc) to crave; to appeal (to)
apetito appetite
aplicar (qu) to apply
apoderado/a empowered; authorized; *m.* foreman
aportación *f.* contribution; dowry
aportar (7C) to bring, provide
apostar (ue) to bet, wager
apoyar to support
apreciar to appreciate, esteem, value
aprender to learn; **aprender de memoria** to memorize
aprendizaje *m.* apprenticeship; learning
apretar (ie) to press, squeeze
aprobar (ue) (1A) to pass

apropiado/a (11C) appropriate

aprovechar (4B) to take advantage

aproximarse (8A) to draw near (close); to approximate

aptitud *f.* aptitude; suitability

apuntar (4B) to take notes

apuntes *m.* (1A) notes

apuro need, want; grief, sorrow

aquel/aquella *adj.* that (over there)

aquél/aquélla *pron.* that one (over there)

aquello that, that thing, that fact

aquellos/as *adj.* those (over there)

aquéllos/as *pron.* those (ones) (over there)

aqueste *dem. adj.* (este, *archaic*) this

aquí *adv.* here

árbol *m.* tree

arbolado/a wooded

archipiélago archipelago

arder to burn; to blaze

ardiente *adj.* ardent; burning, hot

ardilla squirrel

área *f.* (but **el área**) plot of land; area

arena (12B) sand

arenoso/a sandy

arenque *m. herring*

argentino/a *n., adj.* Argentine

argumento argument

arma *f.* (but **el arma**) weapon

armadillo armadillo

armamento armament

armar to arm

armario (4A) wardrobe

armonía harmony

armonizar (c) to harmonize

aroma *m.* aroma, fragrance

arqueología archeology

arquitectónico/a (11B) architectural

arquitectura architecture

arraigado/a rooted

arrancar (qu) (2C) to pull, start (an engine); (10C) to take off

arrastrar (5C) to drag

arrebatar to snatch; carry away

arrecife *m.* stone-paved road; dike; reef; **arrecife de coral** coral reef

arreglar (4B) to arrange; to fix, repair

arrellanado/a sprawled

arremeter to attack, assail

arriba *adv.* above; **hacia arriba** up, upward

arriesgarse (10C) to take a risk

aristocracia aristocracy

arrojado/a bold, fearless, rash

arrollador(a) sweeping; devastating

arroz *m.* (*pl.* **arroces**) rice

arruinar to ruin; **arruinarse** to go to ruin

arte *m.* (but **las artes**) art

artesanía (11C) handicraft, artwork

artificioso/a artificial, fake

artista *m., f.* artist

arullar to sing (lull) to sleep; *coll.* to court, woo

ascender (ie) (5B) to ascend

asegurar to secure; to affirm; to insure; **asegurarse** to feel secure; to make sure

asentamiento settlement

asentar (ie) to adjust; to seat; to establish

aserrar (ie) to saw

asesinar to murder

asesorar to advise; **asesorarse** to seek advice

asfaltar to asphalt

así *adv.* so, thus, that way; **así que** *conj.* so that; as soon as; **así así** so-so

asiento (5A) seat

asignar to assign

asimilar to assimilate; to take in; to compare

asimismo (10C) likewise

asistir (a) to attend, go (to) (a class, a social function, and so on)

asociar to associate

asomar to show, to stick out

asombrar to frighten; to astonish

asombro (10C) amazement

aspecto aspect

áspero/a harsh, rough

aspiración *f.* aspiration; inhalation, breathing in

astillero shipyard

astronauta *m., f.* astronaut

asustar (2C) to frighten

atacar (qu) to attack

ataque *m.* (9A) attack

atar (3C) to tie

atención *f.* attention

atender (ie) (2C) to attend to, listen to

aterrizar (c) to land (a plane)

atlético/a athletic

atletismo track and field

atmósfera atmosphere

atómico/a atomic

atónito/a aghast, astounded

atornillar to screw, to screw on

atractivo (11A) attraction

atraer (*irreg.*) (11A) to attract

atrás *adv.* backwards; behind; **hacia atrás** backwards, to the rear

atravesar (ie) (5C) to cross

atreverse (8C) to dare

atrocidad *f.* atrocity

atropellar to run over

atuendo apparel

aumentar to increase

aumento (8A) increase

aun *adv.* even; **aun más** even more; **aun cuando** although

aún *adv.* still, yet

aunque *conj.* although

ausencia absence

ausentarse (10B) to be absent

auspicio auspice

auténtico/a authentic

autoevaluarse (1C) to evaluate oneself

automóvil *m.* car, automobile

autónomo/a autonomous, independent

autopista (12B) superhighway
autor(a) author, writer
autoridad *f.* authority
avanzar (c) (3A) to advance
avaro/a miserly
ave (12C) bird
avellana hazelnut
avenida (10A) avenue
aventura adventure
aventurar (3A) to venture
aventurero/a adventurer
avería (9C) damage
averiguar (9B) to verify
avestruz *m.* (2C) ostrich
aviación *f.* aviation
avinagrado/a vinegarish, sour
avisado/a (5C) sensible
avisar to advise, warn
ayer yesterday
ayuda help
ayudar (2A) to help
ayunar to fast
azar *m.* chance, hazard; accident; fate
azteca *n., m., f., adj.* Aztec
azúcar *m.* sugar
azul blue (in color)
azulear to turn blue

B

bacalao codfish
bahía (11B) bay (body of water)
bailar to dance
baile *m.* dance
bajar to lower, take down; to go down (stairs); **bajarse** to get off
bajo/a short (height); **bajo** *prep.* under; *adv.* down; low
balón *m.* ball
baloncesto ("basket") (10A) basketball
balsa raft
baluarte *m.* bulwark
bandido bandit
banco bank
bañar (5A) to bathe; **bañarse** to take a bath
baño bath; bathroom, restroom; **traje de baño** bathing suit

bar *m.* bar
baratija trinket
barato/a cheap, inexpensive
barba beard
barcelonés inhabitant of Barcelona
barco boat, ship
barra (9C) bar (counter)
barrer to sweep
barril *m.* barrel, keg
barrio neighborhood, district (of a city); **barrio bajo** slum
barro (11B) clay; ceramics; mud
barrunto guess, conjecture
basado/a based
basar to base; to build; **basarse en** to rely on, to base on
base *f.* base, basis; **a base de** on the basis of
básico/a basic
bastante rather; quite; enough, sufficient; a lot (of)
bastar to be enough; to suffice
bastidor *m.* frame; stretcher; wing; **entre bastidores** behind the scenes
basura garbage
bata bathrobe
batido milkshake
batidora mixer
bebé *m., f.* baby
beber to drink
beca scholarship, fellowship
béisbol *m.* baseball
belleza beauty
bendición *f.* benediction, blessing
beneficiarse (7B) to benefit
beneplácito approval, consent
besar to kiss
beso (6A) kiss
biblioteca library
bicho bug, insect; vermin
bicicleta bicycle
bien *adv.* well; **ahora bien** now then, well now; **bien + adj.** very + *adj.;* **está bien** it's okay, fine; **muy bien** very well, fine; **¡qué bien!** great!
bienestar *m.* well-being, welfare

bienvenida (10B) welcome
billete *m.* ticket; **billete de ida** one-way ticket; **billete de ida y vuelta** round-trip ticket
biomasa biomass
blanco/a white
blondo/a blond, fair; a type of lace
bloque *m.* block; pad (of paper)
bloqueo blockade
boca mouth
bocadillo sandwich
bocanada swallow; puff (of smoke); gust
bochinche *m.* uproar, tumult
boda wedding
bola ball
boletín *m.* bulletin; ticket; form
boliviano/a *n., adj.* Bolivian
bolsa purse; bag; stock exchange
bombero fireman; **coche de bomberos** fire-truck
bombilla bulb, light bulb
bonito/a pretty
boquete *m.* gap, breach, opening
boquilla mouthpiece; cigarette holder; nozzle
borde border, edge; rim; **borde de la acera** curb; **borde del mar** seaside
bordear to border
borrar to erase
borrasca storm; upset, setback
borsalino type of hat
bosque *m.* forest
botella bottle
braga diaper; **bragas** panties
bravo/a brave; fine; fierce
brazo arm
breve short (length)
brillar to shine, sparkle
brillo shine
brindar (por) to toast (to, for) (with drink)
brisa (10C) breeze
británico/a *n., adj.* British
bronca quarrel; poor joke; **armar una bronca** to start a row
bronceado/a tan, tanned

brusco/a   brusque, gruff; sudden
bruto/a   brute; rough
bucear   to dive, to scuba dive
buceo autónomo   scuba diving
buen, bueno/a   good; **buenos días** good morning; **buenas tardes** good afternoon/evening; **buenas noches** good evening/night; **muy buenas** good afternoon/evening
bueno *adv.*   well, okay
bufar   (8C) to snort
bullicio   brawl, riot, uprising
bullicioso/a   wild
bulto   (10B) bundle
búnker *m.*   bunker
buscar (qu)   to look for; **en busca de** (2B) in search of
búsqueda   (11C) search

C

caballo   horse
cabaña   cabin, hut
cabecilla *m., f.*   scalawag; *m.* ringleader; little head
cabello   hair
caber (*irreg.*)   to fit, to go; to have enough room
cabeza   head
cabo: al fin y al cabo   finally, in the end; **llevar a cabo** to carry out
cabrero/a   goatherd
cabrón   billy goat; *coll.* pimp
cacerola   (7A) casserole
cacharro   coarse earthen pot
cacharros   (9C) dishes
cachiporra   billy club, bludgeon
cacillo   scoop, scooper
cada *inv.*   each, every; **cada vez más** more and more
cadena   (3B) chain
caducar (qu)   to be worn out; to expire
caer (*irreg.*)   (3A) to fall
café *m.*   coffee
cafetería   cafe
cagar (ue)   to stain, spoil; to defecate

caja   (6A) box
cajón *m.*   large box; bin
calcetín   (6A) sock
calcular   to calculate
cálculo   calculus; calculation
caldera   boiler; pot, kettle
calefacción *f.*   heating
calendario   calendar
calentamiento   (8C) warming
calentar (ie)   (5A) to warm
calidad *f.*   quality
cálido/a   warm, hot
caliente   hot
calificación *f.*   (1A) grade
calificar(se)   to qualify; to certify
caligrafía   penmanship
calladamente   (3C) quietly
callar(se)   to be silent, quiet; **¡a callar!** hush!
calle *f.*   street
callejero/a   street; *m.* streetguide
callejón *m.*   alley, lane; **callejón sin salida** blind alley
calma   calm; quiet
calmar   (3A) to calm
calor *m.*   heat; **hace (mucho) calor** it's (very) hot (weather); **tener calor** to be (feel) warm
caloría   calorie
caluroso/a   (8B) hot
calvo/a   bald; barren, bare
calzada   (5B) road
calzoncillos   (6A) shorts
cama   bed
cámara   camera
camarero/a   (7A) waiter/waitress
cambiar (de)   to change; **cambiar de lugar** to move
cambiazo   (1C) exchange (when cheating)
cambio   (2A) change; **en cambio** (10B) on the other hand
caminante *m., f.*   walker; traveler on foot
caminar   (2A) to walk
caminata   long walk, hike; outing
camino   street, road
camión   truck; **camión de cuerda** (2C) pull truck (toy)

camisa   (6A) shirt
campana   (5A) bell
campear   to stand out, excel
campeonato   championship
campo   country; countryside; field (of study)
canal *m.*   canal; channel (TV)
cáncer *m.*   cancer
canción   song
candil *m.*   open olive-oil lamp
candor *m.*   innocence, ingenuousness
canonizar (c)   to canonize, to approve
canoso/a   gray-haired
cansado/a   tired
cansancio   (1C) weariness
cansarse   to get tired
cantante *m., f.*   professional singer
cantar   to sing
cantidad *f.*   (7A) quantity
cañería   pipe; pipe line; **cañería maestra** gas main, water main
caña   cane; reed; stem
caoba   mahogany
capa   cape; layer
capacidad *f.*   capacity
caparazón *m.*   shell
capaz *adj.*   (4B) capable
capital *f.*   capital; main, principal
capitoste   big wheel; big boss
capítulo   chapter
capote *m.*   cape, cloak
capricho   caprice, whim
captado/a   caught
captar   to capture
cara   face; **tener mala cara** to look bad, not well
caracol *m.*   snail; snail shell
carácter *m.*   character
característica   characteristic
caracterización *f.*   characterization
caracterizar (c)   (6A) to characterize
caramelo   caramel; lozenge
carbón *m.*   charcoal; coal
carbono   carbon
carcajada   (10C) guffaw

cardinal *adj.* cardinal
careta mask
carga load, cargo; **tren de carga** *m.* freight train
cargar (gu) (4C) to charge; to carry (something heavy); to load
cargo: tener en su cargo to be in charge of
caribe *n., adj.* Caribbean
caribeño/a (12A) Caribbean
caridad *f.* charity
cariño affection
cariñoso/a (4A) affectionate
carne *f.* meat; **carne de res** beef
caro/a expensive
carpa carp; awning, tent
carpintería carpentry
carpintero/a carpenter
carrera (1B) career, course of study (major)
carreta cart
carretela de reparto stagecoach
carretera highway
carro car
carta letter
cartapacio notebook; file
cartilla (7C) ration card (booklet)
casa house, home; **casa de correos** post office; **casa de salud** private hospital; rest home
casarse (con) (6A) to get married (to)
casco (8C) shell
caserón *m.* (3C) mansion
casi almost
caso case; **en caso de que** in case
casquete *m.* skullcap; cranium
catalogar (gu) to catalogue
catarata waterfall
catástrofe *f.* catastrophe
catastrófico/a catastrophic
categoría category; status
cauce *m.* river bed; channel, ditch
caucho rubber
causa cause; **a causa de** because of
cautivado/a captivated; captured
cautivador/a capturer; enchanter

cayo key (**Cayo Hueso** Key West)
cebolla onion
ceder to yield, cede, give up
cegador(a) *adj.* blinding
celda (1C) cell
celebrar (4A) to celebrate
celo zeal; envy
cenar (4A) to eat dinner (supper)
centelleante sparkling, flashing
centenares (5B) hundreds
centígrado/a centigrade
central central
centro center; downtown
Centroamérica Central America
centroamericano/a *n., adj.* Central American
ceño frown; threatening look
cepillo brush
cera wax
cerámica ceramic
cerca *adv.* near, close by; **cerca de** *prep.* near (to), close to
cerebro brain
ceremonia ceremony
cerrajero locksmith; hardware dealer
cerrar (ie) to close; **cerrar con llave** to lock
cerveza beer
césped *m.* (11C) grass
ceviche *m.* (also **cebiche**) marinated raw fish
chabola (6C) hut, shack
champiñon mushroom, truffle
chapa metal plate
chapuza odd job
chaqueta jacket
charango Andean musical instrument
charlar to chat
chico/a child; boy/girl
chicos children
chileno/a *n., adj.* Chilean
chillido shriek, scream
chillón, chillona loud, ill-matched (with colors)
chiquitines little ones
chiquito/a (2B) very small

chirla clam
chisme *m.* (10B) gossip
chiste *m.* (10B) joke
chocar (qu) (7A) to collide; to surprise, shock
chocolate *m.* chocolate
choza (3C) hut
chucho/a mean; stingy
chuleta (1C) crib note (for cheating)
chupar to suck
ciego/a (8A) blind
cielo sky, heaven
ciencia science
cien, ciento one hundred; **por ciento** percent
científico/a scientist
cierto/a certain; true
cifra (8C) number
cine *m.* (11A) movies
cinematográfico/a cinematographic
cinta (3B) ribbon, tape
cintura waist; waistline
cinturón *m.* belt; **cinturón de seguridad** seatbelt
circulación *f.* circulation; traffic
circular to circulate; *adj.* circular
círculo circle
circundante *adj.* surrounding
circunstancia circumstance, incident
cisterna cistern; reservoir
ciudad *f.* city; **ciudad universitaria** campus
ciudadano/a (5A) citizen
civil *adj.* civil; civilian; *m.* guard, policeman
civilización *f.* civilization
claridad *f.* clarity
claro/a clear; **claro está** (6A) of course
clase *f.* class; **clase turística** tourist class; **primera clase** first class
clavar (9C) to fix, fasten, nail
clave *m.* harpsichord; *f.* key; keystone
cliente *m., f.* client; customer

clima *m.* (5A) climate

club *m.* (*pl.* **clubs**) club; **club náutico** yacht club

coartada alibi

cobardía cowardice; timidity

cobija curved tile; top, lid; **cobijas** bedclothes

cobrador(a) retrieving (dog); collector

cobrar to recover; to collect; to charge; to acquire

cocción *f.* cooking, baking

cocer (ue) (z) (4C) to cook

coche *m.* car; coach; taxi

cocina kitchen; range; **cocina eléctrica (de gas)** electric (gas) range

cocinar to cook

cocotero coconut palm

código code; **código postal** zip code

codo elbow

coger (j) (6A) to take, catch; to pick up

coincidir (8A) to coincide

cola (8C) tail; line; **hacer cola** to stand in line

colaboración *f.* collaboration; contribution

colador *m.* strainer, colander

colcha quilt

colección *f.* collection

coleccionar (2C) to collect

colega *m., f.* colleague

colesterol *m.* cholesterol

colgar (ue) (gu) (3C) to hang

colilla butt, stump, stub

colindante *adj.* adjacent, contiguous

colmado/a abundant, plentiful; *m.* grocery store

colmo/a overflowing; topping, height *m.* overflow; topping

colocado/a (4C) placed

colocar (qu) (11C) to place, put

color *m.* color

colorete *m.* rouge

colosal *adj.* colossal

comarca (5C) territory

combatir (8A) to combat

combinación *f.* combination

comedia comedy; drama; theater

comentar to comment (on)

comentario commentary

comenzar (ie) (c) to commence, begin

comer to eat

comercial *adj.* commercial

comercio business

comestible *adj.* edible *m.* food

cómico/a comical, funny, amusing

comida food; **comida congelada** frozen foods

comienzo beginning

comisura corner (e.g., of lips)

como as a; like; since; **como si** as if; **como si nada** as if nothing were wrong

¿cómo? how?; how's that again? **¿cómo es ___?** what is ___ like?; **¿cómo está(s)?** how are you?; **¡cómo no!** of course; **¿cómo se dice?** how do you say?; **¿cómo se llama Ud.?, ¿cómo te llamas?** what is your name?; **¿cómo qué...?** what do you mean?

comodidad *f.* comfort, convenience

cómodo/a (1A) comfortable

compadecerse (zc) (de) (3C) to have compassion

compañero/a companion, friend; **compañero de clase** classmate

compañía company

comparar to compare

compasión *f.* compassion

complejo/a complex; *m.* complex

completo/a complete

cómplice *m., f.* accomplice, accessory

componente *adj.* component

componer (like **poner**) to compose

comportamiento (1C) behavior

comportar(se) to behave (oneself)

composición *f.* composition

compra (4A) purchase

comprar to buy

comprender to comprehend, understand

comprensión *f.* comprehension, understanding

comprobar (ue) (8B) to prove

computadora computer

común common, customary; **por lo común** usually

comunicación *f.* communication

comunidad *f.* community

con *prep.* with

concentración *f.* concentration

concentrarse (en) (1A) to concentrate (on)

concepción *f.* conception

concepto concept; opinion, judgment

concertar (ie) to concert; to agree, arrange, harmonize

concesión *f.* concession, admission; grant

concierto concert, harmony; concerto

conclusión *f.* conclusion

concurrencia audience, crowd

condenado/a condemned; damned

conducir (*irreg.*) to lead; to drive

conducta conduct, behavior

conductor(a) driver

confesar (ie) to confess

confianza (4B) trust

confiar (1B) to trust, to confide in; to hope

confirmar to confirm

conflictivo (4B) in conflict

conformarse (10B) to conform, get along

confuso/a confused

congelar to congeal, freeze

conjunto (11C) group, ensemble

conmigo *pron.* with me

conmovedor/a (11C) (emotionally) moving

cono cone

conocer (zc) to know, be acquainted with

conocido/a (3A) known; acquaintance

conocimiento (1C) knowledge

conquistador(a) conquerer

consagrar to consecrate; to devote

consciente *adj.* conscious

consecuencia consequence

conseguir (i,i) (ga) (3C) to achieve, get, obtain

consejo (4A) advice

conservación *f.* conservation

conservar to conserve, save

considerar to consider, think

consigo *pron.* with oneself; with himself/ herself/ themselves/ yourself (*form.*)/ yourselves (*form.*)

conspiración *f.* conspiracy

constante *adj.* constant; regular

constatar to prove, establish, show

constituir (*irreg.*) (12B) to constitute

construir (y) to construct, build

consumidor(a) consumer, customer

consumir (1C) to consume

consumo *n.* (6C) consumption

contabilizar (c) to enter in the ledger

contacto contact; **poner(se) en contacto con** to put (get) in touch with

contaminación *f.* pollution

contaminado/a polluted

contaminar (10A) to contaminate, pollute

contar (ue) (4A) to tell, relate; **contar con** (9A) to count on

contemplar (6A) to contemplate

contener (like **tener**) (3B) to contain

contento/a happy, satisfied

contestar to answer

contigo *pron.* with you

contiguo/a contiguous, adjoining

continente *m.* continent

continuación: a continuación immediately afterwards

continuar to continue

continuidad continuity

contra *prep.* against; toward, facing; **en contra de** against

contrabajo contrabass, double bass

contrario/a contrary; **por el contrario** (8B) on the contrary

contrastar to resist; to check

contraste *m.* resistance; contrast

contrato contract

contribuir (y) to contribute

control *m.* control, check

convencerse (z) to convince oneself

conveniente convenient; **es conveniente** (1A) it's suitable

convenir (like **venir**) to agree; to convene

conversación *f.* conversation

convertir(se) (ie) (8B) to convert, be converted

convivir (1B) to live with

convocar (qu) to convoke, call together

cooperación *f.* cooperation

coordinador(a) coordinator

copa (alcoholic) drink; wine goblet

coquí *m.* frog native to Puerto Rico

coqueta *adj.* coquettish; *f.* coquette, flirt

coquetería coquetery, flirting

coraje *m.* courage

corazón *m.* heart

cordial *adj.* cordial; *m.* cordial

cordillera chain of mountains

Corea Korea

corona crown

corporación *f.* corporation

corredor(a) *m.* (10A) runner

correo postal service; post office

correr (5A) to run

corresponder to correspond

corrida de toros bullfight

corrido/a in excess; abashed, ashamed

corriente *f.* (8A) current; **agua corriente** *f.* (but **el agua corriente**) running water

corroborar (5C) to corroborate

cortante *adj.* cutting, sharp

cortar to cut

cortesía courtesy

corteza bark; peel, skin; crust

cortinaje *m.* drapery, set of curtains

cortocircuito shortcircuit

cosa thing; **cosa igual** anything like it

cosechar to harvest, reap

coser to sew; **máquina de coser** sewing machine

cósmico/a cosmic

cosmopolita *n., adj.* cosmopolitan

costa (5A) coast

costado side; flank

costar (ue) to cost

costumbre *f.* (1A) custom; **no es costumbre** it's unusual, not customary

costura sewing, needlework

cotidiano/a daily, everyday

cotizar (c) to quote; to prorate; to pay dues; to collect dues

creación *f.* creation

crecer (zc) (4B) to grow

creciente (7A) growing, increasing

crecimiento growth

creer (y) (en) to believe (in)

crema cream; cold cream; shoe polish

crianza (9C) raising

criar to raise, rear children

crimen *m.* crime

crines *f. pl.* mane (of a horse)

cristalino/a crystalline; *m.* lens

criterio criterion

cronología chronology

crucial *adj.* crucial

crudo/a crude, raw

crujiente *adj.* crackling, creaking

cruz *f.* (*pl.* cruces) cross
cruzar (c) to cross
cuaderno notebook
cuadra (2C) city block
cuadrado *n.* square
cuadrado/a (12C) squared
cuadro painting
¿cuál? what?, which?
¿cuál(es)? which one(s)?
cualidad *f.* quality
cualquier(a) (4A) any
cuando when; **de vez en cuando** once in a while
¿cuándo? when?
cuanto: en cuanto *conj.* as soon as; **en cuanto a** *prep.* with regard to, regarding
¿cuánto/a? how much?
¿cuántos/as? how many?
cuarto room; one-quarter (of an hour); **cuarto de baño** bathroom; **(las dos) menos cuarto** a quarter till (two); **(las dos) y cuarto** (two) fifteen, quarter after (two)
cuarto/a fourth
cubano/a *n., adj.* Cuban
cubierto/a (de) *p.p.* covered with; *f.* cover
cubo cube; bucket
cubrir (11B) to cover
cuchara (7A) tablespoon
cucharada (7B) tablespoonful
cucharadita (7B) teaspoonful
cuello (2A) neck
cuenta check, bill; account; **darse cuenta de** to realize; **más de la cuenta** more than one should have
cuentista *adj. coll.* gossipy; *m., f.* storyteller
cuento story, tale
cuerda (5B) rope; cable
cuerno horn; **cuerno de la abundancia** cornucopia
cuero (9C) leather
cuerpo body
cuesta hill, slope
cuestión *f.* question, matter

cueva (4B) cave
cuidado care; **con cuidado** carefully; **¡cuidado con...!** be careful with...!; **tener cuidado** to be careful
cuidar (2A) to care, take care (of)
culinario/a (7C) culinary (pertaining to cooking)
culpa (6B) guilt, blame; **echar la culpa** (7C) to blame
cultivar to cultivate
cultura culture
cultural cultural
cumpleaños *m. s.* birthday
cumplir (1C) to fulfill
cuna cradle
cuñado/a (9B) brother/sister-in-law
cupón *m.* coupon
cura *m.* priest
curar (2A) to cure
curioso/a curious
cursi *n. m., f.* shabby-genteel, pretentious person; *adj.* vulgar, shoddy
curso course (of study), class
curtido/a tanned
curva curve
cuyo/a *adj.* whose

D

dado(s) die, dice
dama lady
danza (11A) dance
dar to give; **dar a cambio** to trade in; **dar con** (10C) to run into; **dar vueltas** (10C) to turn around; **dar las gracias** to give thanks; **dar un paseo** to take a walk, stroll; **darse cuenta de** (2A) to realize; **darse un golpe contra** to hit against
dato fact; piece of information; *pl.* data
de of; from; in; **de joven (niño/a)** as a youth (child)
debajo *adv.* underneath, below; **debajo de** *prep.* under, below

debatir to debate; to fight
deber to owe; must, ought; **deber + inf.** should, must, ought to (do something; **los deberes** (4B) duties, chores; **deberse a** to be due to
debido a (3B) due to
debilidad *f.* weakness
década (8A) decade
decepcionado/a (9C) disappointed
decepcionar to disappoint
decidir to decide
decir (*irreg.*) to say; to tell; **es decir** that is (to say); **querer (ie) decir** to mean
decisión *f.* decision
decisivo/a decisive
dedicar(se) (qu) (1A) to dedicate, devote oneself
dedo finger; **dedo de pie** toe
defenderse (ie) (8A) to defend oneself
déficit *m.* deficit
definitivo/a definitive
deforestación *f.* deforestation
deglutir to swallow
dejar to leave (behind); to quit; **dejarse de + inf.** (3A) to quit doing something
del (contraction of **de + el**) of, from the
delantero/a front, foremost, first; forward (in soccer)
delatar to accuse, denounce
delegar (ue) to delegate
delfín *m.* dolphin
delgado/a thin; delicate
delicado/a delicate; scrupulous
demanda demand
demandar to demand
demás: los/las demás the others
demasiado too; too much
demostración *f.* demonstration
demostrar (ue) (4A) to demonstrate
denominado/a (1C) called
denominar (12B) to dominate, call

densidad *f.* density
dentista *m., f.* dentist
dentro: dentro de *adv.* inside; within; **por dentro** inside
denunciar (2C) to denounce, tell on someone
departamento department
depender (de) to depend (on)
deporte *m.* sport
deportivo/a sporting, (of) sports
depresión *f.* depression; drop, dip
deprimente depressing
deprimirse (9A) to be depressed
deprisa: de prisa hurriedly
derecha: a la derecha (de) to the right (of) (direction)
derecho *n.* (7C) right; law; *pl.* customs duty
derecho (straight) ahead
derivación *f.* derivation
derivarse (8C) to be derived (from)
derramarse to spill over, overflow
derrame *m.* pouring, spilling
derretir to melt, thaw
derrochar to waste, squander
desabrido/a surly; unpleasant
desahogar (gu) to relieve, comfort; to give free rein to
desahogo brazenness; ample room; comfort, release (from worry, pressure)
desaliento discouragement
desaliño slovenliness; carelessness
desamparado/a abandoned; helpless
desánimo discouragement
desapacible *adj.* unpleasant, disagreeable
desaparecer (zc) (2B) to disappear
desarmar to disarm; to dismount, take apart, fall apart
desarrollar (4C) to develop
desarrollo development
desastre *m.* disaster
desastroso/a disastrous

desayunar(se) to eat breakfast
desayuno breakfast
desazón *f.* tastelessness; annoyance; discomfort
descalzo/a barefoot
descansar to rest
descanso (1A) rest
descendencia *s.* descendants, offspring
descender (ie) (5A) to descend, go down
descendiente *adj.* descendent, descending
descolgar (ue) (6C) to take down
descongelar to melt, defrost
desconocido/a (8B) unknown
describir to describe
descripción *f.* description
descuartizar (c) to carve up
descubridor/a (12B) discoverer
descubrimiento discovery
descubrir (8C) to discover
descuido (6C) mistake, lack of attention
desde *prep.* from; **desde que** *conj.* since; **desde luego** of course
desdentado/a toothless
desear to want
desempeñar to act; to play (a role)
desempleo (9A) unemployment
desenfreno unruliness, wantonness
desenmascarar to unmask
deseo wish, desire
desesperación *f.* (7A) desperation
desesperado/a desperate, hopeless
desesperanza hopelessness
desesperar to drive to despair
desfile *m.* parade
desgarrador(a) heartrending, heartbreaking
desgarrar to tear, rend; to cough up; **desgarrarse** to tear oneself away
desgranado/a shelled (corn, peas)

deshacer (*irreg.*) to come undone
deshojar to strip of leaves; to tear the pages out (of)
desierto/a deserted
desierto desert; wilderness
designado/a designated
deslizarse (3C) to slip, slide
deslumbrar (12C) to dazzle
desmayarse to faint
desmedido/a excessive; boundless
desmontar to dismount, climb off (of)
desnudo/a naked
desolador(a) desolate
despacio (2A) slow(ly)
despejado/a wide; clear, cloudless (sky); unconstrained
despegar (gu) to take off (with planes)
despeinado/a uncombed
despensa pantry
desperdiciar to waste
despertar (ie) to wake (someone) up; **despertarse** to awaken, wake up
desplegarse (ie) (gu) (12C) to unfold
desposeer to dispossess; **desposeerse** to divest oneself of
despreciar (10B) to scorn
desprenderse (de) to extricate oneself (from); to get rid of
despreocupado/a unconcerned, unworried
después de *prep.* after; **después (de) que** *conj.* after
destacarse (qu) (11A) to underscore, (make) stand out clearly
destello flash, beam, sparkle
destino destination; destiny
destreza skill, dexterity
destruir (y) to destroy
desventaja disadvantage
detalle *m.* detail
detener(se) (like **tener**) (5B) to stop (oneself), detain (someone); to arrest

detenido/a (1B) stopped
deterioro deterioration
determinación *f.* determination
determinar to determine
detrás de *prep.* behind
detritus *m.* disintegration (wearing away)
deuda debt
devaluación *f.* devaluation
día *m.* day; **buenos días** good morning; **hoy día** nowadays; **todos los días** every day
diálogo dialogue
diámetro diameter
diariamente (11A) daily
diario/a daily
dibujar to draw; to trace
dibujo (4A) drawing; cartoon; sketch
diccionario dictionary
diciembre December
dictadura dictatorship
dictar (1C) to dictate, order
diente *m.* tooth
diestro/a right; skillful; shrewd
dieta diet
diferencia difference
diferenciar to differentiate; to differ
diferente different
difícil difficult, hard
dificultad *f.* difficulty
digerir (ie, i) to digest
dignidad *f.* dignity
dijérase one would (might) say
dilema *m.* dilemma
diligente *adj.* diligent; quick, ready
diminutivo/a diminutive
diminuto/a tiny, diminutive; defective
dinámico/a dynamic
dinero money
dintel *m.* lintel, doorhead
dios, diosa god, goddess
Dios *m. s.* God; **¡por Dios!** for heaven's sake!
diploma *m.* diploma
disponible (9A) available, usable

directivo/a managing; *m., f.* director; *f.* management
directo/a direct
director/a director
dirigir (j) to direct; **dirigirse** (2C) to direct oneself toward; to come to; to speak, address oneself to
disco (musical) record
discorde *adj.* discordant, disagreeing
discriminación *f.* discrimination
discriminar to discriminate against; to discriminate
disculpa (7C) excuse
disculpar to excuse; to pardon, overlook
discutir to discuss, argue
diseñador(a) designer
diseño drawing; design, outline
disfrutar (de) (4A) to enjoy
disminuir (y) (1B) to diminish
disparar (1C) to shoot
disparo (gun) shot
dispensado/a excused; exempted
disponer (like **poner**) to arrange, order; **disponer de** (1C) to have at one's disposal
disposición *f.* disposition, arrangement
distancia distance
distanciarse (1A) to distance oneself
distinguirse (ga) to distinguish oneself
distinto/a different
distorsionar (8B) to distort
distribución *f.* distribution
distribuir (y) to distribute
diversidad *f.* diversity
diverso/a (11A) diverse, a few
dividir (1A) to divide
divino/a divine
divisar (11B) to make out (see)
división *f.* division
divorcio divorce
doblar(se) to turn; to fold
doble double

docente (11C) teaching, pedagogical
documentación *f.* documentation
documento document
dólar *m.* dollar
doméstico/a domestic
domicilio domicile, home
domingo Sunday
dominio (5A) dominion, power
don title of respect used with a man's first name
doncella maiden
donde where
¿dónde? where?; **¿adónde?** where (to)?; **¿de dónde?** from where?; **¿de dónde son?** where are they from?
doquier/a *conj.* wherever
doña title of respect used with a woman's first name
dormido/a asleep
dormir (ue, u) to sleep; **dormirse** to fall asleep
dormitorio (4A) bedroom
dosis *f.* dose
drama *m.* drama, play
dramático/a dramatic
dramaturgo (7B) dramatist, playwright
droga drug; medicine
ducha (9A) shower
duda doubt; **no hay duda** there's no doubt; **sin duda** without a doubt
duelo hurt, pain
dueño/a (5B) owner; landlord, landlady
dulce *m.* piece of candy
dulce *adj.* sweet
dulzón very (sickeningly) sweet
dulzura sweetness, pleasantness
duración *f.* duration
durante during; for (a period of time)
durar to last
duro/a hard
duro five-peseta coin (*Sp.*)

E

e and (used instead of **y** before words beginning with i or hi)

ebrio/a intoxicated

echar to throw; to put in; to pour; **echar a perder** (11C) to spoil; **echar de menos** (7B) to miss

eclipsar to eclipse; to outshine

eco echo

ecológico/a ecological

ecologista *m., f.* ecologist

económico/a economical

ecosistema ecosystem

ecuatoriano/a *n., adj.* Ecuadoran

edad *f.* age

edificio building

edredón *m.* eiderdown

educación education

educar (qu) to educate; to train

educativo/a educational

efectivo/a effective; **en efectivo** cash

efecto effect

efectuar to carry out, to effect

eficaz *adj.* (*pl.* **eficaces**) efficacious; efficient

eficiente efficient

egoísmo egoism

egoísta *adj.* egoistic; *m., f.* egoist

egresar to graduate; to leave

ejecutivo/a *n., adj.* executive

ejecutar (11B) to execute (put into effect)

ejemplar *m.* copy (of a book, etc.)

ejemplo: por ejemplo for example

ejercer (z) to practice (medicine); to show (care)

ejercicio exercise; **hacer ejercicio** to exercise, get exercise

ejercitar to exercise; to practice

el (*m. definite article*) the

él *sub. pron.* he; *obj. of prep.* him

elaborar to elaborate

elección *f.* choice

eléctrico/a electric

electrónico/a electric

elegancia elegance

elegir (i, i) (j) to elect, choose

elemento element

elevar (11A) to elevate

eliminación *f.* elimination

eliminar (1A) to eliminate

ella *sub. pron.* she; *obj. of prep.* her

ellos/as *sub. pron.* they; *obj. of prep.* them

elogiado/a praised, eulogized

elogio praise

embarazada (4C) pregnant

embarazar (c) to embarrass; to obstruct; to make pregnant

embargo: sin embargo nevertheless

embocadura nozzle; mouth (of a river)

emborrachar(se) to get drunk

emboscado draft dodger

emboscar to ambush; **emboscarse** to shirk, to take the easy way out

embrazar (c) to take up a shield

emergencia emergency

emergir (12A) to emerge

emisión *f.* emission

emisora radio station

emitido/a (11C) emitted

emoción *f.* emotion

empalidecer (zc) to grow pale

empapado/a soaked, drenched

empate *m.* tie (in sporting events)

empeine *m.* instep

empezar (ie) (c) to begin; **empezar a +** *inf.* to begin to (do something)

empleado/a employee

emplear to employ; to use

empleo job, employment

emporio emporium (large store)

empresa company

emprender to undertake

empujar to push

empuñar to seize, grasp, clutch

en in; on; at

encadenar(se) to chain up (oneself)

encaje *m.* lace

encantado (3C) charmed; enchanted

encantar to enchant

encanto enchantment; delight

encargo (9C) job; charge; office, employment

encarnar to incarnate, to embody

encender (ie) to light; to ignite; to turn on

encerrado/a enclosed

encerrarse (ie) (10C) to enclose (shut) oneself in

encima (4C) on top of it all

encogido/a shrunken, shriveled

encontrar (ue) (5A) to find; **encontrarse con** to run into

encorvado/a bent over

encrucijada crossroads, intersection; ambush

encuadrar to frame; to encompass; to fit in

encubrir to hide, conceal

encuesta inquiry; poll, survey

endeudarse to run into debt

endiablado/a devilish; deformed; wicked

endiablar to bedevil

enemigo/a enemy

energía energy

enérgicamente energetically

enero January

enfadar to annoy, bother; to anger

énfasis *m.* emphasis

enfermarse to get sick

enfermedad *f.* illness

enfoque *m.* focus; approach (to a problem)

enfrentarse (con) (6C) to confront

enfriarse (1B) to grow cold

enfurecer (zc) (2C) to infuriate, anger; **enfurecerse** to rage

engañar to deceive

enhebrar (6C) to thread a needle

enlazar (c) to connect, link

enorgullecer (zc) to fill with pride

enorme *adj.* enormous

enramar to intertwine; to adorn with branches

enriquecer (zc) to enrich

ensalada salad

ensayar (10B) to try out

ensayo essay

enseñar to teach

ensoñador/a dreamy; *m., f.* dreamer

ensuciarse (2C) to get dirty

entallado/a engraved; notched

enterarse (de) (3C) to find out (about)

enternecer (zc) to move (emotionally)

entero/a entire, whole, all

entonces then, in that case

entornar to half close (one's eyes); to squint

entrada (1A) entrance

entraña internal organ

entrar (en) to enter, go in

entre *prep.* among, amidst

entreabierto/a half-open

entregar (gu) (5C) to deliver, submit

entrenamiento training

entretenimiento entertainment

entroncar (qu) to establish a relationship between; to be related

entronizar (c) to enthrone; to exalt

entusiasmo enthusiasm

envenenar to poison

envergadura spread; breadth; span

enviar to send

envidiar to envy; to desire

envolver (like volver) to wrap; to wind

envuelto/a wrapped

épico/a *adj.* epic

época (11A) epoch, era

equilibrio (6C) balance, equilibrium

equipo (8A) team

equis "x"

equivalente *m., adj.* equivalent

equivocado/a (8C) mistaken

equivocarse (qu) to be wrong, to make a mistake

erguido/a (10C) upright, erect

erizar (c) to make stand on end; **erizarse** to stand on end

ermitaño (1C) hermit

erosión *f.* erosion

erotismo eroticism

error m. error

erupción *f.* eruption

escala scale

escalera stepladder

escandalizado/a (7C) embarrassed, shocked

escandalizar (c) to scandalize; **escandalizarse** to be scandalized

escapar to escape, get away; **escapársele (a uno)** (4C) to slip one's mind

escarabajo black beetle; flaw; runt

escarcha frost

escasez *f.* scarcity

escaso/a scarce

escena scene

esclarecido/a noble, illustrious

esclavizar(se) (c) to enslave (oneself)

esclavo/a (9A) slave

escoba broom

escoger (j) (11A) to choose

escolar scholastic

esconder to hide

escribir to write

escritor/a (7A) writer

escritura writing; art of writing

escuchar to listen

escudo shield

escultor/a (11A) sculptor

escultura sculpture

ese, esa *adj.* that; **ése, ésa** *pron.* that one

esencia essence

esencial essential

esencialmente essentially

esfera sphere; dial (of a watch)

esférico/a spherical; *m.* football

esfuerzo (1C) effort

esmero care, neatness

eso that, that thing, that fact; **eso es** that's right; **por eso** therefore

esos/as *adj.* those

ésos/as *pron.* those (ones)

espacio space

espaguetis *m. pl.* spaghetti

espalda back; **a espaldas de** (10B) behind (someone's) back

español(a) *n., adj.* Spanish

español Spanish (language)

espanto dread, horror, fright

esparcimiento scattering, dissemination; relaxation

especial special

especialista *m., f.* specialist

especialmente especially

especia spice

especie *f.* (8C) type, kind

especificar (qu) to specify

específico/a specific

espectacular spectacular

espectáculo spectacle, show, pageant

esperanza hope

esperar to wait (for); to expect; to hope; **esperar que sí (no)** to hope so (not)

espesar to thicken; *m.* depth, thickness

espeso/a thick (with liquids)

espiar (6C) to spy

espigado/a tall

espíritu *m.* spirit

espiritual spiritual

espléndido/a splendid

esposo/a huband/wife

esquema *m.* (1C) chart, graph

esquiar to ski

esquina (2A) corner

estable (12A) stable

establecer (zc) (1A) to establish

establecido/a established

estacada: dejar en la estacada to leave in the lurch

estación *f.* station; season

estadística statistic
estado state
Estados Unidos United States
estadounidense *n., adj.* of the
United States
estallar (4C) to explode
estantería shelves
estar (*irreg.*) to be; **estar de
acuerdo (con)** to agree (with);
estar de moda to be in style;
estar seguro/a to be sure
este *m.* east
este, esta *adj.* this; **en este
momento** right now; **esta noche**
tonight; **este** uh, um (vocalized
pause)
éste, ésta *pron.* this one
estepa steppe
estibador *m.* longshoreman
estético/a aesthetic
estiércol *m.* manure
estilo style
estimado/a esteemed
estimar to estimate; to esteem
estimulante *m.* stimulant
estimular to stimulate
estirado/a (2C) stretched (out)
estirar to stretch
estómago stomach
estos/as *adj.* these
éstos/as *pron.* these (ones)
estrategia strategy
estrecho/a (10A) narrow
estrella star
estremecer (**zc**) (10C) to tremble
estría groove (striation)
estridente *adj.* strident
estropear (9A) to ruin, damage,
spoil
estructura structure
estructural structural
estrujar to squeeze; to press; to
exhaust
estudiante *m., f.* student
estudiantil (of or pertaining to)
student(s)
estudio study (room); *pl.* studies,
schoolwork
estudioso/a studious

estupendo/a stupendous
estupidez stupidity
estúpido/a stupid
etapa (4C) stage
etéreo/a ethereal
eterno/a eternal
etiqueta etiquette, formality; tag,
label
etnia ethnicity
étnico/a ethnic
europeo/a *n., adj.* European
evadir to avoid, evade; **evadirse**
to elude; to escape
evaluación *f.* evaluation
evento (8A) event
evidencia evidence
evidente *adj.* evident, obvious
evitar (1A) to avoid
evocación *f.* evocation
evocar (**qu**) to evoke; to invoke
exagerar (2A) to exaggerate
examen *m.* exam; **exámenes
parciales** (1A) midterm exams
examinar to examine
excelente *adj.* excellent
excepcional *adj.* exceptional
excepto except
excesivo/a excessive
exceso excess
excitante *adj.* exciting
exclamar to exclaim
excursión *f.* excursion, outing
excusa excuse
exhibir to exhibit, display
exigir (**j**) (9B) to demand
existencia existence, state of
being
existencial existential
existir to exist
éxito (4A) success
éxodo exodus
exótico/a exotic
expansión *f.* expansion
expediente expedient;
(**estudiantil**) (1B) (student)
transcript
experiencia experience
experimentar (2B) to experience
experto/a *n., adj.* expert

expiación *f.* atonement
expirar to expiate, atone for
explicar (**qu**) (1A) to explain
explorar to explore
explotar to explode
expresamente *adv.* express,
expressly
exponente *m.* exponent
expositor(a) exhibitor
expresar to express
expresión *f.* expression
exquisito/a exquisite
extender (**ie**) (9A) to extend
extendido/a extended
extenso/a extensive
extenuar to weaken, emaciate
externo/a external
extinción *f.* extinction
extra extra; **extra de** in addition
to
extracto abstract; extract
extranjero/a (5A) *n.* foreigner;
adj. foreign
extrañeza strangeness, peculiarity
extraño/a *n.* stranger; (11A) *adj.*
strange, rare
extraordinario/a extraordinary
extremo/a extreme
exuberante exuberant

F

fabricar (**qu**) (9B) to make; to
manufacture
faceta (6A) facet
fachada (12C) façade
fácil easy
facilitar (1A) to facilitate
factor *m.* factor
factura bill, invoice
facultad *f.* (1A) college
falda skirt
falta lack; **hacer falta** to be
necessary, needed
faltar (4B) to be lacking,
missing, absent **faltarle (a uno)**
(6B) to need; **no faltaba más**
(7C) that's the least she could do
fallido/a unsuccessful; bankrupt;
uncollectible (debt) familiar *m.*

relative, member of the family; *adj.* (of or pertaining to the) family

famoso/a famous

fantasía imagination, fantasy

fantasma *m.* ghost, phantom

fase *f.* phase

fascinar to fascinate, to bewitch

fatal fatal; terrible, bad

faunístico/a pertaining to fauna (animal life)

favor *m.* favor; **favor de +** *inf.* please (do something); **por favor** please; **a favor** in favor

favorecer (zc) to favor, prefer

favorito/a favorite

faz *f.* (*pl.* **faces**) face; aspect, look

fecha (8A) date

fecundo/a fertile, fruitful, prolific

felicidad *f.* happiness; *pl.* congratulations

felicitar (10A) to congratulate

feliz (*pl.* **felices**) (8A) happy

femenino/a feminine

fenómeno phenomenon

feracidad *f.* fertility

fértil *adj.* fertile

fibra fiber

ficción *f.* fiction

fidelidad *f.* fidelity

fiebre *f.* (10A) fever

fiesta party

figura figure

figurar to depict, represent

fijar to post; **fijarse (en)** to pay attention (to); to observe

fijo/a fixed; firm

fin *m.* end; **a fin de que** so that; **a fines de** at the end of; **en fin** (7A) in short; **fin de semana** weekend; **poner fin a** to stop, put an end to; **por fin, al fin** finally

final *n. m., adj.* final; **a finales** (5A) at the end

financiero/a financial; *m., f.* financier

finanzas *f., pl.* finances

finca farm

fingir (j) (3B) to pretend

firmar to sign

firme *adj.* firm, steady; *m.* bed (ground work)

física *s.* physics

físico/a physical

flanco side, flank; **coger del flanco** to catch off guard

flaqueza thinness

flauta (11C) flute

flexible *adj.* flexible

flojera laziness

flor *f.* flower

flotar to float; to wave (a flag)

flote *m.* floating; **a flote** afloat

fogón *m.* cooking stove

folio folio, page; **al primer folio** right off

folklore *m.* folklore

folleto brochure

follón/follona *adj.* careless, indolent

fomentar to foment; to foster, encourage; to warm

fonda inn, restaurant; refreshment stand

fondo bottom

fonético/a phonetic

fontanero (9A) plumber

forma form, manner; **en forma de** in the shape of

formalidad *f.* formality

formar to form

formular to formulate; to express, to state

foro forum

forrado/a lined; covered; stretched

forrarse to stuff oneself

fortalecer (zc) to fortify, strengthen

fortalecido/a (10B) strengthened

fortaleza (5C) fortress

fortuna fortune

fosforescente *adj.* phosphorescent

fósil *m.* fossil

foto(grafía) *f.* photo(graph); picture

fracaso (6B) failure

fragmento fragment

frambuesa raspberry

francés/francesa *n., adj.* French

franja stripe, band

franqueza frankness, freedom; **con toda franqueza** (11A) candidly

frase *f.* phrase; sentence

frecuencia frequency; **con frecuencia** frequently

frecuentemente frequently

fregar (ie) (gu) (9A) to wash (dishes)

freír to fry

frenar to brake; to check, hold back

frente *f.* forehead; **frente a** *adv.* (1A) opposite, in front of

fresco/a (3A) fresh

frescor *m.* freshness; cool

frialdad *f.* coldness; carelessness

frigorífico refrigerator

fríjol *m.* bean; **frijoles negros** black beans

frío/a *adj.* cold(ness); **hace (mucho) frío** it's (very) cold (weather); **tener frío** to be (feel) cold

frívolo/a frivolous

frondoso/a (12C) luxuriant

frontera border, frontier

fruncir (z) to wrinkle, pucker

frustración *f.* frustration

frustrar to frustrate, to thwart

fruta (edible) fruit

fruto fruit (any product of a seed)

fuego fire

fuente *f.* (9B) source, fountain

fuera *adv.* (2A) outside

fuerte (5A) strong; loud

fuerza (2A) force, strength

fugaz *adj.* (*pl.* **fugaces**) fleeting, passing; shooting (star)

fulminar to strike with lightning; to strike dead

fumar (6B) to smoke

función *f.* function; performance

funcionar (8B) to function; run, work (machines)
fundamental *adj.* fundamental
fundar (5B) to found
funeral *adj.* funeral; *m.* funeral
furioso/a furious
furor rage, furor; **hacer furor** to be all the rage
fútbol *m.* (10A) soccer; **fútbol americano** football
futuro *adj.* future; *n.* future

G

gablete *m.* gable
gafa clamp
gafas glasses, spectacles
gala fine clothes; **de gala** full-dress
galería gallery
galleta cookie
gallo rooster
galopar to gallop
gamuza chamois
ganador(a) winner
ganar (2A) to earn, win
ganas: tener ganas de + *inf.* to feel like (doing something)
gancho hook
ganoso/a desirous; spirited (horse)
garaje *m.* garage
garantizar (c) to guarantee
garbanzo (7B) chickpea
gastado/a (10C) worn out
gastar to spend (money); to use, expend
gasto cost, expense; wear
gastronomía gastronomy
gato/a cat
gaviota gull, seagull
gazpacho tomato soup (served cold, with onions, other vegetables, and croutons)
gélido/a icy
generación *f.* generation
general *adj.* general; **en general** generally, in general; **por lo general** generally, in general
generar (12B) to generate

género kind, sort; way, manner; **géneros** goods, merchandise
generoso/a generous
genial *adj.* inspired; pleasant, agreeable
gente *f. s.* people
gentil *adj.* gentile; elegant, genteel; noble
geografía geography
gestión *f.* step, measure; management
gestionar to promote; to manage
gesto gesture
gigante *n. m.* giant
gimnasia gymnastics
girar (5C) to turn around, revolve, spin
giro turn, rotation; revolution
glaciar *m.* glacier
global *adj.* global
globo globe; balloon
gloria glory
gobernar to govern
gol *m.* goal (in sports)
golosina delicacy (food); eagerness
golpe *m.* hit; blow; beat; **de golpe** (1B) suddenly; **(militar)** (3C) (military) coup
golpear (8C) to strike, hit
goma rubber
gomaespuma foam rubber
gorila *m.* gorilla
gorra (gorrita) cap
gota (10B) drop
gotera drip; dripping; leak
gozar (c) to enjoy; **gozarse** to enjoy oneself
grabación *f.* recording
grabadora (1A) tape recorder
grabar to record
gracia witticism; grace; favor; pardon
gracias thank you; **muchas gracias** thank you very much, many thanks; **acción de (dar) gracias** *f.* act of giving thanks; **dar las gracias** to thank

gracioso/a (4A) funny, amusing, witty
gradual gradual
graduando/a *n.* undergraduate
graduarse (4B) to graduate
gráfico/a graphic(al)
gran, grande *adj.* large, big, great
granate *m., adj.* garnet
granel: a granel in bulk
granito granite
granjero/a farmer
grano grain
grasa fat, grease
gratuito/a free
gravar to burden; to assess
grave grave, important, serious
gravedad *f.* gravity; seriousness
graznido caw, croak, cackle
greguería whimsical personified metaphor (invented by Ramón Gómez de la Serna)
grifo (9A) faucet
gringo/a (disparaging) Anglo-Saxon
gris *adj.* gray
gritar (2A) to shout, yell
grito shout
grueso/a thick, big, bulky
grupo group
guante *m.* (2B) glove, mitt
guardar (2C) to wait; keep (it)
guerra (4C) war
guerrero warrior, fighter, soldier
guirnalda garland
gusano worm, caterpillar
gustar to be pleasing; **me gusta...** I like...; **¿le/te gusta...?** do you like...?
gusto like; taste; preference; pleasure; **a gusto** (5B) pleasurably, "at home"; **mucho gusto** pleased to meet you; **tener el gusto de** to be pleased to

H

haber *infinitive form of* **hay;** to have (*auxiliary*)
habichuela kidney bean

hábil *adj.* capable, ready

habitación *f.* room; **habitación doble** double room; **habitación sencilla** single room

habitante *m., f.* (12A) inhabitant

habitar to inhabit, live, reside

hábito garment, dress; habit

habla *f.* (but **el habla**) speech (language); **de habla española** Spanish-speaking

hablar to speak, talk

hacer (*irreg.*) to do; make; **¿qué tiempo hace?** what's the weather like?; **hace buen/mal tiempo** it's good/bad weather; **hace (mucho) calor (fresco, frío, sol, viento)** it's (very) hot (cool, cold, sunny, windy); **hace + time period** (period of time) ago; **hacer a mano** to make by hand; **hacer caso** (6B) to pay attention; **hacer cola** to stand in line; **hacer ejercicio** to exercise, get exercise; **hacer escalas** to call (at a port), to dock; **hacer una excursión** to take an excursion, trip; **hacer falta** to be necessary, needed; **hacer fiestas** to flatter; **hacer la cama** to make the bed; **hacer pasar por** to put something through; **hacer un gol** to make (score) a goal; **hacer un papel** to play a role; **hacer un viaje** to take a trip; **hacer una broma** to play a trick (prank); **hacer una pregunta** to ask a question; **hacerse + profession/group** to become; **hacerse daño** to hurt oneself

hacha axe

hacia *prep.* toward; **hacia atrás** back(wards); **hacia arriba** up(wards)

hacienda farmstead, landed estate

hallar (2B) to find

hallazgo find

hambre *f.* (but **el hambre**) hunger; **tener hambre** to be hungry

hamburguesa hamburger

harina flour

harto/a de (1B) fed up with

hasta *prep.* until; **hasta luego** see you later; **hasta mañana** until tomorrow, see you tomorrow; **hasta que** *conj.* until

hay there is, there are; **hay que + inf.** (1A) it is necessary, one must (do something); **no hay de qué** don't mention it

hídrico/a *adj.* referring to water (hydric...)

hecho/a *p.p.* made, done

hecho *m.* (8A) fact; event

helado/a cold; *m.* ice cream

hectárea hectare

hembra *adj.* female; weak, delicate; *f.* female

hemeroteca periodical library

heredar to inherit

herencia heritage, inheritance

hermanar to match; to join; to harmonize

hermano/a brother/sister

hermoso/a beautiful

héroe *m.* hero

herramienta (9B) tool

hervir (ie, i) to boil

hidalgo/a noble, illustrious

hidrato hydrate

hidrosfera hydrosphere

hielo ice

hierro iron

higuera fig tree

hijo/a son/daughter

hípico/a *adj.* horse, equine

hipocresía hypocrisy

hipoteca mortgage

hirsuto/a hairy

hispánico/a *adj.* Hispanic

hispano/a *n., adj.* Hispanic (person)

Hispanoamérica Spanish America

hispanoamericano/a *n., adj.* Spanish–American

historia history

histórico/a historical

hogar *m.* (4C) home

hoja (2C) leaf, page

hojalata tin, tin plate

holganza idleness, leisure, pleasure

hombre man; **¡hombre!** well!, man!

hombría manliness; **hombría de bien** honor, probity

hombro (2B) shoulder

hondonada lowland, ravine

hongo fungus, mushroom

honor *m.* honor

hora hour; **¿a qué hora?** (at) what time?; **a última hora** at the last minute; **de última hora** latest; **hora de + inf.** time to (do something); **a toda hora** (10A) constantly; **por hora** per hour; **horas extras** (9C) overtime; **¿qué hora es?** what time is it?

horadar to drill, bore, pierce

horario working hours; schedule, timetable

horizonte *m.* horizon

hormiga ant

horno oven

horror *m.* horror, fright

hostigar (gu) to harass, to pester

hotel *m.* hotel

hoy today; **hoy (en) día** (4A) nowadays, currently

hoyo hole; grave

hueco/a hollow; soft; vain, conceited

huella trace; footprint

hueso (11B) bone

huésped/a *m. f.,* (3B) guest

huevo egg

huir (y) (5C) to flee

humanidad *f.* humanity

humano/a *adj.* human

humano human being; man

humeante *adj.* smoking, smoky; steamy

humedad *f.* (5A) humidity

humo smoke

humor *m.* humor

hundido/a sunken

hundir (10B) to sink

hurtar to steal; to cheat; to wear away; to plagiarize; to dodge

hurtadillas: a hurtadillas by stealth, on the sly

I

ibérico/a Iberian; **Península Ibérica** Iberian Peninsula

ida departure; **billete de ida** one-way ticket; **billete de ida y vuelta** round-trip ticket

idea idea

ideal *adj.* ideal; *m.* ideal

idear to think up, to devise

idéntico/a identical

identidad *f.* identity

identificar(se) (qu) to identify (oneself)

idioma *m.* language

ídolo idol

iglesia church

ignorar (3A) to ignore, be ignorant of

ignoto/a unknown

igual equal, same; **al igual de** (11B) the same as

iluminar to illuminate, light up

ilusión *f.* illusion

imagen *f.* image

imaginar(se) to imagine

imaginario/a imaginary

imán *m.* magnet

impaciencia impatience

impaciente impatient

impacto impact, hit

impenetrable *adj.* impenetrable

imperio (11B) empire

imperioso/a imperious

impertérrito/a impassive

impetuoso/a (12A) impetuous

implantar to implant; to introduce

implorar to implore

impoluto/a unpolluted

imponer (like **poner**) to impose

importancia importance

importante important

importar to import; to be important, matter; **no importa** it doesn't matter

imposible *adj.* impossible

impregnar to impregnate, to saturate

imprescindible *adj.* indispensable, essential

impresión *f.* impression

impresionar (8A) to impress

imprevisible *adj.* unforeseeable

imprimir to stamp, imprint, impress

impuesto (4C) tax

impulsar to impel; to drive

impune *adj.* unpunished

inalcanzable (2C) unreachable, beyond reach

inalterable unalterable

inaugurado/a inaugurated

incaico/a *n., adj.* Inca; Incan

incandescente *adj.* incandescent

incansable *adj.* tireless

incapaz (*pl.* **incapaces**) incapable

incentivo incentive

incertidumbre *f.* uncertainty

incidir to affect; to make an incision in; **incidir en culpa** to fall into guilt; **incidir en/sobre** to strike, to impinge on

incierto/a uncertain

incipiente beginning, incipient

inclinar to incline; to bend, bow

incluir (y) (4A) to include

incluso/a included; **incluso** *adv.* inclusively; *prep.* including

incomunicativo/a uncommunicative

incongruo/a incongruous

inconsciente *adj.* unconscious; unaware

incorporarse (a) to incorporate; to join

increíble *adj.* incredible

incrementar to increase

inculcar (qu) to impress, teach

indeciso/a indecisive

indefectible *adj.* unfailing

indefinidamente indefinitely

independencia independence; **Día de la Independencia** *m.* Independence Day

independiente *adj.* independent

indescriptible *adj.* indescribable

indeseable *adj.* undesirable

indicar (qu) to indicate, point out

índice *m.* index

indígena *m., f.* indigenous (inhabitant)

indio/a *n., adj.* Indian

individual *adj.* individual

individuo/a *adj.* individual; *m., f.* person

inducir (zc) to induce

indumentaria clothing, dress

industria industry

industrializar (c) to industrialize

inédito/a unpublished

inequívoco/a unmistakable

inesperado/a unexpected

inevitable *adj.* inevitable

inexorable *adj.* inexorable

infame infamous, despicable

infancia infancy

infante *m., f.* infant

infantil infantile

infeliz *m., f.* (7C) wretched person, unhappy soul

inferior *adj.* inferior; lower

infiel *adj.* unfaithful

infierno inferno; hell

infinidad *f.* infinity

influencia influence

informar to inform, advise, instruct; **informarse** to inquire, find out

informe *m.* (8C) notice, report; *pl.* information; news; **informes meteorológicos** weather reports

infraestructura infrastructure

ingeniería engineering

ingenio (1B) wit; talent, skill

inglés, inglesa *n., adj.* Englishman, Englishwoman; *n., m.* English

ingrediente *m.* ingredient

inicial *f.* initial (letter); *adj.* initial (beginning)
inmediato/a immediate
inmenso/a immense; countless
inmerso/a immersed
inminente *adj.* imminent
inmodesto/a immodest
inmóvil *adj.* motionless; immovable
inmueble *m.* property, piece of real estate
innovador(a) innovator
inocencia innocence
inoportuno/a inopportune, untimely
inquietante *adj.* disquieting, upsetting
inquieto/a restless, turbulent; noisy
inquietud *f.* disquiet, worry
insatisfacción *f.* dissatisfaction
insatisfecho/a dissatisfied
inscribir to inscribe; **inscribirse** to enroll, register
inscripción *f.* inscription; enrollment
insertar to insert
inservible *adj.* useless
insignificante *adj.* insignificant
insistir en + *inf.* to insist (on doing something)
inspirar to inspire
instalación *f.* installation
instalar to set up, install
instancia request, petition; instance
instante *m.* instant, moment
instrucción *f.* instruction
instrumento instrument
insultar (4A) to insult
insurgente *adj., m., f.* insurgent
íntegro/a *adj.* integral, whole
integrante *adj.* integral
integrarse (a) (11C) to be integrated (into)
inteligente *adj.* intelligent
intensivo/a intensive
intenso/a intense
intentar (6B) to try, attempt

intercambio (8A) exchange, interchange
interés *m.* interest
interesante *adj.* interesting
interesar to interest, be interesting; **interesarse en** to be interested in
interior *m.* interior
internacional *adj.* international
interno/a internal
interpretar to interpret
interrumpir to interrupt
intervenir (like **venir**) to take up, work on; to inspect
intimidar (9A) to intimidate
íntimo/a close, intimate
introducir (*irreg.*) (8A) to introduce
inundación *f.* flood, inundation
inundar (12C) to inundate, flood
invadir to invade
invencible *adj.* invincible
inventar to invent
invento invention
invernadero greenhouse; **el efecto invernadero** (8B) greenhouse effect
inversión *f.* (4C) investment
invertido/a reversed, inverted; invested
invertir (ie) to invest
investigación *f.* investigation
investigador(a) (8B) researcher
invierno winter
invisible *adj.* invisible
invitar (11A) to invite
invocar (qu) to invoke
involuntario/a involuntary
ir (*irreg.*) to go; **ir de compras** to go shopping; **irse** to leave, go away
ira anger, ire
ironía irony
irónico/a ironic
irradiar to radiate; to broadcast
irreal *adj.* unreal
irreconocible *adj.* unrecognizable
irregular *adj.* irregular
irremediable *adj.* irremediable

irresponsable *adj.* irresponsible
irritante *adj.* irritating
irritar to irritate
isla (12A) island
isleño/a (12A) island inhabitant, dweller
italiano/a *n., adj.* Italian
izquierda: a la izquierda de to the left (of) (directions)
izquierdo/a left (direction)
izquierdista *m., f.* leftist

J

jabón *m.* soap
jadear to pant
jamás *adv.* never, ever
Japón Japan
japonés, japonesa *n., adj.* Japanese
jardín *m.* garden
jarrón *m.* (3C) vase
jefe/a chief, head, boss
jersey *m.* jersey, sweater
jornada (1C) work day (session)
joven *m., f.* young person; *adj.* young
júbilo jubilation
jubiloso/a (11B) jubilant, happy
judío/a *n., adj.* Jewish
juego game; set; **juego de carpintería** (2C) carpentry set (toy)
juerga carousal, spree; **de juerga** (4C) on a spree
jugador(a) (10A) player
jugar (ue) (gu) (a) (10A) to play (sports, games)
jugo juice
juguete *m.* (5B) toy
juicio judgment; wisdom, prudence
julio July
junco reed
junio June
junta council, convention, tribunal
juntarse to join
junto/a near; **junto a** (5B) next to; **junto con** along with

juntos/as *adv.* (4B) together
juntura junction; joint
jurar (7B) to swear
justicia justice
justificación *f.* justification
justificar (qu) to justify
justo/a precise, just, exact
juvenil *adj.* young, juvenile
juventud *f.* (6A) youth

K

kilo kilogram

L

la (*s. f. definite article*) the
la *d.o.* you (*form. s. f.*); her, it (*f.*)
laberinto labyrinth, maze
labio lip
labor *f.* chore; **labores domésticas** housework
laborar to work
lado side; **de lado** (6C) toward one side; **por otro lado** (10A) on the other hand; **lado flaco** weak side, spot; weakness; **al lado de** beside
lago lake
lágrima (6A) tear(drop)
laguna lagoon
lamentar to lament, regret; to mourn
lamento lament
lámpara lamp
lana wool
langostino prawn
lanzar (c) to hurl; **lanzarse** to hurl oneself, jump
lápiz *m.* (*pl.* **lapices**) pencil
largar (ue) to release; to ease; **largarse** to move away, to get away
largo/a long; **a largo plazo** (4C) in the long run; **a la larga** in the long run, in the end; **a lo largo de** (6B) throughout
lastimar(se) to hurt, injure (oneself)
las *d.o.* you (*form. pl. f.*); them (*f.*); the (*pl. definite article*)
latino/a *n., adj.* Latin

Latinoamérica Latin America
latir to beat, throb; to annoy, molest; to bark
latitud *f.* latitude
lavar (2A) to wash; **lavarse** to wash oneself
lazo bow, knot
le *i.o.* to/for you (*form. s.*); to/ for him, her, it
lecho bed; couch
lector(a) reader
lectura reading
leer to read
legado legacy; legate
legislación *f.* legislation
legua league (measure of distance)
legumbre *f.* vegetable; legume
lejanía distance, remoteness
lejano/a distant, remote
lejos de *adv.* far from
lengua tongue; language
lenteja (7A) lentil
lento/a (3A) slow(ly)
león *m.* lion
letra handwriting; letter (of the alphabet); **Facultad de Filosofía y Letras** *f.* School (College) of Liberal Arts; **letra de imprenta** printing
letrero sign, notice
levantar to lift, raise; **levantarse** (6A) to get up; to stand up
leve *adj.* light; slight, trivial
ley *f.* law; decree
libertador(a) liberator
liberalizar (c) to liberalize
liberar (1A) to liberate; free
libertad *f.* liberty, freedom
libra (10B) pound
libre *adj.* free
libro book
licuadora blender
liga league (sports)
ligar (gu) to tie, bind; to join
ligero/a light (weight)
liliputiense *n., adj.* Lilliputian
limitar to establish limits, set bounds

limón *f.* lemon
limpiar (4A) to clean
lindo/a handsome, pretty
línea line
lino linen
líquido liquid
lirondo: mondo y lirondo pure and simple
lista list
listo/a (4A) ready; **estar listo/a** to be ready (to); **ser listo/a** to be smart, clever
literatura literature
litografía lithography
llamada call
llamar to call; **llamarse** to be named, called; **¿cómo se llama Ud.?, ¿cómo te llamas?** what is your name?; **me llamo ___** my name is ___
llanto flood of tears, weeping
llave *f.* key
llegada arrival
llegar (gu) to arrive; **llegar a ser** to become
llenar (6A) to fill; to fill out (a form)
lleno/a full
llevar to wear; to carry; **llevarse** to take (away); **llevar a cabo** to carry out; **llevar un nombre** to bear a name
llorar (2A) to cry
llover (ue) to rain
lluvia rain
lo *d.o.* you (*form. s. m.*); him, it (*m.*); **lo + adj.** the *adj.* part/ thing; **lo que** what, that which
lobo *m.* wolf
local *adj.* local
loco/a crazy
locomotora engine, locomotive
locura (8C) madness
lógica logic
lograr (2B) to achieve
lomo (8C) expensive cut of meat (filet)
loncha slice; **a lonchas** in slices
Londres London

longevo/a long-lived
longitud *f.* length; longitude
loro parrot
los *d.o.* you (*form. pl. m.*); them (*m.*); the (*pl. definite article*)
lotería lottery
lúcido/a lucid
lucero bright star; Venus
lucir (zc) (10B) to shine; show off; **lucirse** to dress up
luego *adv.* then, next; later; **desde luego** of course; **hasta luego** see you later; **luego que** as soon as
lugar *m.* place; **el lugar común** (5B) commonplace; **en primer lugar** in the first place
lujo luxury; **lujo de** abundance of
luminoso/a (3A) luminous
luto (3A) mourning
luz *f.* (*pl.* **luces**) light; electricity; **luz de tráfico** traffic light

M

macetero flowerpot; flowerpot stand
machismo manliness, masculinity
macho *adj.* male; strong; robust
madera (2B) wood
madre mother
madrileño/a *n., adj.* inhabitant of Madrid
madrugada (5B) early morning
madurez *f.* maturity
maestro/a teacher
mágico magic
magnífico/a magnificent
magnitud *f.* magnitude, size
mago magician
maíz *m.* (*pl.* **maíces**) corn
mal *m.* evil, badness; **mal de ojo** evil eye
mal, malo/a *adj.* bad; **de mal humor** in a bad mood
mal *adv.* badly; ill, not well; **menos mal** *interj.* good thing, lucky thing
maldito/a (1A) cursed
malecón *m.* levee, dike

malestar *m.* malaise, indisposition
maleta suitcase
maleza brambles
malhumorado/a (10C) in a bad mood
malicia (2C) malice
maltrato ill-treatment
malva *adj.* mauve (color); **estar criando malvas** to be pushing up daisies
mamarracho mess, sight
mancha spot, stain
mandar (2B) to send, order
manera manner, way; **de ninguna manera** (11A) in no way
manga (3B) sleeve
mango handle
maníaco/a *n., adj.* crazy; eccentric
manifestación *f.* demonstration, manifestation
manipulación *f.* manipulation
manipular to manipulate
mano *f.* hand; **a mano** by hand; **a la mano** at hand; **darse la mano** to shake hands; **hacer a mano** to make by hand; **tener a mano** to have at/on hand
mansión *f.* sojourn; dwelling
mantel *m.* tablecloth; altar cloth
mantener (like **tener**) (2B) to maintain
mantequilla butter
manzana apple; (10C) city block
mañana *n.* morning; **de/por/en la mañana** in the morning; **hasta mañana** until tomorrow, see you tomorrow; *adv.* tomorrow
mapa *m.* map
máquina machine, device
mar *m., f.* sea
maratoniano/a *adj.* pertaining to a marathon race
maravilla wonder, marvel
maravillarse (10B) to express admiration, to marvel at

maravilloso/a wonderful, marvelous
marca brand (of product)
marcar (**qu**) to mark; to brand
marcha *n.* (6C) departure; march; **poner en marcha** to start; to move
marcharse to go away
marchitarse (3C) to wilt
marea tide
marear to make sick; *coll.* to annoy, pester
marido husband
marino/a (8A) sea (marine) air
mariposa butterfly
marítimo/a maritime, marine
marrón *adj.* maroon (dark red); tan (shoes)
marzo March
más *adv.* more; most; **cada vez más** (5C) more and more
masa dough; mass
mascota mascot
masculino/a masculine
masivo/a massive
masticar (qu) to chew
matar to kill
materia (academic) subject
material *adj.* material; crude; *m.* material
matrimonio marriage
máximo/a maximum
mayor *adj.* older; greater; larger; **para mayor abundamiento** moreover
mayordomo steward, butler
mayoría (10A) majority
mayúsculo/a *adj.* capital (letter); *f.* capital letter
me *pron.* me, to me; *refl.* myself, to myself
mecanismo mechanism, machinery
media: (las tres) y media (three) thirty, half past (three)
mediante *prep.* (1B) through
medical *adj.* medical
medicina medicine

medida measure; moderation; **a medida que** (4C) as..., while
medio/a *adj.* middle; half; intermediate
medio means; *pl.* means; **de pocos medios** poor; **medios (vías) de comunicación** communications; **medios de transporte** means of transportation
mediodía *m.* (7B) noon; midday
medir (i, i) (8B) to measure
médula marrow; medulla
mejor *adj.* better; best
mejorar to improve
melodía (11A) melody
melón *m.* melon
memoria memory; **aprender de memoria** to learn by heart
memorizar (c) (1A) to memorize
mencionar to mention
mendigo/a beggar
mendrugo crumb, crust
mengua want, lack; poverty
menor *adj.* younger; less; smaller
menos *adv.* less; minus; least; **a menos que** unless; **al menos** at least **menos ___ que** less ___ than; **por lo menos** at least
mensaje *m.* message
mente *f.* mind
mentir (ie) (9B) to tell a lie
mentira lie
menudo/a small, minute; worthless; **a menudo** (2C) often, frequently
meollo center
mercado (6A) market
merecer (zc) (12B) to deserve
mérito merit; value, worth
merluza hake (fish)
mero/a mere, pure
mes *m.* month
mesa table; **poner la mesa** to set the table
meta goal
meteorología meteorology
meter(se) (1B) to insert, put in (to)

metro subway
metropolitano/a metropolitan
mezcla (12A) mixture
mezclar to mix
mezquita mosque
mi *poss.* my
mí *obj. of prep.* me
miedo fear; **tener miedo (de)** to be afraid (of)
miel *f.* honey
miembro member
mientras (que) while
miércoles Wednesday
mierda dung
migración *f.* migration
migrar to migrate
migratorio/a (12B) migratory
mil *m.* a thousand, one thousand
milagro (3C) miracle
milagrosamente (12B) miraculously
milenio millennium
militar *m.* soldier; *adj.* military
millón *m.* million
mimbre *m., f.* wicker
minar to mine
miniatura miniature
minoría minority
minuto minute (time)
mío/a *poss.* my, (of) mine
mirada glance, look
mirar to look (at), watch
miseria misery
misión *f.* mission
mismo/a self; same; **ahora mismo** right now; **allí mismo** right there; **por lo mismo** (3C) by the same token
misterio mystery
misticismo mysticism
mitad *f.* (8B) half
mítico/a mythical
mito myth
moda fashion; style; **de moda** (3B) in style
moderación *f.* moderation
moderar to moderate, control
moderno/a modern
modificar (qu) (2A) to modify

modo fashion, manner; **a mi modo** my way; **de todos modos** (3B) anyway
mohoceno traditional Incan flute
mojigato/a hypocritical; prudish
mole *adj.* soft; *Mex.* stew; fricassee of meat with chili sauce
molestar to bother
momento moment; **de momento** right now, for the time being; **en este momento** at the moment, right now; **en todo momento** at all times
mono/a cute
mondar to clean; to trim; to peel
mondo/a clean, pure
monje *m.* monk
mono monkey
monologar (gu) to soliloquize
monstruo monster
montaña mountain
montar to mount; **montar a caballo** to ride horseback
monte mountain, mount
moral *adj.* moral; *f.* morals
morcilla blood sausage
mordisco bite
moreno/a dark-complexioned, brunette
morfina morphine
moribundo (9A) a dying person
morirse (ue, u) to die
moroso/a slow, tardy; delinquent
mortífero/a deadly
mosaico/a *adj.* Mosaic (of or pertaining to Moses); *m.* tile; mosaic
Moscú Moscow
mosquear to shoo; to beat; **mosquearse** to shake off annoyances; to take offense
mostrador *m.* (9B) counter
mostrar (ue) to show, to demonstrate
motivación *f.* motivation
motivo motive
moto(cicleta) *f.* motorcycle
motriz *adj.* motive

moverse (ue) to move
movible *adj.* movable; fickle
móvil *adj.* mobile; fickle
movimiento movement
muchacho/a boy, girl; young man or young woman
mucho/a *adj.* a lot of, many
mudo/a mute
mueble *m.* piece of furniture; *pl.* furniture
mueca face, grimace
muerte *f.* death
muerto/a *p.p.* dead; **muerto/a de hambre** (7B) starving
muestra (11C) example, sample
muestrario sample
mujer woman
mullido/a loosened
mullir to soften, fluff up
multa fine, ticket
multiplicar (qu) to multiply
mundial *adj.* (of the) world
mundo world
muñeca wrist
murmurar (9A) to murmur; gossip
muro (5C) wall
músculo muscle
museo museum
musgo moss
música music
mutilación *f.* mutilation
muy *adv.* very

N

nacer (nazco) (3A) to be born
nacimiento birth
nación *f.* nation
nada nothing, not anything; **de nada** you're welcome
nadie no one, nobody, not anybody
naranja orange (fruit)
nariz *f.* (pl. **narices**) nose
narración *f.* narration
narrar to narrate
natación *f.* swimming
natalidad *f.* birth rate
nativo/a *adj.* native

naturaleza nature
naturalmente *adj.* naturally
nauseabundo/a nauseating
náutico/a nautical; *f.* sailing
navaja penknife
naval *adj.* naval
navegable *adj.* navigable
navegar to navigate
Navidad *f.* Christmas; **Feliz Navidad** Merry Christmas
necesidad *f.* necessity, need; **por necesidad** out of necessity
necesitar to need
negación *f.* negation
negativo/a negative
negocio business
negro/a black
nene/a baby; dear, darling
neoyorquino/a *n., adj.* inhabitant of New York
nervios (8A) nerves
nervioso/a nervous
neurona neuron
neutral *n., adj.* neutral
neutro/a neutral; neuter
nevado/a snow-covered
nevar (ie) to snow
nexo nexus (link, bond)
ni *conj.* neither; nor; **ni...ni** neither...nor
nido nest
niebla mist, fog
nieto/a grandson/granddaughter
nieve *f.* snow
niñez *f.* (4C) childhood
niño/a child; boy, girl; «**niño sabio**» wise guy
nivel *m.* (5B) level
no no; not; **¿no?** right?, don't they (you etc.)?
nobleza nobility
noche *f.* night; **de/en/por/la noche** in the evening, at night; **de noche** at night, by night; **esta noche** tonight; **todas las noches** every night; **vestido de noche** evening dress
noción *f.* notion
nocturno/a nocturnal

nombrar to name
nombre *m.* (first) name; **nombre de pila** baptismal name
nominar to nominate
norma norm, standard; rule
normal *adj.* normal; standard
norte *m.* north
norteamericano/a *n., adj.* North American
nos *d.o.* us; *i.o.* to/for us; *refl. pron.* ourselves
nosotros/as *sub. pron.* we; *obj. of prep.* us
nostalgia nostalgia
nostálgico/a nostalgic
nota grade (in a class)
notable *adj.* notable
notar to note; to dictate; to criticize
noticia notice; piece of news; *pl.* news
novedad *f.* (5C) novelty
novela novel
noviazgo engagement, courtship
novio/a boyfriend/girlfriend; sweetheart; groom/bride; *m. pl.* newlyweds
nube *f.* cloud
nuevo/a new; **Año Nuevo** New Year; **de nuevo** again
numerado/a numbered
número size (shoe); number; issue (of a magazine)
numeroso/a numerous
nunca *adv.* never

O

o *conj.* or
obedecer (zc) to obey
objeto object
obligado/a (2B) obliged
obligar (gu) to force
obligatorio/a mandatory, obligatory
obra work (of art, literature, and so on)
obrero/a (6B) worker
obsequio flattery; gift; attention
observación *f.* observation

observar to observe
obsesión *f.* obsession
obstáculo obstacle
obtener (like **tener**) to obtain
obvio/a obvious
ocasión *f.* occasion
ocasionar to occasion, to cause
occidental *adj.* western; occidental
océano ocean
ochenta eighty
ocio (1C) leisure
ocultar to hide, conceal
oculto/a (3B) hidden
ocupar (3A) to occupy
ocurrencia occurence
ocurrir to happen, occur
oeste *m.* west
ofensivo/a offensive
oficial *adj.* official; *m.* official, officer
oficina (7B) office
ofrecer (zc) (7A) to offer
oído (inner) ear
oír to hear
ojeada glance
ojera (1C) bag under one's eye
ola wave (water)
oleaje *m.* surge, rush of waves
olímpico/a Olympian
oliva olive; olive tree
olor *m.* odor, stench
olvidar (2B) to forget
ondulado/a wavy, ripply; rolling
opaco/a opaque; sad, gloomy
opción *f.* option, choice
opinar (4B) to have an opinion
opinión *f.* opinion
oponer (like **poner**) to oppose, object
oportunidad *f.* opportunity
optar (por) (12A) to opt (for)
opuesto/a opposite, contrary
oral *adj.* oral
oratorio/a oratorical; *m.* oratory
orden *m.* order (sequence); *f.* order, command
ordenado/a ordered
ordenador *m.* computer

ordenar (4B) to put in order
oregoniano/a (pertaining to the state of Oregon), Oregonian
orfandad *f.* orphanage
organización *f.* organization
organizar (c) to organize
orgullo (12B) pride
orgulloso/a proud
oriental *n., adj.* Oriental, Asian
origen *m.* origin
originar to originate, to start
orilla border, edge
oro gold (metal)
orquesta orchestra
orujo skin of pressed grapes or olives
os *d.o.* you (*fam. pl. Sp.*); *i.o.* to/for you (*fam. pl. Sp.*); *refl. pron.* yourselves (*fam. pl. Sp.*)
oscilar to oscillate; to fluctuate
oscuridad *f.* darkness
oscuro/a (3A) dark; obscure
oso bear
otoño fall, autumn
otorgar (gu) to agree to; to grant
otro/a other, another; **a/en otra parte** somewhere else; **otra vez** again
oxígeno oxygen
¡oye! (2B) hey!, listen!
ozono ozone

P

paciente *adj.* patient; *m., f.* patient
padre father
padrino godfather; sponsor; best man
padrinos godparents
paella paella (dish made with rice, shellfish, and often chicken, and flavored with saffron)
pagar (gu) to pay
página page
país *m. s.* country
paisaje *m.* (11C) landscape
pájaro bird
palabra word
palaciego/a palace, court

palma palm (hand); palm (tree)
palmera (12C) palm tree
paloma pigeon, dove
pan *m.* bread
panadería (2B) bread shop
pantalla lampshade; movie screen; television screen
pantalón *m.* (6A) pair of pants
pantano bog, marsh
panza paunch, belly
panzudo/a pot-bellied
paño wool
pañuelo (6A) handkerchief
papel paper; role; (2A) **hacer un papel** to play a role
papelera writing desk; wastebasket
papeleta slip of paper; card
par *m.* pair
para *prep.* for; in order to; **para que** *conj.* so that; **estar para +** *inf.* to be about to (do something)
paracaídas *m.* parachute
parada (1B) stop
paraíso (12A) paradise
paraje place, spot; condition
paralelo/a parallel
parapeto parapet
parar (5A) to stop
parcela (9C) lot (parcel of land)
parecer (zc) to seem, appear; **parecerse (a)** to look like, resemble
parecido/a similar
pared *f.* wall
pareja couple, partner
pariente/a relative, family member
parlante *m., f.* speaker
paro (9B) unemployment
parpadear to blink, wink
parque *m.* park
párrafo paragraph
parrilla (barbeque) grill
parte *f.* part; **a/en ninguna parte** nowhere; **a/en otra parte** somewhere else; **a/en todas partes** everywhere; **de una**

parte on one hand; **de otra parte** on the other hand; **¿de parte de quién?** who is calling, please?; **por parte de** on behalf of

participación *f.* participation

participar to participate

particular *adj.* particular; private

partido (4B) game

partir (5C) to depart

pasadizo passage, hallway

pasado/a past, last (time)

pasaje *m.* ticket

pasajero/a (5A) passenger

pasar to pass (by); to come by (for someone); to happen; to spend (time); **hacer pasar por** to go through; to put (something) through; **pasar lista** to take attendance; **pasar de largo** pass through (a long time ago)

Pascua Easter

paseante *m., f.* (11B) passerby, stroller

pasearse to stroll

paseo: dar un paseo to take a walk, stroll

pasillo (10B) hallway

pasivo/a passive

paso step; pace; **paso a paso** (9A) step by step; **estar de paso** to be passing by

pasta paste, dough; pasta, noodles, spaghetti, etc.

pastel *m.* cake

pata paw, foot, leg

patada kick; footstep; **de una patada** (9C) with a kick

patear to kick

patético/a pathetic

patio patio, court

pato duck

patrimonio patrimony

patrocinar to sponsor, patronize

patrón, patrona patron; **(santo) patrón, (santa) patrona** patron saint

paulatino/a slow, gradual

pausa pause

payaso clown

paz *f.* (*pl.* **paces**) peace

peatón *m.* pedestrian

peculiar *adj.* peculiar

pecho chest, breast

pedazo (2B) piece

pedir (i, i) to ask for, order; **pedir (mil) excusas** to apologize (very much)

pedúnculo peduncle (stalk)

pegadizo/a sticky; catching, contagious

pegar (ue) (gu) to hit

peldaño step

pelea fight

pelear (4C) to fight

película movie

peligro danger

peligroso/a (4A) dangerous

pellejito bundle of skin

pelo hair

pelota (2B) ball

peluquería hair salon

pena grief

penalizar (c) to penalize

penetrar to penetrate

península peninsula; **Península Ibérica** Iberian Peninsula

pensamiento (3A) thought

pensar (ie) to think; **pensar + inf** (6B) to intend to do something

peor *adj., adv.* worse; worst

pepino cucumber

pequeño/a small, little

percatarse de to be aware of

percibir (3B) to perceive

perder (ie) to lose; to miss (a bus, plane, social function, and so on)

pérdida waste, loss

perdón *m.* pardon, forgiveness

perecedero/a perishable; mortal; *m.* extreme want

perecer (zc) to perish; to suffer

peregrino pilgrim

perfeccionar (10C) to perfect

perfecto/a perfect, fine

periférico/a peripheral

periódico newspaper

periodista *m., f.* journalist

período period; cycle

perjudicar (qu) to damage, impair, prejudice

perla (5B) pearl

permanecer (zc) (3B) to remain, stay

permanente *adj.* permanent

permiso permission; permit

permitir to permit

pero *conj.* but

perrera kennel, doghouse; dungeon

perro dog

persa *n., adj.* Persian

persistir (10A) to persist

persona person

personaje *m.* figure, person; character (in a story)

personal *m. s.* personnel; *adj.* personal

personalidad *f.* personality

perspectiva perspective

pertenecer (zc) (a) to belong (to)

perturbar to perturb; to disturb

peruano/a *n., adj* Peruvian

pesar to weigh; **a pesar de** (1A) in spite of

pesar *m.* regret

pesca fishing

pescado fish

pescador/a (8C) fisherman/woman

pescar (qu) to fish; to catch

pescuezo neck

peseta unit of currency in Spain

pésimo/a terrible

peso weight; unit of currency in Mexico and several other Latin American countries

pez *m.* (*pl.* **peces**) fish

pétalo petal

petardo (6C) firecracker

petrificado/a petrified

piadoso/a merciful; pitiful; pious

piano piano

pico peak

pie *m.* foot; **a pie** on foot; **de pie** standing up; **ponerse de pie** to stand up, get up

piedra (11B) stone, rock

piel *f.* skin

pierna leg

pijama *m. s.* pajamas

pila (9A) battery

píldora pill

pimiento pepper

pingullo traditional Incan musical instrument

pintar to paint; **pintarse** to put on make-up

pintor/a (11A) painter

pintoresco/a picturesque

pintura (11A) painting

piña pineapple

pionero pioneer

pipa pipe

pira pyre

piropo flattery

pisar to step on; to press

piso floor; **primer piso** second floor (first floor up)

pista clue; runway

pistola pistol

pistolera holster

pistolero gangster, gunman

pitagorín *adj.* brilliant (a young Pythagoras)

pitido (12C) whistle

pitillo cigarette

pizarra chalkboard

pizpireto/a cheerful, happy

pizza pizza

placentero/a joyful, pleasant

placer *m.* (8B) pleasure

plancha (6B) iron

planchar (2B) to iron

planear (2A) to plan

planeta *m.* planet

planificar (qu) to plan

planta plant; floor (of a building)

plantación *f.* plantation

plantar to plant; to establish; **plantarse** to take a stand

plantear (7C) to establish, set forth

plástico plastic

plataforma platform

plateado/a silvered, silverplated

platicar (qu) to talk over, to discuss

plato plate; dish; **plato del día** special of the day

playa beach

plaza plaza; **Plaza de Armas** main square

plazo term; time; time-limit; **a plazos** in installments

plegar (ie) (gu) to fold; to crease

plenitud *f.* fullness, abundance

plumaje *m.* plumage

pluriempleo moonlighting

población *f.* population

poblarse (ue) (10C) to be populated

pobre poor

poco/a *adj.* little, few; **de pocos medios** of limited means

poco *adv.* little, a little bit; **poco a poco** (2A) little by little

poder (*irreg.*) to be able, can

poema *m.* poem

poeta *m., f.* poet

polaco/a *n., adj.* Polish

polar *adj.* pole; polar

polea pulley

político/a *m., f.* politician; *adj.* political

pollo chicken

ponche *m.* punch (beverage)

poncho/a lazy, careless; *m.* poncho

poner (*irreg.*) to put, place; to turn on (appliances); **poner fin** to put a stop to; **poner la mesa** (7B) to set the table; **ponerse** to put on (clothing); **ponerse a + *inf.*** (3C) to begin to do something; **ponerse de pie** to stand up, get up **ponerse en contacto con** to put (get) in touch with; **poner(lo) nervioso (a uno)** to make (someone) nervous; **ponerse de acuerdo** to reach an agreement

popular *adj.* popular

popularidad *f.* popularity

por *prep.* in (the morning, evening, and so on); for; per; by; through; during; on account of; for the sake of; **estar por + *inf.*** to feel like (doing something); **por ciento** percent; **por Dios** for heaven's sake; **por el contrario** on the contrary; **por encima de** on top of; **por eso** that's why, therefore; **por favor** please; **por fin** finally; **por fortuna** fortunately; **por hora** per hour; **por lo común** usually; **por lo general** generally; **por lo menos** at least; **por supuesto** (5B) of course; **por tanto** (9A) therefore

¿por qué? why?

porción *f.* portion, part

porque because

portador(a) bearer

portaje *m.* toll

portero (9B) doorman

portuario/a port, dock; *m.* dock worker

poseer (y) (10C) to possess

posibilidad *f.* possibility

posible *adj.* possible

posición *f.* position

positivo/a positive

posponer (like **poner**) to postpone

postal *adj.* postal; *f.* post card

postergar (gu) to delay, postpone

posterior *adj.* back, rear; later

postizo/a false, artificial; *m.* false hair

postre *m.* dessert

postura posture; attitude; wager

potencia potency; power

potencial *m., adj.* potential

potenciar to harness (power); to raise

potro colt; pest; **potro de tortura** torture rack

práctica practice

practicar (qu) to practice

práctico/a practical

pradera meadowland, prairie

precio price; **precio fijo** fixed price

precioso/a precious; lovely

precipitar to precipitate; to rush

precisión *f.* precision; necessity

preciso/a necessary

predicción *f.* prediction

predecir (*irreg.*) (8C) to predict

predio property, estate

predominar to predominate

preferencia preference

preferible *adj.* preferable

preferir (ie, i) to prefer

pregunta question

preguntar to ask (a question)

prehistórico/a prehistoric

premio prize

premisa premise; mark, clue

prenda (6B) piece of clothing; present, gift

preocupación *f.* preoccupation

preocupado/a (2B) worried

preocuparse (4C) to worry

preparar(se) to prepare (oneself)

preparatoriano/a preparatory

prerrogativa prerogative

prescindir de to leave aside, leave out

presencia presence

presentar to introduce, present

presente *m.* present

presentir (ie) (8C) to have a presentiment (about the future)

presidente/a president

presidiario/a convict; *adj.* prisonlike

presidir (11A) to preside

presión *f.* pressure; **presión arterial** blood pressure

presionar to press; to put pressure on

prestar (9B) to lend, provide, offer; **prestar atención** to pay attention

presupuesto budget; reason; estimate

pretender to claim, to pretend to; to try for, to try to do

pretexto pretext

pretil *m.* parapet, railing

primavera spring

primer, primero/a first; **el primero de ___** the first (day) of (month)

primero *adv.* first (of all)

primo/a cousin

principal *adj.* principal, main; essential

principio (1B) beginning; **al principio** (7A) at the beginning

prisión *f.* capture; imprisonment

prisma prism

privar to deprive; to forbid

privilegio privilege

probable *adj.* probable

probar (ue) (7C) to prove; to taste; to try

problema *m.* problem

procedencia origin, source

procedente *adj.* coming, originating

proceder to proceed; *m.* conduct, behavior

proceso process

proclamar to proclaim; to acclaim

procurar (3A) to attempt, try

prodigio prodigy

producir (like **conducir**) to produce

productivo/a productive

profesión *f.* profession

profesional *m., f.* professional

profesor(a) professor

profetizar (c) to prophesy

profundidad *f.* depth

programa *m.* program

progresar to progress

progresivamente progressively

progreso progress

prohibido/a prohibited

prolongar (1B) to prolong

promedio average, mean

promesa (4A) promise

prometer (10C) to promise

promover (ue) to promote; to advance

pronto *adv.* soon; **por de pronto** (8C) suddenly; **tan pronto como** as soon as

pronunciación *f.* pronunciation

pronunciar to pronounce

propenso a (3C) given to

propicio/a favorable, propitious

propietario/a owner

propio/a *adj.* one's own

proponente proponent

proponer (like **poner**) to propose

proporcionar (12B) to provide

propósito (3B) purpose; **a propósito de** (7A) regarding...; **a propósito** by the way

prórroga extension, renewal

próspero/a prosperous, successful

prostituta prostitute

protección *f.* protection

proteger (j) (9A) to protect

proteína protein

protestar (4A) to protest

provenir (like **venir**) (3C) to come from, originate

provisión *f.* provision; supply

provocación *f.* provocation

provocador(a) provocative

provocar (qu) (1A) to provoke

próximo/a next

proyección *f.* projection

proyectar to project; to cast

proyecto project

prudente *adj.* prudent

prueba quiz; trial (for a race)

(p)sicología psychology

(p)sicólogo/a psychologist

púa prong

publicar (qu) to publish; to publicize

publicidad *f.* publicity

público/a *adj.* public; *n.* public

pueblo village; people

puente *m.* (5C) bridge

puerta door

puerto port

puertorriqueño/a *n., adj.* Puerto Rican

pues *adv.* therefore; well...

puesto/a *p.p.* put, placed

puesto position; job; **puesto que** (3B) since
pulcro/a neat, tidy
pulido/a pretty; neat; polished
pulmón *m.* lung
punto point; dot; **a punto de** (6C) *prep.* about to; **punto de partida** (10A) point of departure; **punto de vista** point of view
puntual *adj.* punctual; certain
puñal *m.* dagger
puño fist
puré *m.* purée
puro/a pure
púrpura purple

Q

que *pron.* that; **lo que** what, that which
¿qué? what?, which?; **¡qué bien!** great!; **¡qué lástima!** what a shame!; **¿qué más?** what else?; **¿qué tal?** how are you (doing)?; **¡qué va!** are you kidding?, no way!; **¿qué más da?** (7B) what's the difference?
quedar to remain, be left (2A); to be located; **quedar en** + *inf.* to agree to...; **quedarse** to stay, remain
quejarse (2A) to complain
quemar to burn
quena a traditional Incan flute
querer (*irreg.*) to want; to love; **querer decir** to mean
queso cheese
quien *pron.* who, whom
¿quién(es)? who? whom?; **¿de quién(es)?** whose?
quieto/a quiet
química chemistry
quinto/a fifth
quintaesencia *adj.* quintessential
quitar to remove, take away; **quitarse** to take off (clothing); to take out, withhold
quizá(s) perhaps

R

rabelaisiano/a referring to the French author **Rabelais**
rabia anger, rage
ración *f.* portion, order
radiación *f.* radiation
radioctivo/a radioactive
radicar (qu) to take root; to be located; **radicarse** to settle
radical *adj., m.* radical
radio *f.* radio
raíz *f.* (11B) root (*pl.* **raíces**)
raja slit, rip
rama (11C) branch
ramaje *m.* branches, foliage
rana (12A) frog
rapidez speed; **con rapidez** quickly, rapidly
rápido/a *adv.* fast, rapidly
raro/a rare, unusual; **rara vez** seldom
rascacielo (11C) skyscraper
rasgar (gu) (12C) to scratch, scrape
rasgo stroke; trait, characteristic
Rastro (6B) Flea Market
rato (6B) a while; **pasar un buen rato** to have a good time
rayo lightning bolt
razón *f.* reason; **(no) tener razón** to be right (wrong)
reaccionar to react
real *adj.* real; royal
realidad *f.* reality
realismo realism
realizar (c) (1B) to carry out, bring about, realize
realmente really
rebajar to reduce, to diminish; to lower
rebotar to bend back; to repel
recaer (like **caer**) to fall back; to relapse
recargo new burden; extra charge
recato caution, reserve; modesty
receta (7A) recipe
recibir to receive
recién *adv.* (8A) recent(ly); **recién casados** newlyweds

reciente recent
recinto area, enclosure
recio/a heavy, strong
recital *m.* recital (musical)
reclamación *f.* claim, demand; objection; complaint
reclamar to complain; to demand
recluir(se) (y) to seclude; to imprison (oneself)
recoger (like **coger**) (4B) to gather, collect
recomendar (ie) to recommend
reconocer (zc) to recognize
reconstruir (y) (12A) to reconstruct
recordar (ue) (2C) to remember
recorrer to pass through; to cover (territory, miles, and so on)
recortado/a cut out
recortar to trim, to cut off
rectilíneo/a straight-lined; at right angles
recuerdo memory; souvenir
recurrir (1C) to have recourse to
recurso recourse; resource
red *f.* net; network
redescubrir to rediscover
reembolsar to reimburse; to refund
referencia reference
referirse (ie) (i) to refer (to)
reflejado/a (12A) reflected
reflejar to reflect
reflejo reflection
refrigerador(a) refrigerator
refugio refuge
regalar to give; to treat
regalo present, gift
regar (ie) (3C) to water, irrigate
región *f.* region
registrar (8A) to register; to search, examine
regla rule; **en regla** in order
regocijo cheer, delight
regodearse to get immense enjoyment or pleasure
regresar (2B) to return

regular to moderate; to put in order; *adj.* regular; moderate

reinar (11C) to rule

reino (3C) kingdom

reírse (8A) to laugh

relación *f.* relation(ship)

relacionar to report, relate, narrate

relajarse (1C) to relax

relegado/a (9C) relegated (to a secondary position)

relinchar (8C) to whiney

reliquia religious relic

relleno/a full, packed; *m.* filling, stuffing

remedio: no hay más remedio, no tiene remedio nothing can be done about it

remeter to tuck in

remiendo patch, mending, repair

remontar to repair; to raise up

remusguillo foreboding

renacer (like **nacer**) (6C) to be reborn

renta income; annuity; public debt

rentable (1C) profitable

renunciar (9A) to renounce

reparación *f.* atonement

reparar to repair

repasar (1A) to review

repaso review

repente: de repente (4B) suddenly

repentino/a sudden, unexpected

repetir (i, i) to repeat

repleto/a replete, full; chubby

reportaje *m.* (10B) reporting, (newspaper) article

reposar (5C) to rest

reproche *m.* (9A) reproach

reproducir (like **conducir**) (1B) to reproduce

república republic; **República Dominicana** Dominican Republic

res *f. s.* head of cattle; **carne de res** *f.* beef

rescatar to ransom; to rescue; to make up for (lost time)

reservación *f.* reservation

residencia residence

residir (3B) to reside, live

residuo residue; remains

resignación *f.* resignation

resistencia resistance

resistir (8A) to resist

resolver (ue) to resolve; to solve

resonar (ue) (9A) to resound

respaldo back; backing

respectivo/a respective

respetable respectable

respetar to respect

respeto (4A) respect

respirar (3B) to breathe

respiratorio (referring to) breathing

respiro breath

responder to respond, answer

responsabilidad *f.* responsibility

respuesta (1A) answer

restaurante *m.* restaurant

restituir (y) to return, give back, make restitution

resto rest, remainder

restorán *m.* restaurant

resuelto/a *p.p.* solved, resolved

resultado result

resultar to result, follow; to turn out to be

resumen *m.* (1C) summary

retener (like **tener**) (3B) to retain

retirar (3C) to take away, retire

reto (10C) challenge

retomar to retake

retornar to return

retorno (12C) return

retraído/a solitary; reserved, shy

retrasar to delay; to put off

retroceder to retrogress; to back away; to back down

retumbar to resound, rumble

reunión *f.* (10A) meeting

reunir (6C) to gather together

revelación *f.* revelation

revelar (7A) to reveal

revés: al revés the other way around, vice versa

revisar (4C) to correct

revista (4A) journal, magazine

revitalizar (c) (12A) to revitalize

revolotear to fling up; to flutter, flit

revolución *f.* revolution

revolver (ue) to stir

rey king

rico/a rich; delicious (with foods)

ridículo/a ridiculous

riel *m.* curtain rod; rail

riesgo (8B) risk

rígido/a rigid, firm

riguroso/a rigorous; severe

rima rhyme

rincón *m.* corner; nook; home

río river

riqueza (7A) riches

risa (3A) laugh, laughter

rito rite

ritual *m.* ritual; *adj.* ceremonial

rizo/a curly

robar (7A) to steal

roble *m.* oak

roca rock, stone

roce *m.* rubbing; close contact

rodear (8A) to surround; **rodeado de** (3B) surrounded by

rodeo detour, roundabout way

rodilla knee

rojo/a red

romántico/a romantic

romper (2A) to break

ron *m.* rum

rondar to go around; to fly around

ropa clothing; **ropa interior** underwear

rostro face

rotular to label, title

rotundo/a round, rotund

rozar (c) to brush (against)

rueda wheel

ruido (1A) noise

ruina ruin

rumor *m.* rumor

ruso/a *n., adj.* Russian

ruta route
rutinario/a routine

S

sabana savanna, pampa
sábana (bed)sheet
saber (*irreg.*) to know; **saber +
inf.** to know how to (do
something); **saber (a)** to taste
(of); **saber de memoria** to know
by heart
sabiduría wisdom; knowledge
sabio/a (12B) wise, prudent
sabor *m.* taste, flavor
sacar (qu) (2C) to take out; to
remove; to stick out (one's
tongue); to win (the lottery);
sacar...hacia adelante (2B) to
get...ahead; **sacar fotografías** to
take pictures
sacudir (2C) to shake
sal *f.* (5A) salt
sala room, living room; **sala de
estar** living room
salida exit; departure; **salida de
urgencia** emergency exit
salir (*irreg.*) to leave; go out; to
appear
salón *m.* salon; drawing room
salpicar (qu) (12C) to dot (the
landscape)
salsa sauce
salto leap, jump; **a saltos** (5C) by
leaps; **salto de aguas** (12C)
waterfall
salud *f.* health; **casa de salud**
private hospital; rest home
saludable (10B) healthy
saludar to greet
salvador *m.* (9C) savior
salvaguardar to safeguard
salvar to save
salvo/a safe; omitted
salvo *prep.* save, except for
sangre *f.* blood
santo/a saint
sardina sardine
sarnoso/a itchy, mangy
sartén *f.* frying pan

satisfacer (*irreg.*) (6A) to satisfy
satisfecho/a satisfied
se (*impersonal*) one; *refl. pron.*
yourself (*form.*); himself, herself,
yourselves (*form.*); themselves
sea: o sea (que) in other words
secar (qu) (3C) to dry
seco/a (7B) dry, arid; barren
secretario/a secretary
secreto *n.* secret
sector *m.* sector
secuela sequel, result
secundario/a secondary; **la
escuela secundaria** high school
seda silk
sede *f.* seat (of authority)
sedimento sediment
segmento segment
seguida: en seguida (2A) at once
seguir (i, i) (ga) (2B) to
continue, follow; to take
(courses)
según *prep.* depending on;
according to
segundo/a *adj.* second
segundo *n.* second (unit of time)
seguro/a (7A) sure
selección *f.* selection
seleccionar (10A) to select
sello postage stamp; seal
selva (12C) jungle
semana week; **a la semana**
(11B) weekly; **la semana que
viene** next week; **fin de semana**
m. weekend
semanalmente (1B) weekly
sembrar (ie) to seed; to scatter;
to sprinkle
semejante similar
semestre *m.* semester
semilla seed
senador(a) senator
sencillo/a simple; **habitación
sencilla** *f.* single room
sendero path, footpath, byway
senka: senkana tenkana
traditional Incan musical
instrument
sensación *f.* sensation

sentado/a seated, sitting
sentar (ie) to seat; **sentarse** to sit
down
sentido sense
sentimiento (1B) feeling
sentir (ie, i) to regret, feel sorry;
sentirse to feel
seña sign, mark, token
señal *f.* (3C) sign, indication
señalar (6B) to point out
señalización *f.* road signs,
signposting
señor (Sr.) Mr., sir; gentleman
señora (Sra.) Mrs., ma'am; lady
señores (Sres.) Mr. and Mrs.;
gentlemen
señorita (srta.) Miss; young lady
señorío dominion; mastery;
lordship; manor
separar to separate; **separarse** to
move away
se(p)tiembre *m.* September
sequedad *f.* dryness
sequía (8C) drought
ser (*irreg.*) to be; *m.* (4C) being
sereno/a serene, calm; clear; *m.*
night watchman
serio/a serious; **en serio** (8A)
seriously
servicio service; *pl.* rest rooms
servir (i, i) to serve; **servirse (i,
i) de** to make use of
seta mushroom
sexo sex
sexto/a sixth
si *conj.* if
sí *adv.* yes
siempre always
sierra (9C) mountain; saw
siesta nap, siesta; **dormir (echar)
la siesta** to take a nap
siglo (5B) century
significado (3A) meaning
signo sign; mark
siguiente (2B) following
sílaba syllable
silbato (11C) whistle
silencio silence
silencioso/a silent, noiseless

silla   chair
sillón *m.*   armchair
silueta   (9B) silhouette
simbolismo   symbolism
símbolo   symbol, emblem
simetría   symmetry
similar *adj.*   similar
simpático/a   nice; likeable
simplemente   simply
simulacro   phantom, vision; idol
simular   to simulate
sin *prep.*   without; **sin duda** without a doubt; **sin embargo** however, nevertheless; **sin que** *conj.* without
sincero/a   sincere
sinfín *m.*   endless amount, number
siniestro/a   evil, perverse; *m.* calamity; *f.* left hand
sino *conj.*   but, rather
síntesis *f.*   synthesis
sintetizar (c)   (1C) to synthesize
síntoma   symptom
sinuoso/a   sinuous, winding
sionista   Zionist
siquiera *adv.*   even; at least
sirena   siren; mermaid
sirviente *m., f.*   servant; waiter
sistema *m.*   system
sitio   place
situación *f.*   situation
situar   to place, locate
sobre *m.*   envelope
sobre *prep.*   about, above, on; **sobre todo** above all, especially
sobrealimentar   to overfeed; to supercharge
sobrenombre *m.*   (12C) nickname
sobreponer (like **poner**)   to superimpose; **sobreponerse** to control oneself
sobresaliente *adj.*   outstanding
sobrevivir   (1B) to survive
sobrino/a   nephew, niece
socaire: al socaire de   under the shelter of
social *adj.*   social
socialización *f.*   socialization
sociedad *f.*   society

sofá *m.*   sofa
sofisticado/a   sophisticated
soja   soybean
sol *m.*   sun
solamente *adv.*   only
solapar   to overlap
solar *m.*   lot, parcel of land; *adj.* pertaining to the sun
solas: a solas   (6C) alone, by oneself
soledad *f.*   solitude
soler (ue) + *inf.*   to tend to, be in the habit of (doing something)
solicitar   to solicit, ask for
solidaridad *f.*   solidarity
sólido/a   solid; strong; *m.* solid
solisombra   sun and shadow
solitario/a *adj.*   solitary, lonely, isolated; *n.* **solitario** hermit, recluse
sollozar (c)   to sob
sollozo   (7C) sob
solo/a   alone
sólo *adv.*   only
soltar (ue)   (5C) to release; **soltarle cuatro frescas** (7C) tell her (him) a thing or two
soltero/a   single, unmarried; *m.* bachelor; *f.* spinster
solución *f.*   solution
sombrear   to shade
sombrío/a   (3C) somber, sad
someter   (9C) to subject (to)
sometido/a   (1C) subjected to
sonar (ue)   (6B) to sound
sonido   sound
sonoro/a   (5A) sonorous
sonrisa   (3A) smile
sonrojar   to make blush; **sonrojarse** to blush
soñar   to dream
sopa   soup
sopera   (7C) soup tureen
soplar   to blow
soplo   blow
soportar   (1C) to stand (tolerate)
sorbo   (3C) sip

sorprender   to surprise, be surprising; **sorprenderse (de)** to be surprised
sorpresa   surprise
sosiego   calm, quiet
sospechar   (3C) to suspect
sostener (like **tener**)   to support, hold up
su *poss.*   his; her; its; your (*form. s., pl.*); their
suave   (1B) soft
subir   (5A) to go up, ascend
submarino/a   submarine
subrayado   (1C) underlining, underlined
subrayar   to underline
subsuelo   underground
subterráneo/a   underground
suburbio   suburb
suceder   to happen
sudamericano/a *n., adj.*   South American
sudar   to sweat, perspire
sudor *m.*   (10B) perspiration, sweat
suelo   floor, ground
suelto/a   loose; free; easy
sueño   (3A) dream, sleep
suerte *f.*   (1A) luck
sufrimiento   (3B) suffering
sufrir   (6A) to suffer
sugerencia   suggestion
sugerir (ie, i)   (3A) to suggest
sujetar   to subject; to fasten, tighten; **sujetarse** to subject oneself; to submit
sujeto/a   liable; able; **sujeto/a por** (9B) subject to/by
sumergir   to submerge
suministro   provision, supply
sumir   to sink; to press down
sumo/a *adj.*   high, great; supreme; **a lo sumo** (10B) at most
superar   (12B) to surpass
superdotado/a   gifted (child)
superficie *f.*   (5C) surface
superior *adj.*   superior; upper; *m.* superior
superioridad *f.*   superiority

supersticioso/a superstitious
supervivencia (12C) survival
suplente *adj.* substitute, fill-in
suplicar (qu) to entreat, implore
suplicio torture; punishment; anguish
suponer (like **poner**) to suppose
supremo/a supreme
supuesto: por supuesto of course
sur *m.* south
surcar (qu) to furrow; to cut through
surco furrow; wrinkle
surgir (j) (1C) to rise, come forth
suscripción *f.* subscription
suspender to fail; to suspend
susurro whisper; murmur, rustle
sutil *adj.* subtle; keen
suyo/a your, of yours (*form. s., pl.*); his, of his; her, of hers; its; their, (of) theirs

T

t'arkas traditional Incan musical instrument
tabla board
tablado flooring; scaffold; stage
tabú *m.* (*pl.* **tabúes**) taboo
tacilla (7C) teacup
táctico/a tactical; *m.* tactician; *f.* tactics
tacto (sense of) touch
tajo cut; cutting edge; chopping block
tal *adj.* such; **con tal (de) que** provided that; **tal(es) como** such as; **tal vez** perhaps, maybe; **¿qué tal?** how are you (doing)?
talar to fell; to destroy, lay waste
talento talent
talla size
taller *m.* workshop; **taller de mecánica** mechanic's shop, machine shop
tallo stem, stalk
tamaño (11C) size
tambaleante *adj.* staggering
también *adv.* also

tambor *m.* drum
tampoco *adv.* neither, not either
tan as; so; **tan ___ como** as ___ as; **tan pronto como** as soon as
tanda turn; shift; task; game; flock; habit
tanto/a as much; **tanto/a ___ como** as much ___ as
tanto *adv.* as/so much; **mientras tanto** meanwhile; **no es para tanto** it is not that serious; **por lo tanto** thus; **un tanto** (9A) a bit
tantos/as as many
tapar to cover; to hide; to plug
tapete *m.* rug; tapestry; table scarf; **tapete verde** card table
tardar to be long, to be slow; to be late
tarde *f.* afternoon, evening; **buenas tardes** good afternoon/evening; **de/en/por la tarde** in the afternoon/evening
tarde *adv.* late; **más tarde** later
tarea (1A) homework
tarifa tariff; rate; fare
tartamudear to stutter, stammer
tasca dive; tavern
taza cup
te *d.o.* you (*fam. s.*); *i.o.* to/for you (*fam. s.*); *refl. pron.* yourself (*fam. s.*)
té *m.* tea
teatro (11A) theater
teca teakwood
techado roof
techo (2B) ceiling
técnico/a *adj.* technical; *n.* technician
tedioso/a tedious
tejado tile roof; roof
tejido weave, texture; fabric
tela cloth
telefonear to telephone
teléfono telephone; telephone number; **guía de teléfonos** telephone book
teleoperador(a) telephone operator

tele(visión) *f.* television
telón *m.* curtain
tema *m.* theme, topic
temblar (ie) (8C) to tremble
temblor *m.* trembling; earthquake
temer to fear
temerario (1C) list of themes
temperatura temperature
templar to temper; to soften; to ease
tendencia tendency
tender (ie) (6C) to hang (clothes)
tenedor *m.* fork
tener (*irreg.*) to have; **tener ___ años** to be ___ years old; **tener calor/frío** to be (feel) warm/cold; **tener el gusto de** + *inf.* to be pleased to (do something); **tener ganas de** + *inf.* (2A) to feel like (doing someting); **tener hambre** to be hungry; **tener miedo de** to be afraid (of); **tener que ver con** (4A) to have to do with; **tener prisa** to be in a hurry; **tener que** + *inf.* to have to (do something); **(no) tener razón** to be right (wrong); **tener sed** to be thirsty; **tener sueño** to be sleepy
tensión *f.* tension
tenso/a tense, tight
tentación *f.* temptation
tentempié *m.* snack
tenue *adj.* tenuous; light, soft; faint
tercer, tercero/a third
tercio one-third
terciopelo velvet
térmico/a temperature; steam
terminar to finish, end; **terminar de** + *inf.* to finish (doing something)
término term
ternura (9B) tenderness
terraza (12A) terrace
terremoto (8A) earthquake
terreno/a terrestrial, worldly; *m.* ground, land

terrestre *adj.* terrestrial; ground, land

terrible terrible

terror terror

tesoro treasure

testigo *m., f.* witness

testimonio testimony; affidavit

ti *obj. of prep.* you *(fam. s.)*

tibieza warmth

tibio/a (12C) lukewarm, tepid

tiempo (verb) tense, time; weather; **a tiempo** on time; **¿qué tiempo hace?** what's the weather like?; **hace (muy) buen/ mal tiempo** the weather is (very) good/bad; **pasar el tiempo** to kill time

tienda shop, store

tierno/a tender

tierra earth, land

tildar to put a tilde or dash over; to erase, strike out

tímido/a timid

tinte *m.* (4B) dry cleaner's

típico/a typical

tipo kind, type

tirantes *m.* suspenders (straps)

tirar (4B) to throw (out)

tiro throw; shot; charge

titular *m.* (9C) (newspaper) headline

título degree; title

tocar (qu) to touch, feel; to ring, toll a bell; to play (a musical instrument)

tocón *m.* tree stump

todavía *adv.* still, yet

todo/a all, every; everything; **por/en/a todas partes** (6A) everywhere; **de todo** (6A) everything; **sobre todo** above all, especially; **todo el mundo** everyone, everybody

todoterreno all-terrain

tomar to take; to drink; to eat; **tomar apuntes** to take notes; **tomar el sol** to sunbathe

tomate *m.* tomato

tonada air, melody, song

tónico/a *adj., m.* tonic; *f.* keynote

tonificante (12B) healthy

tonificar (qu) to tone up; to invigorate

tono tone

tontería (4C) foolishness

tonto/a silly, foolish

topografía topography

torcer (ue) (z) (10C) to turn

torcido/a twisted

toreo bullfighting

tormenta (8B) storm

torna return; dam; tap

torno turn, revolution; **en torno a/de** around

tornar to return, give back; to turn; **tornarse** to turn, to become

toronja grapefruit

torre (5B) tower

torrete *m.* torrent

tortilla omelet *(Sp.)*; round, flat bread made of corn or wheat flour

tortura (1B) torture

torturar to torture

toser to cough

tostado toast

total *m.* total; **en total** in all; (2B) in any case

total *adj.* total

trabajador(a) *n., adj.* (4A) worker

trabajar to work

trabajo job; work

tradicional traditional

traducción *f.* translation

traducir (like **conducir**) to translate, interpret

traer *(irreg.)* to bring

tráfico traffic

traje *m.* suit, costume; **traje de baño** bathing suit; **el traje de vaquero** (2C) cowboy outfit

trajedia tragedy

trama plot, scheme

tranquilidad *f.* tranquility

tranquilo/a (1A) calm, tranquil

transcribir to transcribe

transcurrir to pass, elapse

transeúnte *adj.* transient; *m., f.* transient; passerby

transformación *f.* transformation

transformar (1A) to transform

transitar to go, walk; to travel

tránsito transit; traffic

transmitir to transfer, to transmit

transportar to transport

transporte *m.* means of transportation

tranvía *m.* (5B) streetcar

trapecio trapeze (sport)

tras *prep.* (2B) after

trasero rear (rump)

trasladar to move; to transfer; **trasladarse** to go; to move

traspasar to cross; to send; to transfer

trastorno upset; disturbance

tratado treaty; agreement

tratar de + *inf.* (2B) to try to (do something); **tratarse de** to be a matter of

trato deal; treatment

través: a través de (8B) through

travesear to romp, carry on; to be witty

travesía (1C) crossing

trazar (c) (3C) to trace; to plan, design

trecho stretch; while

tren *m.* train

tributario/a tributary; tax

trigonometría trigonometry

trimestre *m.* trimester

trío trio

triste *adj.* sad

triunfo triumph

trivialidad *f.* triviality

trocar (qu) to exchange, to swap

trolebús *m.* trolley bus

tronco trunk, log

trópico tropic

trotador/a (10C) jogger

trotar to trot

trote *m.* (10C) trot

trovador *m.* troubadour

truco (7C) trick

trueno (9C) thunder
tu *poss.* your *(fam. s.)*
tú *sub. pron.* you *(fam. s.);* **¿y tú?** and you?, how are you?
tumbarse to lie down, stretch out
túnel *m.* tunnel
turismo tourism, touring; automobile
turista *m., f.* tourist
tutear to address familiarly

U

ubicar (qu) to locate, place; **ubicarse** to be situated
último/a last; latest; **a última hora** at the last minute; **de última hora** latest
últimos (2A) latest, recent
umbral *m.* threshold, doorsill
un, uno/a one; a, an *(indefinite article)*
único/a only; unique
unidad *f.* unity; unit
unido/a *adj.* united; **Estados Unidos** United States
uniforme *m.* uniform; *adj.* uniform
unir (11B) to unite
universidad *f.* university
universitario/a *n.* university student; *adj.* university, of the university
universo universe
unos/as some, several, a few
uña fingernail, toenail
urbanización *f.* (10B) residential development
urbano/a (5A) urban
urgencia urgency
urgente urgent
usar to use
uso use
usted *pron.* you *(form.)*
útero uterus
útil useful; **útiles** utensils, tools
utilidad *f.* utility, usefulness
utilizar (c) (1B) to use, utilize

V

vaca cow

vacaciones *f. pl.* vacation; **estar de vacaciones** to be on vacation; **ir de vacaciones** to go on vacation
vacilación *f.* vacillation
vacío/a (9C) empty; *m.* emptiness
vagar (gu) (por (3C) to wander (about)
vago/a restless, unsettled
vagón *m.* car, railroad car
vaho steam
vaina sheath; scabbard
valer *(irreg.)* (1B) to be worth
validez *f.* validity
válido/a valid
valioso/a valuable; influential; wealthy
valle *m.* valley
valor *m.* (12A) value; courage
vanidad *f.* vanity
vano: en vano in vain
vapor *m.* vapor; steamboat; faintness, dizziness
vaquero/a cowhand; **pantalones vaqueros** *m.* blue jeans
variación *f.* variation
variado/a (12A) varied
variar (1B) to vary
variedad *f.* variety
varios/as several, some
varón *adj.* male
vasco/a *n., adj.* Basque
vástago shoot (of a plant)
veces: a veces at times, sometimes
vecindario (10B) neighborhood
vecino/a (5C) neighbor
vegetación *f.* vegetation
vegetal *adj., m.* vegetable
vegetariano/a *n., adj.* vegetarian
vejez *f.* (3B) old age
vela candle; sail
velozmente (5C) rapidly
vencer (venzo) (3A) to conquer
vendaval strong wind
vender to sell
venezolano/a *n., adj.* Venezuelan
venir *(irreg.)* to come
venta (1B) sale

ventaja advantage
ventana window
ventanal *m.* church window; picture window
ver *(irreg.)* to see; **a ver** let's see
verano summer
verbena fair, country fair
verdad *f.* truth; **¿verdad?** right?, do they? isn't it?; **de verdad** (7B) frankly, real, really
verdadero/a true, real
verde green
verdor *m.* verdure, greenness
verdoso/a greenish
verdura greenness; verdure
vereda path, lane; sidewalk
vergüenza shame; **darse vergüenza** (7C) to feel shame, be ashamed
vericueto rough, rocky ground (surface)
vertical *adj., f.* vertical
vertiente *f.* slope
vestido/a *adj.* dressed; **vestido de luto** dressed in mourning
vestido dress
vestir (i) to dress; **vestirse** (3A) to get dressed
vez *f. (pl.* **veces)** time, occasion; **a su vez** (6B) in turn; **a veces** sometimes; **alguna vez** ever; **de una vez** once and for all; **de vez en cuando** once in a while; **en vez de** instead of; **muchas veces** frequently, a lot; **otra vez** again; **pocas veces** infrequently; **tal vez** perhaps
vía road, route, way
viajar to travel; **viajar al extranjero** to travel abroad; **hacer un viaje** to take a trip
viaje *m.* (2A) trip
viajero/a traveler
víctima victim; sacrifice
victoriano/a Victorian
victorioso/a victorious
vida life
vídeo video
viejo/a old

viento wind

viga beam, girder, rafter

vigilancia vigilance, watchfulness

vigor *m.* vigor

vil *adj.* vile, base, mean; *m., f.* scoundrel

vinagre *m.* vinegar

vincular to bond, tie; to unite; to perpetuate

vínculo (12C) connecting link, bond of union, tie

vino wine; **vino blanco** white wine; **vino rosado** rose wine; **vino tinto** red wine

violencia violence

violín *m.* violin

violonchelo cello, violoncello

virar to veer; to change direction

virgen *adj.* virgin; *f.* virgin, maiden

virtud *f.* (9B) virtue

virtuoso/a virtuous

viruta wood (metal) shaving

visita visit

visitante *m.,f.* visitor

visitar to visit

vislumbrar to glimpse

vistazo (1C) look (when cheating on an exam)

visto/a *p.p.* seen

vitamina vitamin

vitrina glass cabinet; shop window

víveres food, provisions, victuals

vivienda dwelling; life, way of life

vivir to live

vocinglero/a loudmouthed; talkative

volador(a) flier

volar (ue) (10A) to fly

volcán *m.* volcano

voluntad *f.* volition

voluta scroll; ring (of smoke)

volver (ue) to return; **volver a +** *inf.* (6C) to do something again; **volverse** to turn to (toward)

vosotros/as *sub. pron.* you (*fam. pl. Sp.*); *obj. of prep.* you (*fam. pl. Sp.*)

voto vote; **tener voz y voto** to have a say

voz (*pl.* **voces**) voice; **de viva voz** (1C) in a loud voice; **en voz baja (alta)** in a low (loud) voice

vuelo flight

vuelta: dar vueltas (10C) to turn around

vuelto/a *p.p.* returned

vuestro/a *poss.* your (*fam. pl. Sp.*); (of) yours (*fam. pl. Sp.*)

vulgo *adv.* commonly; *m.* common people

Y

y and; plus

ya already, now; **ya no** no longer; **ya que** (8A) since

yo *sub. pron.* I

Z

zaga rear; rearguard

zapateta a little jump

zapato shoe; **zapato de tacón** high-heeled shoe

zona zone

zumo juice

zurcir (z) (6C) to darn (socks)

zutano/a *m., f.* so-and-so

INDEX

Note: This index includes page references for the practice of the various grammar points covered in the accompanying Mundo unido: *Repaso y conversación* text.

PHOTO CREDITS

Chapter 1 Opener: (*top left*): Ulrike Welsch Photography. (*bottom left*): Robert FrerckOdyssey/Chicago. (*right*): Ulrike Welsch/Photo Researchers. **Page 7:** Hugh Rogers/Monkmeyer Press Photo . **Chapter 2** Opener: (*top right*): Bill Aron/Photo Researchers. (*bottom right*): Mark J. Goebel/The Picture Cube. (*left*): Katrina Thomas/Photo Researchers. **Page 22:** Mangino/The Image Works. **Page 25:** Ulrike Welsch Photography. **Chapter 3** Opener: Bettmann Archive. **Page 38:** Ulrike Welsch Photography. **Page 45:** (*left*): Horst Tappe/Archive Photos. (*right*): UPI/Bettmann. **Chapter 4** Opener: (*top left*) : Lauren Lantos/The Picture Cube. (*top center and right*): Guervas Blakely. (*bottom left*): © Jerry Frank, Courtesy United Nations. (*bottom center*): Tony Aruza/ The Image Works. (*bottom right*): Mel Rosenthal/The Image Works. **Page 63:** Ulrike Welsch Photography. **Page 68:** Hugh Rogers/Monkmeyer Press Photo . **Page 72:** Bettmann Archive. **Punto I Page 77:** Will & Deni McIntyre/Tony Stone Images. **Page 79:** New York City Commission of Human Rights. **Page 82:** Granitsas/The Image Works. **Chapter 5** Opener: Victor Englebert/Photo Researchers. **Page 92:** Hugh Rogers/Monkmeyer Press Photo . **Page 97:** (*top*): Michael Dwyer/Stock, Boston. (*bottom*): Bettmann Archive. **Page 101:** Peter Menzel/Stock, Boston. **Page 102:** (*left*) : Mike Mazzaschi/Stock, Boston. (*right*): Peter Menzel/Stock, Boston. **Page 104:** Carl Frank/Photo Researchers. **Page 108:** Ulrike Welsch Photography. **Page 111:** Hugh Rogers/Monkmeyer Press Photo. **Chapter 6** Opener: (*top left*): Robert Frerck/Odyssey/Chicago. (*bottom left*): Hugh Rogers/Monkmeyer Press Photo. (*right*): Larry Mangino/The Image Works. **Page 122:** (*left*): Hugh Rogers/Monkmeyer Press Photo. (*right*): Alan Carey/The Image Works. **Page 129:** Arlene Collins/Monkmeyer Press Photo . **Chapter 7** Opener: (*top left*) : Arlene Collins/Monkmeyer Press Photo . (*top right*): Ulrike Welsch Photography. (*bottom*): Hugh Rogers/Monkmeyer Press Photo. **Page 142:** Courtesy The Puerto Rico Tourism Company. **Page 143:** Hugh Rogers/Monkmeyer Press Photo . **Page 150:** Peter Menzel/Stock, Boston. **Chapter 8** Opener: Beryl Goldberg. **Page 152:** Robert Frerck/Odyssey/Chicago. **Page 153:** Mark Antman/The Image Works. **Page 171:** Hugh Rogers/Monkmeyer Press Photo . **Punto II Page 173:** Michael Weisbrot/The Image Works. **Page 177:** George K. Scott/Photo Researchers. **Chapter 9** Opener: (*top left*): Ulrike Welsch Photography. (*bottom left*): Beryl Goldberg. (*top right*): Peter Menzel/Stock, Boston. (*bottom right*): Charles Kennard/Stock, Boston. **Page 191:** Hugh Rogers/Monkmeyer Press Photo . **Page 195:** Mark Antman/The Image Works. **Chapter 10** Opener: Michael Dwyer/Stock, Boston. **Page 204:** Grant LeDuc/Monkmeyer Press Photo . **Page 211:** (*left*): Beryl Goldberg. (*right*): Ulrike Welsch Photography. **Page 215:** (*left*): Billy Stickland/Photo Researchers. **Page 215** (*right*) and **Page 219:** Hugh Rogers/Monkmeyer Press Photo . **Chapter 11** Opener: (*left*): Chuck Pulin/Star File Photo. (*top right*): Robert Frerck/Odyssey/ Chicago. (*bottom right*): Porterfield-Chickering/Photo Researchers. **Page 228:** Arlene Collins/Monkmeyer Press Photo . **Page 229:** Carl Frank/Photo Researchers. **Page 230:** Topham/The Image Works. **Page 243:** J. MacPherson/Monkmeyer Press Photo . **Chapter 12** Opener: Arlene Collins/Monkmeyer Press Photo . **Page 248:** (*left*): Courtesy the Puerto Rico Tourism Company. (*right*): Arvind Garg/Photo Researchers. **Page 251:** Carl Frank/Photo Researchers. **Punto III Page 265:** Jim Corwin/Stock, Boston. **Page 266:** Scott Berner/The Picture Cube.

PERMISSIONS/CREDITS

The author wishes to thank the following persons and companies for permission to reprint their works: "Actualidad Económica" for Various titles, 25 de marzo de 1990; "Cómo vendería escobas a 320 millones?":, 19 de marzo de 1990; "Barcelona, la ciudad mejor vendida" (fragmentos y esquemas gráficos de este articulo): 1 de noviembre de 1993; "Colesterol":, 22 de enero de 1990; "El coche verde", 29 de enero de 1990; "Encrucijada de dos mundos", 2 de diciembre de 1991; "A la coza del negorio verde": 15 de junio de 1992; and "De compras": 2 de diciembre de 1991. Américas Magazine for Louis Brunner Bastian's piece. "Reprinted from Américas, a bimonthly magazine published by the General Secretariat of the Organization of American State in English and Spanish." Diario ABC de Madrid for several articles. "Reproducción con autorización del Diario ABC de Madrid." Diario El País Internacional for a couple of articles. "Copyright 'El País 1992'." "Diario YA" "El Niño", 15 de enero de 1990; "El trabajo como adicción"; "Solos ante el fontanero" (Gomaespuma), 1 de diciembre de 1991; Mapa de las islas caribeñas, 15 noviembre de 1992; and "Agenda del viaje", 15 de noviembre de 1992. Ediciones Cátedra for the greguerias. Ramón Gómez de la Serna. *Greguerías.* "Ediciones Cátedra, Madrid, 1963." Ediciones Cátedra for the three Gloria Fuertes minipoemas. *Obras completas.* "Madrid, Ediciones Cátedra, 1980." Edicins Destino for the Martín Gaite's selection. Carmen Martín Gaite. *El cuarto de atrás.* "Edicins Destino, S.A." Editorial Anagrama for the Díaz-Mas' selections. Paloma Díaz-Mas. *Una ciudad llamada Eugenio.* "Editorial Anagrama, S.A." Editorial Diana for Allede's *Casa de los espíritus.* Isabel Allende. *La casa de los espíritus.* "Published by Editorial Diana-México." Editorial Diana for Fernández's piece. "Rosa Marta Fernández. *Imagen y realidad de la mujer.* Editorial Diana, S.A. de C.V." Editorial Excelsior for the Rosario Castellanos' piece. Rosario Castellanos. "Los indios caciques." "Excelsior, CIA., Editorial, S.C. de R.L." Editorial Seix Barral for Mendoza's *La ciudad de los prodigios.* Eduardo Mendoza. *La Ciudad de los prodigios.* "Editorial Seix Barral, S.A." "El Carillón" for his selection "Casos y cosas de nuestro cuerpo." "El Nuevo Día" for Levi's selection. Isaac A. Levi. "La cocina azteca." El Semanal for several articles. "EL SEMANAL/TALLER DE EDITORES, S.A.-Madrid." "Pilar Enciso" for Lauro Olmo's *La camisa.* "Fernando Fernán-Gómez" for his selection "Las bicicletas son para el verano." Escena de Las lantejas. "Fondo de Cultura Económica" for the Octavio Paz's paragraph from "Máscaras mexicanas." "Geomundo Magazine" for the article "El paseo escultórico de La Universidad Nacional Autónoma de México." "Mas" "Escuche a sus hijos" (articulo breve), marzo-abril de 1992; "Sonrisas del corazón" (carta), marzo-abril de 1992, al final; "Recuerde que Ud. siempre será su maestra favorita", marzo-abril de 1992; "La etapa adolescente se prepara desde la niñez" (articulo y dibujo), marzo-abril de 1992; "Caracas" (anuncio de Viasa), primavera de 1990; "Táctica y estrategia de la pérdida de peso" (breve articulo), verano de 1990; "La etiqueta del taco" (breve articulo con dibujos), también del verano de 1990; "Trucos culinarios" (y "Nutrición") (comentarios breves): marzo-abril de 1992; and "Sabias...?"; "Los beisbolistas de la República Dominicana" (breve artículo), mayo de 1992; "Los intocables" (breve lista de nombres), mayo de 1992; "Conserve a México" (anuncio), Diciembre de 1992. "Prentice Hall" for Hernán Cortés' selection "Carta de relación" in *An Anthology of Spanish American Literature.* "Revista Cambio 16" for Rico-Gordoy's "La mujer trabajadora." "Revista Época" for "Cuántos cuartos de baño", 25 de marzo de 1991; "Felices sueños", 5 de mayo de 1990; "Alimentación y colesterol", 26 de mayo de 1990; and "Naútica y vacaciones" (Juan Carlos de Laiglesia) (páginas especiales). "Revista Tiempo" for "A muchos estudiantes les planifican su horario", 27 de enero de 1992, Núm. 508; "Con tu suscripción", 2 de septiembre de 1991, Núm. 487; "Colores" ("Cómo se nos dirige hacia el consumo"), "Colores", 2 de diciembre de 1991; "Del fuego y de la tierra" (anuncio de Vichy Catalina): 8 de abril de 1991; and "El secreto de nuestra música..." (breve nota), 24 de enero de 1994. "Rondaiberia" for Rodríguez's "El caribe venezolano." "Ser padres hoy (España)" for "La chispa de los niños." © Guillermo Cabrera Infante, 1960 for "El dia que termino mi niñez."